AF343595

FACULTÉ DE DROIT DE PARIS

DE
LA POSSESSION DES MEUBLES

EN DROIT ROMAIN

DE LA
REVENDICATION DES MEUBLES

DANS L'ANCIEN DROIT ET SOUS LE CODE CIVIL

EN DROIT FRANÇAIS

THÈSE POUR LE DOCTORAT

L'ACTE PUBLIC SUR LES MATIÈRES CI-APRÈS SERA SOUTENU

LE JEUDI 7 JUIN 1883, A MIDI

PAR

RAYMOND POINCARÉ

LICENCIÉ ÈS LETTRES

AVOCAT A LA COUR D'APPEL

Président : M. GARSONNET

SUFFRAGANTS :
MM. VUATRIN
BOISTEL — Professeurs
CASSIN
JOBBÉ DUVAL — Agrégés

PARIS

LIBRAIRIE NOUVELLE DE DROIT ET DE JURISPRUDENCE
ARTHUR ROUSSEAU, ÉDITEUR
14, RUE SOUFFLOT, ET RUE TOULLIER, 13.

1883

THÈSE

POUR LE DOCTORAT

Châteauroux. — Imp. A. MAJESTÉ.

DE
LA POSSESSION DES MEUBLES

EN DROIT ROMAIN

DE LA
REVENDICATION DES MEUBLES

DANS L'ANCIEN DROIT ET SOUS LE CODE CIVIL

EN DROIT FRANÇAIS

THÈSE POUR LE DOCTORAT

L'ACTE PUBLIC SUR LES MATIÈRES CI-APRÈS SERA SOUTENU

LE JEUDI 7 JUIN 1883, A MIDI

PAR

RAYMOND POINCARÉ

LICENCIÉ ÈS LETTRES

AVOCAT A LA COUR D'APPEL

Président : M. GARSONNET

SUFFRAGANTS :
MM. VUATRIN
BOISTEL — Professeurs
CASSIN
JOBBÉ DUVAL — Agrégés

PARIS

LIBRAIRIE NOUVELLE DE DROIT ET DE JURISPRUDENCE

ARTHUR ROUSSEAU, ÉDITEUR

14, RUE SOUFFLOT, ET RUE TOULLIER, 13.

1883

DROIT ROMAIN

DE

LA POSSESSION DES MEUBLES

SECTION I.

Distinction des choses mobilières et immobilières.

Le mot *res,* en latin, est aussi vague, aussi général, aussi
mal défini que le mot *chose* en français. Il désigne à la fois
les objets extérieurs, animés ou inanimés, et les conceptions
de notre intelligence [1]. Si l'on s'attachait à cette distinction
naturelle, on pourrait, avec Cicéron [2], et dans le même sens
que lui, dire qu'il y a des choses corporelles et d'autres qui
ne le sont pas. Mais il n'appartient pas au jurisconsulte
de donner une telle classification : étudier les choses en
elles-mêmes, en rechercher les caractères communs, arriver ainsi à des assimilations, à des groupements, c'est
là, si l'on veut, le rôle du naturaliste ou du philosophe ;
ce n'est pas le nôtre assurément. Si l'observation du
jurisconsulte porte sur les choses, c'est en tant qu'elles

1. Divinarum humanarumque *rerum,* tum initiorum causarumque cujus
rei cognitio. Cic., *Tusc.* 5, 3. — Diem tertium an perendinum, *rem* an litem
dici oporteret. Cic., *Mur.* 12. — Dig. 1. I, § 1. *De divis. rer.* — Inst. I, II, 1.
2. *Top.* 5.

peuvent faire l'objet d'un droit ; il les considère dans les rapports qu'elles ont avec les hommes.

Toutefois il était difficile, sinon impossible, qu'on n'établît pas certaines catégories parmi les objets susceptibles d'appropriation. Ils peuvent avoir une plus ou moins grande valeur commerciale ; ils se déplacent et circulent avec plus ou moins de rapidité. Ainsi le législateur est amené à protéger plus spécialement une propriété qui lui paraît plus importante, à entourer de plus de formalités et de garanties le transport de certains biens. A l'inverse, il accorde souvent à l'exigence des mœurs une facilité exceptionnelle pour la cession des choses qui passent de mains en mains et changent de maître assez fréquemment.

Telles furent, à Rome, la division des *res mancipi* et des *res nec mancipi,* d'une part ; celle des meubles et immeubles, d'autre part.

La première, très artificielle et toute nationale, repose sur une appréciation de la valeur commerciale des choses. Une estimation de ce genre, vraie à une certaine époque, perd quelquefois toute justesse avec le cours du temps : c'est ainsi que plusieurs différences juridiques entre les propriétés mobilière et immobilière n'ont plus, en France, aucune raison d'être.

Les *res mancipi* étaient les immeubles, soit ruraux, soit urbains, situés en Italie ; les esclaves ; les bêtes de somme, bœufs, chevaux, ânes et mulets. C'est, en effet, dans l'agriculture que Rome naissante avait trouvé sa principale richesse. Toutes autres choses étaient *res nec mancipi ;* et telle est la puissance des traditions que, plus tard, d'autres animaux ayant été utilisés par les Romains, les chameaux et les éléphants, par exemple, on ne les rangea point cependant parmi les *res mancipi*.

Cette distinction des choses fut capitale en droit romain, et, jusqu'à Justinien, l'intérêt pratique en resta considérable. Il était double. Les *res mancipi* étaient seules aliénables par mancipation et à l'inverse la tradition ne transférait la propriété civile que des *res nec mancipi*.

La distinction des meubles et des immeubles, au contraire, était moins empruntée à une estimation de la valeur relative des choses qu'à l'idée, très naturelle, d'une différence de stabilité commerciale. On appelait meubles, soit les choses qui peuvent, d'elles-mêmes et sans impulsion étrangère, changer de place, comme les esclaves ou les animaux, soit les choses inertes qui peuvent être déplacées par une force extérieure, — un peplum, un livre.

Les premières sont plus généralement qualifiées *res moventes* ou *se moventes*. (Fr. vat. § 293. — L. unic. § 2, C. *De usucap. transf.* VII, 31. — L. 1, § 7, C. *De rei ux. act.* V, 13.)

Les meubles inanimés sont le plus souvent appelés *res mobiles*. (L. 15, § 2. D. *De re judic.* XLII, 1. — L. 1, pr. D. *De Æd. ed.* XXI, 1.)

Mais ces expressions, pour être les plus correctes, n'ont rien d'absolu. (L. 2, D. *De supellectile legata* XXIII, 10. — L. 93, D. *De verb. sign.)*

Les immeubles comprennent les fonds de terre, *prædia* ou *fundi*, et toutes choses annexes qui font corps avec le sol, végétaux, maisons, *ædes* ou *villæ*, travaux enfin qui ne se peuvent transporter.

A Rome, ces deux divisions ne portent que sur les choses qui peuvent faire l'objet d'un droit de propriété ; sur ces choses que Justinien, consacrant une habitude invétérée, appelle *res corporales*. Et bien entendu, cette épithète n'est plus employée ici dans le sens que tout à l'heure lui donnait Cicéron.

. Les choses corporelles, d'après les jurisconsultes romains, ce ne sont pas seulement *ea quæ natura tangi possunt*, c'est aussi le droit de propriété lui-même, confondu avec les objets sur lesquels il s'exerce.

Les choses incorporelles, ce sont les autres droits, soit réels, soit personnels.

Ce n'est pas ici le lieu de montrer la confusion d'où procède cette injustifiable définition, maintenue par la routine. Ce qu'il faut bien remarquer, c'est que la classe des choses corporelles, étant secondaire, subordonnée à celle des droits réels, — puisqu'elle ne comprend que l'un d'eux, — la distinction des meubles et des immeubles, elle aussi, se trouve, par voie de conséquence, réléguée au second plan.

Elle n'empiète pas sur l'ordre des choses incorporelles ; les créances ne sont, à Rome, ni meubles ni immeubles. Un tel assemblage de mots n'y aurait aucun sens.

Mais, pour avoir été alors moins générale qu'elle ne l'est aujourd'hui, la division des choses mobilières et immobilières n'en a pas moins comporté un certain nombre d'intérêts pratiques.

Il n'est pas inutile de les indiquer.

1°. — Les meubles seuls peuvent faire l'objet d'un *furtum*. C'est là une vérité indéniable dans le dernier état du droit. Mais il n'en avait pas toujours été ainsi. Aulu-Gelle (*Nuits attiques*, XI, 18) atteste que Sabinus avait admis la possibilité de voler un immeuble ; et, qu'elle fût ou non la plus ancienne, cette doctrine était logique, dans l'idée que les Romains se faisaient du vol. Un soustraction, un enlèvement de l'objet, n'était pas nécessaire, et nous aurons, dans un moment, à dire quelques mots de la *contrectatio*, qui avait une signification très large et très étendue[1]. Justinien lui-même fait allusion à la théorie de Sabinus, dans les Institutes (L. II, t. VI, § 7). « On a, dit-il, abandonné l'opinion de quelques anciens, d'après lesquels il pouvait y avoir *furtum fundi locive*. » (Cf. *Gaius*, II, 51, et un texte d'Ulpien, au *Dig.*

---

1. Certains auteurs pensent, du reste, que sous l'empire de la loi des XII tables, l'abus de confiance n'était pas un *furtum*. En ce sens Ubbelohde, *Zur Geschichte der benannten Realcontracte auf Rückgabe derselben Species*.

l. 25, *pr. De furtis.* V. aussi *Dig.* L. XLI, t. III, 1. 38, *in fine.*)

2°. — Une autre différence entre les choses mobilières et immobilières se rencontre dans la mancipation.

On sait qu'à cette vente fictive figuraient huit personnes : l'aliénateur ou *mancipans,* l'acquéreur ou *accipiens,* le *libripens,* et cinq témoins. L'*accipiens* devait, en principe, toucher la chose elle-même ; mais on se départit de cette rigueur dans la mancipation des immeubles. Ici donc, et plus sûrement encore que tout à l'heure, la distinction ne remonte pas aux premiers temps du droit romain : elle fut introduite par l'usage, ce fut l'effet d'une tolérance. C'est ce que démontre irréfutablement la formule même de la mancipation : *Hunc ego hominem ex jure Quiritium meum esse aio, isque mihi emptus est hoc ære æneaque libra.*

Cette formule, en effet, est identique, dans toute la première partie, à celle de la revendication (cf. *Gaius IV,* 16). Or dans la procédure des *legis actiones,* le simulacre du combat, la double appréhension, la *manuum consertio,* nécessitaient un transport sur les lieux. (Cicéron, *Pro Murena,* 12. — *Pro Cecina,* 7 et 32. — *Pro Tullio,* 20.) On hésita, par la suite, à déranger le magistrat pour toute revendication ; et les parties se rendirent seules, avec des témoins que les textes qualifient de *superstites* (Festus, *hoc verbo.* — Cic., *Pro Mur.,* 12) à la situation du fonds litigieux. Mais, dans la mancipation, le magistrat ne jouait aucun rôle, tout se passait en dehors de sa présence. Elle subsista donc vraisemblablement telle quelle, même pendant cette seconde phase de la revendication. Arriva la troisième, que raille Cicéron, et dans laquelle les parties se contentaient de faire un pas sur le chemin indiqué par le préteur : le transfert devenu fictif, imaginaire, dans la revendication, on fut amené, par analogie, à en dispenser les parties dans la mancipation. Il est improbable que la réforme ait pu se produire dans l'ordre chronologique inverse, et l'on voit, en somme, que cette nouvelle différence entre les meubles et les immeubles a dû n'être imaginée que sur les derniers temps de la république.

3°. — Il est plus difficile d'en dire autant en matière d'usucapion. Pour les meubles, il suffisait que la possession eût duré un an ; pour les immeubles, il fallait qu'elle se fût prolongée pendant deux années (Ulp. XIX, § 8.)

On ne peut fixer d'une manière exacte l'époque où cette règle fut admise. Elle est déjà formulée dans les XII tables [1].

Mais l'expression *res mobiles* ne s'y trouve pas ; il y est dit « les autres choses », *ceteræ res*, par opposition à *fundus*. On peut inférer de là que notre distinction ne s'était pas encore nettement accusée. Toutefois, dès la loi des XII tables, la règle spéciale que nous examinons se justifiait aisément. Pas plus que la division, probablement postérieure, des choses en meubles et immeubles, elle n'avait pour point de départ une estimation de la valeur vénale ; elle était simplement motivée par la différence de stabilité. Il sembla qu'après un délai d'une année, il serait difficile de retrouver la trace d'un objet disparu et d'en établir indiscutablement la propriété ; tandis que, pour les fonds, ces recherches parurent être possibles pendant un intervalle de deux ans. Elles l'eussent même été plus longtemps. Mais, à côté de la question des preuves, il y avait à tenir compte de cette considération, qu'après un certain délai le silence du propriétaire était inexcusable et que dans un pays peu étendu, comme celui qu'habitaient les premiers Romains, ce propriétaire, avec un peu de diligence, aurait facilement connu la possession apparente de son fonds par un étranger. C'est en combinant ce

---

1. « Quod in re pari valet, valeat in hac, quæ par est : ut quoniam usus auctoritas fundi, biennium est, sit etiam ædium. At in lege ædes non appellantur et sunt cæterarum omnium, quarum annuus est usus. » Cic., *Top.,* cap. IV. — Cf. Cic., *Pro Cec.,* cap. XIX. — Gaius, Inst. II, § 42.

double motif qu'on s'arrêta aux délais d'un an et de deux ans. Si l'on ne se fût inquiété que du premier, de la question des preuves, on eût réduit, autant que possible, l'intervalle pour les meubles, et pour les immeubles on l'eût élargi. Si l'on n'avait pris conseil que de la seconde raison, si l'on ne s'était occupé que du plus ou moins de facilité avec lequel le propriétaire avait pu s'apercevoir de la possession étrangère, ce sont les solutions contraires que l'on eût admises : on aurait étendu le délai pour les meubles et on l'aurait rapetissé pour les immeubles.

Justinien, qui remania toute la théorie de l'usucapion, décida qu'elle s'accomplirait, quant aux meubles, par le délai nouveau de trois ans, et, pour les immeubles, par les délais prétoriens de dix ans entre présents et de vingt ans entre absents.

— A propos de l'usucapion, une autre différence apparaît. Elle se rapporte à ce que nous avons dit du *furtum* : les choses furtives ne peuvent être usucapées. D'après les Institutes (L. II. t. VI, § 2), ce principe aurait été inséré dans la loi des XII tables ; c'est aussi ce que dit Gaius (II, § 45), et ce qui est relaté au *Dig.* dans un texte de Julien (l. 33 pr. LX LI, t. III). Mais nous avons vu qu'anciennement, suivant toute probabilité, le *furtum* n'était pas spécial aux meubles. Il y a donc lieu de croire que la loi des XII tables, si tant est qu'elle ait formulé la règle, l'appliquait également à toutes choses corporelles. On objectera qu'elle ne fut suivie, pour les immeubles occupés par violence, qu'à partir de la loi *Plautia*, rendue en l'an de Rome 665 et renouvelée, sous Auguste, par la loi *Julia de vi*. Mais, même en ce qui concernait les meubles, était intervenue, en 537 de Rome, une loi *Atinia* [1] qui avait reproduit la disposition de la loi des XII tables : rien ne nous autorise, en effet, à supposer que

1. V. Giraud, *Histoire du Droit romain*, p. 140.

cette loi *Atinia* ajoutait ou supprimait·quoi que ce fût à la prohibition ancienne, et les textes semblent dire simplement qu'elle la rajeunit. Il est vraisemblable que, pour une raison ou pour une autre, la règle n'avait pas été suivie ; la limitation du *furtum* aux choses mobilières avait, sans doute, achevé de la faire tomber dans l'oubli ; et quand cette limitation eut pris un caractère définitif, la loi *Atinia* parut, qui, pour les meubles seulement, remit en vigueur le principe oblitéré. Et quant aux immeubles, même après les lois dont j'ai parlé, l'usucapion en demeura possible dans bien des cas où, s'il se fût agi de meubles, on eût dit qu'il y avait *furtum*. Elle ne fut, en somme, impossible que pour les immeubles occupés par violence.

—On a voulu voir quelquefois un autre intérêt pratique de la distinction des meubles et des immeubles dans la théorie de l'accession. Mais ce n'est là qu'une imagination d'interprète. Cette théorie même, dans son ensemble, est l'œuvre des commentateurs ; et les différents mots par lesquels ils ont désigné les cas rangés par eux sous ce titre général d'accession, — les mots de mélange, adjonction, confusion, spécification, — sont tous modernes. La vérité, c'est que les Romains avaient prévu un certain nombre d'hypothèses, pour lesquelles ils avaient trouvé des règles et des actions diverses ; mais ils n'avaient pas songé à distinguer l'accession des choses mobilières aux immeubles et celle des choses mobilières entre elles. Pour claire et pratique que puisse être cette division, il n'y faut voir qu'une méthode d'enseignement, sans autre valeur historique.

4° — L'usufruit se perd par le non-usage d'un an, s'il s'agit d'un meuble et de deux ans pour les immeubles (Paul III, 6 §, 30). — Ces délais sont certainement fixés par analogie avec la |matière de l'usucapion. Justinien poursuivit cette analogie en remplaçant, ici encore, ces délais par celui de trois ans pour les meubles et, pour les immeubles, par celui de dix ans entre présents et de vingt ans entre absents. Il ne songea pas que son assimilation n'était plus logique et qu'il n'importait pas que le nu-propriétaire et l'usufruitier fussent ou non domiciliés dans la mêmeprovince ; c'est de la distance du fonds au domicile de l'usufruitier qu'il fallait s'inquiéter. Au reste, on a soutenu que, sous Justinien, l'usufruit ne s'éteignait plus par le seul non-usage ; quel que soit le parti qu'on prenne dans cette controverse, la distinction subsiste, pour le délai dans lequel il s'éteignait, entre les meubles et les immeubles.

5° — La même division se retrouve, avec assez d'intérêt, dans la théorie des biens dotaux.

Le mari est propriétaire de la dot, mais il en doitéventuellement la restitution. Ici déjà, il semblerait qu'on pût relever une différence, si l'on s'attachait à la distinction des choses qui se consomment par le premier usage. Alors en effet, comme aussi dans tous les cas où les choses apportées en dot ont été estimées, le mari n'est tenu que comme le quasi-usufruitier ou l'emprunteur, c'est-à-dire qu'il doit rendre, au lieu des objets eux-mêmes, une égale quantité de choses de même nature et de même qualité. De plus, s'il est poursuivi par l'action *rei uxoriæ*, il aura ou n'aura pas un délai de trois ans en trois termes, pour restituer la dot, selon qu'il s'agira, ou non, d'objets qui se consomment par le premier usage. Observant donc que ces choses sont toujours des meubles, on peut dire qu'il y a là, dans une certaine mesure, un intérêt de notre distinction, intérêt qui se retrouve dans le *mutuum*, et surtout en matière d'usufruit. Mais, notons-le bien, si tous les objets qui se consomment par le premier usage sont des meubles, la réciproque n'est pas vraie; et de ce que cette nouvelle division est subordonnée à celle des meubles et des immeubles, de ce qu'elle est confinée absolument dans l'ordre des choses mobilières, s'ensuit-il qu'elle est la conséquence de la première et que les Romains aient scientifiquement établi l'une sur l'autre? Pas le moins du monde. Ce n'est pas parce qu'ils avaient distingué les meubles des immeubles qu'ils ont, parmi les meubles, mis à part des choses *quæ primo usu consumuntur*. Il y a là deux classifications, dont l'une, plus générale, englobe l'autre, plus spéciale. Mais la plus large n'amenait pas nécessairement la plus étroite, et la plus étroite pouvait se passer de la plus large. En un mot, ce n'est là qu'une superposition, sans rapport de cause à effet. *Post hoc, non propter hoc.* Voilà pourquoi, pas plus en matière de dot qu'à propos de l'usufruit, nous ne jugeons opportun de signaler autrement cette prétendue conséquence de notre division des choses.

Mais un intérêt plus direct doit nous arrêter. La loi *Julia,* qui défendit au mari d'aliéner le fonds dotal, sans le consentement de la femme, ne parla point des meubles, qui conséquemment demeurèrent aliénables. Et s'il est vrai, comme on tend à le croire aujourd'hui [1], malgré l'assertion des Instilutes (L. II, t. VIII), que cette loi n'avait rien dit de l'hypothèque, alors inconnue en Italie, il faut admettre que les édits quelconques qui établirent une défense analogue et plus rigoureuse encore en matière d'hypothèque, prirent soin de la restreindre également au fonds dotal. Il fut décidé, en effet, soit par ces édits, soit par la loi *Julia,* que, même avec le consentement de sa femme, le mari ne pourrait hypothéquer le fonds dotal. Cette prohibition s'appliquait-elle seulement au cas où la femme eût consenti à hypothéquer le fonds pour la dette de son mari ou pour celle d'un tiers ? Devait-on l'écarter quand il s'agissait de garantir la propre dette de la femme ? Était-elle, en d'autres termes, un ressouvenir du sénatus-consulte velléien ? Questions délicates, qui n'atténuent, d'ailleurs, ni ne modifient, l'importance particulière de notre distinction entre les meubles et le fonds dotal. Im-

---

1. M. Accarias, *Droit romain*, t. I, n° 314.

portance tardive, cette fois encore, puisqu'au plus tôt qu'elle
se produise, c'est la loi *Julia* qui la fait naître : mais importance réelle, on n'en peut disconvenir, et qui donne peut-être
enfin à la division un caractère emprunté à l'estimation commerciale. Car la prohibition aurait pu, sans grands inconvénients, porter sur ceux au moins d'entre les meubles qui ne
se consomment pas par le premier usage. Elle ne les con-
cerna pas ; le mari continua donc à les pouvoir aliéner.
Qu'on n'objecte point que, dans cette hypothèse, le mari étant
à la fois propriétaire et débiteur, ce droit qu'on lui laisse est
dérisoire et inefficace. La réponse est facile : il aliène valablement à l'égard des tiers, et ce n'est que l'aliénation inoppor-
tune ou désavantageuse qui engage sa responsabilité envers
sa femme.

Ainsi la différence entre les meubles et les immeubles est
sensible en cette matière. Toutefois elle n'est pas absolue, et
les fonds provinciaux restent, avec les meubles, soumis à la
règle ancienne.

— Jusqu'ici nous avons remarqué que notre distinction,
confuse d'abord et insignifiante, s'était peu à peu dessinée plus
franchement et avait pris, avec les siècles, des proportions
croissantes. Voici qu'à l'inverse nous avons lieu de nous demander si, pour la dot, Justinien n'a pas supprimé toute différence entre les meubles et les immeubles, et s'il n'a pas
autorisé d'une manière générale, sans exceptions, sans réserves, la femme à revendiquer, lors de la dissolution du
mariage, les objets par elle apportés en dot. Nous lisons au
code (l. 30, L. V, t. XII) : « En ce qui concerne les choses
» dotales, soit mobilières *(sive mobilibus seu se moventibus)*,
» soit immobilières, qu'elles aient été estimées ou non, la
» femme aura, du jour de la dissolution du mariage *omnem*
» *prærogativam in his vindicandis ;* et aucun des créanciers
» du mari, même antérieurs, ne pourra se prévaloir d'un
» droit de préférence fondé sur une hypothèque, attendu que

» ces biens dotaux ont appartenu dans le commencement à
» la femme et qu'en droit naturel ils ne sont pas sortis de
» sa propriété. Que la subtilité des lois se plaise à les faire
» passer dans le patrimoine du mari, la vérité des choses
» n'en subsiste pas moins et n'en est pas altérée. Aussi bien
» voulons-nous que la femme ait, pour ces biens, une re-
» vendication, comme s'il s'agissait des siens propres, et de
» plus une action hypothécaire préférable à celles de tous
» les autres. De cette manière, qu'on admette, avec le droit
» naturel, que les choses sont restées la propriété de la
» femme, ou, suivant la fiction du droit positif, qu'on les re-
» garde comme ayant passé dans le patrimoine du mari, dans
» tous les cas, par l'action en revendication et par l'action
» hypothécaire, les intérêts de la femme seront sauvegardés.»

On a beaucoup incidenté sur ce texte, qui peut être compris dans des sens assez opposés. Suivant l'opinion la plus
générale, la revendication dont parle Justinien n'aurait pas
d'effet contre les tiers ; elle serait donnée à la femme contre
le mari, au lieu d'une simple action personnelle. Et, contre
les tiers, il y aurait cette hypothèque privilégiée, faveur exor-
bitante encore, mais qui n'aboutit pas toujours à une restitution de l'objet même ; car le détenteur peut garder la chose
en remboursant la créance.

Voilà, ce semble, la véritable interprétation du texte.

Il résulte de là que la différence subsiste, après Justinien,
entre les meubles et les immeubles dotaux. Bien plus, elle
s'accentue ; car les immeubles provinciaux sont dorénavant
compris dans la prohibition, et le consentement de la femme
ne donne plus au mari le droit d'aliéner. Pour les immeubles
il y aura donc, vraiment, une revendication : elle compétera
directement à la femme, qui autrefois ne l'exerçait que par
voie utile. Pour les meubles, il n'y aura, contre les tiers, que
l'action hypothécaire privilégiée [1].

1. Gide, *Du caractère de la dot*, p. 57 et s. — Contra, Namur, 2e édit., t. 1,
p. 281.

Justinien, qui n'a donc pas supprimé cette conséquence de la distinction, en a même ajouté une autre, assez inexplicable. Nous avons vu que le mari, défendeur à l'action *rei uxoriæ*, avait des délais pour restituer, lorsqu'il n'était pas débiteur de corps certains. C'était là une règle rationnelle ; Justinien ne la reproduisit point. Il maintint, pour la dot immobilière, le principe de la restitution immédiate ; mais il ne distingua plus, parmi les meubles, les corps certains et les quantités. Pour la dot mobilière, il établit uniformément un délai d'une année. C'est une nouvelle preuve de l'extension, trop souvent malheureuse, que prit sur les derniers temps la classification des choses en meubles et immeubles ; et Justinien lui-même semble se repentir d'une application déplacée lorsqu'il décide que pour les corps certains mobiliers, comme pour les immeubles, les fruits et revenus seront dus à partir de la dissolution du mariage, et non au bout de l'année, comme pour les intérêts des sommes d'argent. (L. 46, § 7. D. *Sol. matrim.*)

6°. — Enfin une conséquence pratique, d'une assez haute importance, mérite d'être développée ; elle se manifeste dans la manière dont la donation se parfait, sous le régime de la loi *Cincia*. Mais il y a, entre cette question et celle, plus vaste, de la possession des meubles, une connexité telle que l'une se présentera naturellement avec l'autre. Et nous voici précisément arrivés, après cette indication rapide d'intérêts secondaires, à la plus curieuse différence entre les meubles et les immeubles, à la plus féconde, à celle que le génie romain a le plus fortement marquée de son empreinte.

<h2 style="text-align:center">SECTION II</h2>

<h3 style="text-align:center">De la possession des meubles</h3>

I. — Notions générales.

Ce n'est pas ici le lieu de nous étendre sur la théorie romaine de la possession ; il est cependant nécessaire de l'étudier en quelques mots. Avant d'exposer, en effet, par quels moyens de procédure était protégée, à Rome, la possession des meubles, il faut voir ce qu'elle était ; avant de chercher comment on la garantissait, il est logique de se demander pourquoi elle était garantie.

Que le mot *possessio* vienne de *posse,* comme on le dit généralement, ou de *sedes,* comme le croit Paul (C. 1, pr. *De acq. vel amitt. poss.* XI, 1-2)[1], la même idée ressort de toutes les étymologies qu'on puisse donner, l'idée d'un contact matériel, d'une détention physique.

Voilà donc, avant tout examen, un élément indiscutable de la possession, le *corpus,* manifestation réelle, effective, sans laquelle personne ne peut devenir possesseur d'une chose. Mais ce titre de possesseur résultera-t-il, en revanche, de cette détention seule, de ce simple contact matériel ? Non pas : il y a deux situations différentes à considérer ; l'une aura de véritables effets juridiques, l'autre sollicite, il est vrai, quelquefois l'action du législateur, mais indirectement, car elle n'est qu'un fait et rien de plus. Ce qui achève de caractériser la possession, c'est un autre élément, immatériel celui-ci et purement volontaire. On l'appelle assez communément l'*animus domini,* et l'on entend par là que pour être possesseur dans le sens plein du mot, on doit détenir la chose avec l'intention d'en devenir propriétaire. Nous verrons plus loin que ce terme *animus domini* a soulevé parfois des critiques, et que certainement dans des cas particuliers il manque d'exactitude. Quelques auteurs ont voulu le remplacer par cet autre : *animus possidendi,* qui, n'impliquant pas la volonté d'être propriétaire, conviendrait même aux hypothèses où, malgré l'absence de cette volonté déterminée, la possession était admise et protégée, mais qui a l'inconvénient grave

---

1. L'étymologie donnée par Paul, d'après Labéon, quelque défaveur qu'elle rencontre aujourd'hui, nous paraît la plus probable. Les Grecs avaient le mot

d'introduire le défini dans la définition [1]. Ce débat, au fond, a peu d'intérêt : il est constant qu'il y a, dans la possession, un élément intellectuel, l'intention de détenir la chose à un titre particulier et que, sauf exception, cette volonté est bien l'*animus rem sibi habendi*.

On comprend qu'ainsi entendue la possession sera souvent détachée de la propriété; car, pour formelle et précise qu'elle soit, l'intention du possesseur peut être injuste ; elle peut se heurter à un droit. Le propriétaire dépossédé gardera son action, c'est lui que doit protéger la loi, c'est à lui qu'il appartient de l'invoquer. Comment se fait-il donc que cette même loi accorde sa protection au possesseur, même de mauvaise foi ?

Car il importe de le bien remarquer : la possession sera garantie même dans les cas où elle est impuissante à produire l'usucapion, même en dehors des conditions requises pour ce mode d'acquisition de la propriété. Il y a là trois hypothèses distinctes : le propriétaire dépouillé a la revendication, le possesseur qui est en train d'usucaper a la publicienne ; l'un et l'autre sont donc suffisamment protégés. La troisième situation mérite-t-elle une faveur analogue?

Il est vrai, tout d'abord, que la procédure spéciale à l'aide de laquelle la loi fera respecter le possesseur ne sera pas toujours employée par des possesseurs injustes et qu'elle

κατοχή, dit Paul. Cette raison d'analogie ne serait pas très décisive, car l'analogie même n'est pas frappante. Mais les langues teutoniques ont le mot *Besitz*, ce qui est plus significatif. Et, de plus, à s'en tenir à la seule analyse des mots *possessio* et *possidere*, on reconnaîtra que, dans l'étymologie communément adoptée, la consonne *d* reste inexpliquée. Dans le supin et le substantif cette dentale ne disparait point ; elle est représentée par l'un des deux *s*. Le mot *posse* n'en justifierait pas la présence, surtout si l'on considère la place des accents toniques. *Possidere*, dans la vieille langue, avait donné *posseoir*. — Quant au préfixe *po, pos* ou *por*, il entre dans la composition d'un assez grand nombre de mots.

1. V. M. Accarias, *Précis de Droit Romain*, t. I, p. 471 de la 2º éd. (nº 214, en note).

pourra servir quelquefois à l'*usucapion* ou au propriétaire lui-même, dans les cas où, pour un motif ou pour un autre, ils ne voudraient pas recourir aux actions qui leur compètent.

Il était fatal que cette application équitable de la procédure possessoire entraînât, par contre-coup, des applications iniques. Si l'on accorde à l'*usucapiens* et au propriétaire deux séries d'actions, les unes possessoires, les autres fondées sur le droit de propriété ou sur une usucapion commencée, c'est pour les dispenser, s'ils font usage des premières, de preuves trop compliquées et parfois embarrassantes : ils n'auront pas à établir leur propriété ou l'existence des conditions normales dans lesquelles l'usucapion peut s'accomplir ; ils triompheront s'ils prouvent seulement la possession. D'où il suit naturellement que le même triomphe est réservé à qui fournira la même preuve. Dire qu'une action est accordée à quelqu'un, ce n'est pas dire seulement qu'il la peut intenter, mais aussi qu'il y doit réussir ; et réciproquement, dire que quelqu'un doit réussir dans une action, c'est dire qu'elle lui est accordée. En un mot, il était impossible qu'en octroyant au propriétaire et à l'*usucapiens* cette faveur d'une division entre le possessoire et le pétitoire, on leur réservât le monopole des actions possessoires. Or certains auteurs [1] ont dit que le but de la loi n'était pas de protéger le possesseur, qu'elle ne lui était favorable que par ricochet et qu'elle avait eu la préoccupation unique, exclusive, de faciliter au propriétaire la défense de ses droits. Mais ou ce raisonnement ne signifie rien, ou il veut dire qu'étant donnée la possession, la loi présume la propriété ; car enfin créer les actions possessoires avec l'espérance que très généralement ces actions seront exercées par les personnes qu'on veut protéger, cela revient à dire qu'on suppose la grande majorité de ces

─────

1. Hufeland, *Vom Besitz*, p. 43-45.

personnes en possession. Si l'on n'entend ici que constater un fait, il est évident que cette constatation n'est pas inexacte et qu'en réalité la majorité des propriétaires possèdent, par eux-mêmes ou par autrui. Mais ce n'est pas parce qu'ils possèdent qu'ils sont propriétaires. Les textes le proclament : *Nec possessio et proprietas misceri debent.* (L. 52. pr. *De poss.*) *Nihil commune habet proprietas cum possessione.* (L. 12, § 1. *De poss.*) *Et ideo non denegatur ei interdictum uti possidetis qui cœpit rem vindicare. Non enim videtur possessioni renuntiasse, qui rem vindicavit.* (L. 12, § 1, *De poss.*) Nous aurons à revenir sur ce point à propos des interdits ; mais il est aisé de voir dès maintenant que ces moyens de procédure n'étaient pas assimilables à une sorte de revendication provisoire et qu'ils protégeaient la possession pour elle-même, indépendamment de toute présomption de propriété.

La question se représente donc à nous à peu près intégralement. Comment la possession a-t-elle pu être considérée comme une institution du droit ?

Faut-il dire, avec M. de Savigny, que le droit d'être maintenu en possession se rattache à la théorie des obligations *ex delicto*[1] ?

Sans doute, dans les deux matières, qu'il s'agisse d'une action née *ex delicto* ou d'un interdit, la *condemnatio*, si elle est prononcée contre les héritiers, est limitée au montant de ce dont ils se sont enrichis ; sans doute il y a quelque rapport entre la *dejectio* et les délits *ex maleficiis*. Mais tout trouble n'est pas un délit. Il se peut faire, par exemple, que dans le cours d'une action en revendication deux personnes de bonne foi se disputent la possession. De plus, dans l'opinion de M. de Savigny, le droit naissant d'un fait répréhensible, au profit de la victime de ce fait, ne peut, à proprement parler, être considéré comme un droit de protection, mais comme

1. Telle est aussi l'opinion de M. Bourcart. *Thèse de Doctorat*, 1880.

un droit réparateur. Il y a eu, dit-on, une atteinte portée à la personnalité, à la liberté du possesseur ; cette atteinte doit être punie. Je n'y contredis pas ; mais logiquement, après la condamnation pénale, tout est terminé. La restitution de la chose ne s'explique pas, si le possesseur n'avait aucun droit sur elle. J'admets que dans une société organisée personne ne puisse se faire justice soi-même ; l'ordre public est intéressé à la répression des violences et des voies de fait. Mais si là seulement est le motif de la protection accordée par la loi à la possession, je ne comprends pas qu'elle ne se borne point à prononcer une peine. Objectera-t-on qu'à Rome les actions pénales, hormis les *crimina*, sont suivies par les particuliers et qu'elles aboutissent, non pas à une amende, mais à un appauvrissement du défendeur au profit du demandeur? Dira-t-on qu'il en doit être ici comme en toute autre matière et que l'action doit, en vertu des principes généraux, compéter à l'individu dépossédé? Nous en tombons d'accord. Mais on ne peut avoir à réparer que le préjudice causé ; et si le préjudice n'a consisté que dans la violation de la personne et non dans la méconnaissance d'un droit sur la chose, comment admettre qu'on donne un moyen persécutoire de la chose elle-même et qu'il intervienne une décision du juge pour en ordonner la restitution [1] ?

Il y a donc plus, il y a chez le possesseur un droit reconnu. Quel est ce droit? Est-ce la possession même qui le constitue? Sur cette question les auteurs ont beaucoup discuté, et tout particulièrement les auteurs d'outre-Rhin [2]. Pour la plupart, ils n'avaient eu le soin de définir ni ce qu'ils appe-

---

1. Paul range les interdits possessoires parmi ceux qui *rei persecutionem non continent* (L. 2, § 2. *De int.* XLIII, 1). Mais il emploie ces expressions dans un sens spécial, très différent du nôtre ; il entend par là qu'en fait ils aboutissent à une décision qui peut ne pas être définitive.

2. Molitor, *Cours professé à l'université de Gand.* — Bruns, *das Recht des Besitzes im Mittelalter und der Gegenwart.* — Eduard Gansueber, *Die Grundagen des Besitzes.* Et surtout le célèbre ouvrage de M. de Savigny.

laient *droit* ni ce qu'ils entendaient par un fait pur et simple.
Cette négligence était la première cause de la discussion.
D'ailleurs, les uns recherchaient si la possession peut être tenue pour un droit naturel, les autres se bornaient à examiner si dans la législation positive des Romains, elle avait été
sanctionnée comme un droit. Ce défaut d'entente sur le
point de départ était le second motif de la controverse. Il aurait fallu soigneusement distinguer les deux cas. Si l'on voulait s'attacher au droit naturel, il était nécessaire de s'entendre sur les prémisses, de partir de doctrines philosophiques
concordantes, ou l'on devait renoncer à une solution. Le problème dépend, en effet, d'autres questions plus larges, et
tous le résoudront différemment selon l'idée qu'ils se feront
des droits naturels. Pour nous qui devons nous contenter
d'esquisser brièvement la théorie de la possession, nous ne
nous perdrons pas dans des recherches intéressantes, éle-
vées, mais étrangères à notre sujet. Il nous suffira de dire
que philosophiquement, à notre avis, le possesseur a un droit
relatif, droit qui doit fléchir évidemment devant celui du
propriétaire, mais avec lequel, en revanche, le possesseur
triomphera, s'il est en présence d'une personne qui ne possède pas ou dont la possession est vicieuse à son égard, violente ou clandestine. On met deux prétentions en balance ;
c'est la plus sérieuse qui l'emportera.

Si au contraire les auteurs s'étaient accordés à rester dans
l'étude du droit positif, ils seraient promptement arrivés à
reconnaître de concert que, chez les Romains, la possession
est tantôt considérée comme un droit, tantôt comme un fait.
(L. 1, § 3 et § 4. *De acq. vel amitt. pos.* — L. 12, § 3. *De capt.*
XLIX, 15. — L. 19. *Ex quibus caus. maj.* VII, 6. — L. 2. C.
Ubi in rem actio, III, 19. — L. 10, C. *De acq. et ret. pos.*
VII, 32.) C'est que les textes font tantôt allusion à l'élément
corporel, au fait extérieur, tantôt aux interdits dont la loi
protège la possession. Ils disent alors que la possession est

un fait garanti comme un droit. Mais tous les droits sont
corrélatifs à des faits. Un transport de propriété est un fait et
de ce fait sort mon droit de propriété ; un contrat est un fait
et de ce fait naît mon droit de créance. La revendication n'est
que mon droit de propriété militant ; mon action personnelle
n'est que la manifestation de mon droit de créance. De même,
l'interdit n'est que la mise en œuvre d'un droit préexistant,
lequel droit, il est vrai, repose sur un fait, mais sans qu'il y
ait là rien d'anormal [1].

La possession sera-t-elle donc un droit absolu, général, opposable à tout le monde ? Philosophiquement, nous n'avons
pas pensé qu'il en dût être ainsi. Ce droit est destiné à se
heurter à d'autres droits de même nature, il se brise à leur
contact, s'il est d'aventure le moins fort. Il s'exerce à l'encontre de personnes qui peuvent invoquer une situation de
fait, je ne dis pas identique, mais analogue à celle qui l'a produit. Voilà pourquoi les Romains ne l'arment, en général, que
d'une action personnelle. Je ne prétends pas que le droit lui-
même soit personnel, c'est là une autre question, très souvent
agitée, mais oiseuse, à vrai dire. On s'expose à fausser le
caractère de la possession, en la voulant faire entrer dans
un cadre qui n'est pas fait pour elle. Elle n'est pas un droit
personnel, puisqu'un des éléments nécessaires de ce droit,
la personne obligée, fait défaut. Elle n'est pas non plus un
droit réel ordinaire. Elle est, dans la législation romaine,
quelque chose de particulier, une sorte de droit réel sans
droit de suite, avec une simple action personnelle.

Et cette possession telle quelle, les Romains l'ont également admise pour les immeubles et pour les meubles. Cette
dégradation de droits que nous avons signalée plus haut,
la propriété, la possession *ad usucapiendum*, la possession

---

1. V. dans la *Nouvelle Revue Historique*, deux dissertations fort intéressantes sur ce sujet, l'une de M. Van Wetter, l'autre de M. Esmein (t. 1877,
p. 279, s. et p. 489, s.)

ad interdicta, tout cela se retrouve à propos des meubles comme des choses immobilières. Il pourra y avoir litige sur les trois cas. Rien de pareil à ce qui se passe chez les peuples modernes. A Rome, on n'avait pas fondu les deux premières hypothèses : la possession *ad usucapiendum* des meubles n'en conférait pas la propriété ; quant à la possession *ad interdicta*, on ne l'avait pas jugée indigne de protection. On n'avait pas reculé devant la possibilité de deux débats successifs. Nous ne croyons pas qu'on eût ménagé intentionnellement ces deux débats, à cette seule fin que le premier, le possessoire, étant réglé, la position respective des parties se trouvât fixée pour le second. On n'avait pas supposé que l'un entraînerait l'autre forcément ; le but n'avait pas été de préparer celui-ci par celui-là. Nous l'avons indiqué plus haut déjà, et nous le comprendrons mieux après avoir donné la notion de l'interdit. Mais malgré tout, ces deux débats pouvaient se produire, pour les meubles comme pour les immeubles, et cette perspective n'avait pas effrayé les Romains.

II. — *De quelle manière commence la possession mobilière ?*

La possession, immobilière ou mobilière, commence par la réunion du *corpus* et de l'*animus*, par leur coexistence à un instant quelconque.

Il n'est pas nécessaire que ces deux éléments se soient produits d'abord à la fois. Il suffit qu'ils se soient rencontrés à un moment donné. Lorsque, par exemple, nous avons la détention d'un meuble, la possibilité physique d'en user, et que s'y joint par la suite l'intention d'avoir ce meuble pour nous, nous devenons, du même coup, possesseurs, comme disent les Romains, *solo animo*. (L. 3, § 3, D. *De acq. vel amitt. pos.* — § 44, 1. 1, *De rerum divisione*.) Cela naturellement sauf l'application de la règle : *Nemo sibi ipse causam possessionis mutare potest*. Car cet adage est d'une application générale. (L. 2, § 21, D. *Pro emptore*, XLI, 4. — L. 1, § 1, D. *Pro donato*, XLI, 6.) Il signifie que, possédant à un titre particulier, nous ne pouvons, par notre seule volonté, changer notre qualité, et aussi qu'étant simples détenteurs, c'est-à-dire ne possédant pas en notre nom, mais au nom d'autrui, nous ne pouvons, par un virement d'intention, devenir véritables possesseurs. Il faudra de plus un fait positif : soit une *traditio brevi manu*, lorsque la manifestation de la volonté chez nous, détenteur, se fera d'accord avec le possesseur principa, soit la *contrectatio* du meuble, lorsque cet accord n'existera point. Et dans cette dernière hypothèse nous ne devenons possesseur que vis-à-vis des tiers, non vis-à-vis de celui que nous avons dépouillé. A son égard, la possession est entachée d'un vice, et nous ne pouvons l'invoquer contre lui.

Toutefois le droit romain n'ayant guère pris la peine de développer la règle *Nemo sibi ipse,* etc., que par rapport aux immeubles, on a prétendu qu'elle n'était pas applicable ici et que la possession d'une chose mobilière était acquise au détenteur par le seul changement de sa volonté.

Un passage de Papinien (L. 47, Dig. *De acq. vel amitt. pos.)* donne à cette doctrine une apparence de vérité. Mais il parle de la perte, et non de l'acquisition de la possession : *Si sibi possidere constituerit, confestim amisisse me possessionem.* Et si, malgré tout, on voulait faire dire à ce passage que le détenteur devenait possesseur *solo animo,* j'opposerais un grand nombre de textes, qui le contrediraient explicitement ou implicitement. (L. 1, § 2, 1. 67 pr. *De festis,* XLVII, 2. — L. 12, 1. 18, pr. *De vi,* XLIII, 16. — Paul II, 31, § 35.) Pour qu'il y eût prise de possession, il fallait vol ; pour qu'il y eût vol, il fallait autre chose qu'un acte de l'entendement ; la connexité entre ces deux idées est clairement établie par les textes.

Peut-être un instant la question avait-elle été discutée ;

mais cette controverse, qui ne semble pas avoir duré, si elle a existé, avait pour cause première une confusion entre deux problèmes différents. Celui-ci, en effet, n'est pas la contre-partie de cet autre : la possession des meubles se conserve-t-elle *solo animo ?* Car, dans notre question actuelle, le possesseur du meuble ne possède pas *solo animo,* mais *corpore alieno ;* et de plus, il peut perdre sa possession, sans que le détenteur l'acquière. Les Proculiens admettaient qu'il la perdait par la seule volonté de son représentant : « Si j'ai déposé une chose entre tes mains, dit Paul, et qu'avec l'idée de la voler tu aies opéré sur cette chose une *contrectatio* (je ne traduis pas le mot faute d'équivalent), je cesse de posséder. *Sed si eam loco non moveris, et inficiandi animum habeas, plerique veterum, et Sabinus et Cassius, recte responderunt, possessorem me manere : quia furtum sine contrectatione fieri non potest, nec animo furtum admittitur.*

Mais les Proculiens, pour la plupart, ne disaient pas que, le représenté perdant la possession, le représentant lui succédait par la force des choses. Ce qui fit qu'on ne s'entendit pas sur la question de la perte de possession, ce fut la difficulté pratique de constater la *contrectatio.* Le possesseur saura-t-il toujours à quel moment le détenteur aura outrepassé le droit qui lui appartenait ? Que celui-là vienne à réclamer la chose, et que celui-ci la refuse, ou qu'il l'ait aliénée, non pas vendue seulement, mais aliénée (Gaius, II, § 50), *l'animus furandi* sera dès lors évident (L. 29, pr. D. *depositi,* XVI, 3. — L. 1, § 2, l. 33, l. 71, l. 73, D. *De furtis,* XLVII, 2). Jusque-là le possesseur reste dans l'ignorance, et le public aussi. Mieux vaut, ont dit alors certains auteurs, déclarer la possession perdue, dès qu'en réalité l'intention du représentant l'a rendue impossible pour le représenté. Mais s'agit-il de décider quand le détenteur à son tour deviendra possesseur ? On attendra que le vol soit caractérisé, pour ne pas déroger à la règle : *nemo sibi*, etc. Qu'il y ait eu doute, un instant, je le veux ; mais telle était certainement la théorie qui avait rencontré le plus de partisans et qu'avaient adoptée, avec les Sabiniens, la plupart des Proculiens. Plus conforme à l'esprit général du droit, en accord plus intime avec la règle *Nemo sibi*, etc., elle a fini sans doute par s'imposer.

Ainsi voilà qui est constant, la coïncidence primordiale du *corpus* et de l'*animus* n'était pas exigée pour l'acquisition de la possession. Mais quand le *corpus* avait précédé l'élément intellectuel, ce n'était pas assez que celui-ci apparût postérieurement. Il fallait, ou qu'il intervînt un acte émanant du possesseur primitif, ou que le détenteur manifestât d'une manière quelconque une intention que le secret rendait impuissante.

Un auteur allemand, M. Lenz [1], analysant avec un peu de subtilité les phénomènes dont le concours détermine la possession des meubles, observe que, dans l'ordre logique des choses, la conviction d'un pouvoir sur l'objet précède la volonté de le posséder ou qu'en d'autres termes avant d'avoir l'intention, on connaît la possibilité de la réaliser. Je ne sais si cette analyse est exacte pour la majorité des cas, mais elle ne l'est pas toujours. Dans l'hypothèse d'une *traditio brevi manu*, la volonté de posséder sera naturellement antérieure à la connaissance de la possibilité ; car on n'aura cette connaissance, que M. Lenz appelle *scientia*, qu'après l'intervention du *tradens*, et, tant que cette intervention n'aura pas eu lieu, le détenteur ne saura point si sa propre volonté est réalisable. Au surplus, la question est dénuée d'intérêt pratique, et nous ne nous attarderons pas à l'approfondir.

— Il nous reste à étudier successivement le *corpus* et l'*animus* dans la possession mobilière ; et puisque nous avons établi qu'elle pouvait indifféremment commencer par l'un ou par l'autre, nous ne pouvons nous en référer, pour cette étude, à l'ordre chronologique. Nous exposerons d'abord la théorie du *corpus*, qui est la plus simple.

1. *Das Recht des Besitzes und seine Grundlagen.* Berlin, 1860, pp. 87 et 116.

§ 1. — *Appréhension des choses mobilières.* — Le pouvoir physique est le résultat d'une appréhension. Mais faut-il saisir le meuble manuellement ? Non : la présence immédiate suffira. « Vous me devez une certaine somme, ou un objet » quelconque ; vous le placez à portée de ma vue, sur ma » demande. Vous voilà libéré : la chose est en ma posses- » sion : *nam tum quod a nullo corporaliter ejus rei possessio detineretur, adquisita mihi, et quodam modo manu longa tradita existimanda est* » (L. 79, *De solutionibus*). De même Javolenus rapporte que, dans la doctrine de Labéon, la possession d'un amas de bois ou d'une amphore pleine de vin s'acquiert sans contact matériel, par le seul fait de placer un gardien. (L. 51. *De posses.*)

Mais qu'on ne s'y trompe pas. La présence de la chose ne m'en donne la possession que s'il m'est loisible de m'en saisir. Je poursuis une bête fauve. Si peu éloigné que j'en sois, je ne la possède point. L'aurais-je blessée mortellement, je ne serais pas encore certain de m'en pouvoir emparer ; elle peut s'échapper : je n'en suis pas possesseur. Si la blessure est mortelle, quelques jurisconsultes font fléchir la règle. (L. 5, § 1, *De acq. rer. dom.* — L. 1, § 13. *De rer. div.*) Mais la plupart exigent que l'animal ait été réellement pris ou tué.

Si la chose se trouve dans un bâtiment fermé, l'entrée en possession est parfaite après la remise des clefs (L. 1, § 21, *De pos.* — L. 9, § 6, *De acq. rer. dom.*) De là plusieurs interprètes ont cru pouvoir induire que les Romains avaient admis une appréhension symbolique, et que des clefs quelconques, une image de clefs, ou tout autre objet, servaient également à la même fin. A ne lire que le § 45, du titre 1er, livre II, aux Institutes, on pourrait s'imaginer que l'opinion de ces commentateurs est la vraie. Mais un texte de Papinien parle formellement d'une remise *apud horrea.* (L. 74. *De contr. empt.* XVIII, 1.) *Clavibus traditis, ita mercium in horreis conditarum possessio tradita videtur, si claves apud horrea traditæ sint.* Et Papinien ajoute, ce qui est décisif : *quo facto confestim emptor dominium et possessionem adipiscitur etsi non aperuerit horrea.* Ce seront donc les clefs véritables qu'il faudra remettre, et l'on ne deviendra possesseur qu'à la condition de pouvoir effectivement ouvrir les portes, entrer dans le bâtiment et disposer des objets. Au demeurant, rien de plus rationnel. Si l'on avait admis l'appréhension symbolique, qui ne voit que la possession d'une même chose aurait pu être acquise au même instant par deux ou plusieurs personnes différentes ? Et que deviendrait alors le principe : *Plures eamdem rem in solidum possidere non possunt ?*

— On a pourtant été plus loin. On a prétendu que la cession de titres écrits avaient fini, avec les progrès du droit, par remplacer la tradition. Il est vrai que la restitution du titre implique remise de la dette (L. 44, § 5, *De leg.* I, — L. 59, *De leg.* III. — L. 2, C. *Quæ res pign.* — L. 7, C. *De remis. pign.*) Mais rien ne nous autorise à tirer ici argument de ces textes. On avance que dans l'exemplaire de Transylvanie, qui date des années 139 et 142 apr. J.-C., les actes d'achat d'esclaves, *emptiones mancipiorum,* renferment la mention d'une mancipation faite à l'acheteur, et que, de même, les pièces relatives à la possession, *diplomata vacuæ possessionis,* constatent la tradition [1]. Cela n'est pas prouver, quoi qu'on fasse, que ces actes rendissent inutiles la mancipation d'une part et la tradition de l'autre. La mention dont on parle était-elle une clause de style ? On ne le démontre pas. Et fût-elle devenue clause de style, il ne s'ensuivrait pas qu'elle eût jamais dispensé des formalités ordinaires. On argue enfin d'un texte du code, la loi 1re *De Donat.* C'est un rescrit de Sévère et d'Antonin ; il a donné lieu à bien des traductions divergentes. En voici la teneur : *Emptionum mancipiorum ins-*

____

1. Mommsen, *Revues mensuelles de l'académie,* 1857, 26 nov.

trumentis donatis et traditis, et ipsorum mancipiorum donationem et traditionem factam intelligis ; et ideo potes adversus donatorem in rem actionem exercere. Certains auteurs, et entre autres M. de Savigny dans sa 6ᵉ édition, ont vu dans ce rescrit une disposition semblable à une constitution d'Antonin, dont le texte ne nous est pas parvenu, mais à laquelle il est fait allusion au code théodosien, l. 4, *De donat.* VIII, 12 et dans quelques passages des *Frag. vat.* § 249, 297, 314. Cette constitution avait décidé que la simple convention de donner serait obligatoire entre ascendants et descendants. Mais elle ne portait pas que cette convention fût translative de propriété, or le rescrit de Sévère parle d'une action réelle. En admettant donc qu'il se référât à l'hypothèse d'une donation entre ces personnes, il dépasserait encore, et de beaucoup, l'innovation d'Antonin. Sans doute avec le consentement, il exigerait encore l'écrit, mais malgré tout, la révolution serait grave, et une telle dérogation aux principes généraux n'aurait pas été accessoirement, négligemment, relatée dans un texte du Code. Le nôtre n'a donc pas cette portée.

Je crois qu'il faut également rejeter l'explication qui avait d'abord été donnée par M. de Savigny dans ses deux premières éditions. Il avait admis qu'il y avait dans l'espèce un *constitut possessoire*. L'expression n'est pas romaine ; elle a été imaginée par les commentateurs. Je vous vends un esclave et veux le garder à titre de locataire. Au lieu de vous céder d'abord l'esclave et de le reprendre, je le garderai simplement ; la possession n'en aura pas moins passé de moi à vous. J'aurai agi à la fois en mon nom propre et comme votre mandataire, et la célérité de deux actions concomitantes aura donné l'illusion d'une seule. (L. 3, § 12, Dig. *De donat. int. vir. et ux.* XXIV, I.) Ainsi dans le rescrit de Sévère, le donateur des esclaves, les recevant à bail de son donataire, aurait acquis la possession à ce dernier devenu son mandant :

il serait ensuite mal venu à se prévaloir de ce que les esclaves seraient restés chez lui, pour repousser le donataire
et prétendre que la donation n'était pas parfaite. Il y avait eu
tradition. Avant Justinien, le donataire n'était pas devenu
propriétaire, puisqu'on lui avait simplement livré une *res
mancipi*, mais il était probablement en voie d'usucapion : il
avait l'action publicienne. Depuis Justinien le donataire avait
même le droit de revendiquer.

Voilà une explication ; mais elle est bien torturée, et, selon
quelques auteurs, très inutilement[1]. Il n'est pas nécessaire,
disent-ils, de supposer ce constitut possessoire ; il est possib'e
que les esclaves soient restés par hasard chez leur ancien
maître et que la tradition s'en soit opérée cependant en présence de *l'accipiens*. Quant à la remise des titres, ajoutent-ils,
elle n'est mentionnée dans la loi que comme un indice de
l'intention sérieuse du donateur.

Je hasarderai une autre explication. Il se peut d'abord que le
texte primitif ait été modifié par Justinien ; on sait comment
Tribonien et Théophile remanièrent les codes Grégorien,
Hermogénien et Théodosien pour les harmoniser avec les
nouvelles constitutions : ils ne se firent pas faute d'attribuer parfois aux prédécesseurs de Justinien des opinions qui
n'étaient pas les leurs. Au surplus, comme on l'a très justement observé, le texte que nous examinons est tiré d'un
rescrit. Dans les rescrits le prince répondait à la question spéciale qui lui était posée ; il connaissait par la demande les circonstances de la cause et ne les exposait pas à nouveau dans
la réponse. Or, sous Justinien, la décision de Constantin qui
exigeait que toute donation fût constatée par écrit (*Fr. vat.*
§ 249) est abrogée, il est vrai ; mais lorsque les parties se pro-
posent de faire un écrit, leur consentement n'est réputé définitif qu'au moment où l'*instrumentum* est parfait. Pour les

---

1. Maynz, 1, § 170, n° 26. — M. de Savigny lui-même, à sa 6° édition.

donations d'esclaves, il était d'un usage constant, — l'exemplaire de Transylvanie en fait foi, — de rédiger des *instrumenta*. Il est donc probable que d'une part, dans le rescrit, les empereurs jugeaient inutile de revenir sur le fait de la tradition, dont il avait, sans doute, été parlé dans la demande, et que, d'autre part, les mots *instrumentis donatis et traditis* ont été ajoutés par Justinien, qui exige dorénavant la perfection de l'écrit dans les cas où les parties sont convenues d'en rédiger un. (L. 17. C. *De fid. inst.* IV, 21.) L'idée principale qu'il veut exprimer dans le texte qu'il reproduit, c'est la nécessité de l'*instrumentum*; il entend dire que cet *instrumentum* est nécessaire, et non qu'il est suffisant.

— Ainsi la possession des meubles ne s'acquiert pas par une appréhension symbolique. Toutefois la présence de la chose ne sera pas toujours indispensable.

Celui qui conserve un objet mobilier dans sa maison peut en devenir possesseur sans aucun acte positif d'appréhension. L'acheteur qui fait transporter un objet chez lui en devient propriétaire. Il y a donc eu tradition, par le fait seul de ce transport, et sans que les parties y assistassent. (L. 18, § 2 *De pos.*) *Si venditorem quod emerim deponere in mea domo jusserim, possidere me certum est, quanquam id nemo dum attigerit.* C'est par un raisonnement de même genre qu'on a été amené à considérer le mariage comme accompli après la *deductio mulieris in domum mariti*.

Mais l'acquisition de la possession des objets mobiliers ne dépend en aucune manière de la propriété du bâtiment. Le locateur deviendra possesseur de la même façon; c'est assez qu'il ait la garde, *custodiam*, de la maisn. Et réciproquement le propriétaire qui n'aurait pas cette garde, le locateur, par exemple, n'acquerra pas la possession par le transfert de l'objet à la maison.

Le possesseur d'un champ a-t-il par là même la possession d'une chose enfouie dans sa terre ? Je dis une chose, et

non pas un trésor. Les textes, dans l'hypothèse à laquelle
nous faisons allusion, emploient, il est vrai, assez souvent
l'expression *thesaurus*. (L. 15, *Ad exhibendum*. — L. 44 pr.
De poss.) Mais le terme n'est pas très exact. Le trésor est une
chose mobilière enfouie par un inconnu, à une époque igno-
rée, dans une autre chose, dont elle n'est pas le produit. Ici,
au contraire, nous n'avons pas à nous demander si l'on connaît ou non le propriétaire. Fût-il connu, la possession pourrait toujours commencer au profit d'un autre. Seulement
commencera-t-elle, dès que le possesseur du champ saura
que l'objet se trouve quelque part dans sa terre ? Non, car il
n'a point d'ores et déjà la possibilité d'en user. C'est ce que
décident les lois 15 et 44 précédemment citées, et de même
la loi 3, § 3, *De poss.*

§ 2. — *De l'*animus *dans la possession mobilière.* — Ne
peuvent acquérir la possession, parce qu'elles sont incapables
de volonté : les personnes morales, les successions, *heredi-
tates jacentes.* (L. 45, § 1, *De usurp.*) Pareillement, certaines
personnes physiques, les insensés, ne l'acquièrent pas par
elles-mêmes faute d'un *animus* suffisamment éclairé. Ce sont
là des règles qui ne sont pas spéciales à la possession mobilière, et qu'il nous suffit de rappeler.

Quant au pupille *infans,* il fut, de l'aveu de tous, longtemps admis qu'il était aussi incapable que le fou d'acquérir
personnellement la possession. (L. 26, C. *De Donat.* — L. 1
§ 3, *De acq. pos.*) Mais certains auteurs pensent que cette
doctrine rigoureuse a été répudiée par le droit nouveau.

Il est très possible au moins qu'on l'ait tempérée, et voici
comment. Il avait été décidé de longue date que le tuteur
pourrait acquérir la possession à son pupille *infans ;* et, bien
qu'en général les lois ne parlent de l'*auctoritas tutoris* que là
où il ne s'agit plus d'*infantes,* bien que l'acquisition de la
possession ne soit pas proprement un acte juridique, qu'il y

faille avant tout considérer la volonté du possesseur et qu'on ne puisse suppléer à cette volonté par aucune fiction, cependant, comme le tuteur peut acquérir la possession à l'enfant sans le consentement de celui-ci, sans son intervention, il a pu sembler naturel que le tuteur venant à autoriser une prise de possession matérielle par l'enfant, il s'appropriât l'acte tout entier [1]. *Infans possidere recte potest, si tutore auctore cœpit, nam judicium infantis suppletur auctoritate tutoris : utilitatis enim causa hoc receptum est, nam alioquin nullus consensus (ou sensus) infantis est accipientis possessionem.* (L. 32, § 2. *De poss.*)

« L'enfant peut régulièrement posséder, s'il a commencé
» avec l'*auctoritas* de son auteur ; le défaut d'intelligence,
» chez l'enfant, est suppléé par cette intervention ; cette fa-
» veur a été admise dans un intérêt pratique ; car, au demeu-
» rant, le consentement n'existe pas chez l'enfant, quand il
» reçoit la possession [2]. »

1. M. Machelard, *Textes de dr. rom.* 1re part. *sur la posses.*, p. 54 et suiv.
2. D'autres manuscrits portent : *Nam alioquin nullus sensus infantis est accipiendi possessionem.* Et certains auteurs traduisent : « Autrement, sans l'*auctoritas tutoris*, l'enfant ne pourrait pas avoir d'*animus possidendi* (Cujas, t. VIII, p. 297). Cette interprétation nous paraît incompréhensible. Avec ou sans l'*auctoritas tutoris*, l'enfant n'aura jamais l'*animus*. Quant à la leçon, elle nous semble moins bonne que la première, mais n'est pas, du reste, incompatible avec notre traduction. Une troisième leçon se trouve dans d'autres manuscrits ; elle a été reproduite par l'édition de Venise en 1494 et adoptée par M. de Savigny. Elle porte : *Nam alioquin nullus consensus infantis est accipienti possessionem.* Avec *accipienti* ou sous-entend *tutori* ce qui est déjà une singularité. De plus, on est forcé pour expliquer ce texte d'imaginer des phrases de raccord. M. de Savigny traduit : « La validité de l'*auctoritas* a été admise *utilitatis causa;* car si on voulait l'écarter, on le pourrait seulement par le motif que ce n'est pas le possesseur lui-même qui a l'*animus possidendi ;* or c'est aussi le cas lorsque le tuteur lui-même acquiert la possession au nom de l'enfant, puisque dans ce cas aussi l'enfant n'a pas l'*animus possidendi.* La possession n'en étant pas moins considérée comme acquise, il était logique de l'admettre aussi dans le premier cas. » Outre que cette interprétation est notoirement pénible, elle a le défaut grave de ne pas expliquer, comme elle le devrait (*nam*), la proposition *utilitatis*

La réforme a-t-elle été poussée plus loin? A première vue la loi 3, au code, *De acq. pos.*, VII, 32, le donnerait à penser. « *Donatarum rerum a quacumque persona infanti vacua possessio tradita corpore quæritur. Quamvis enim sint auctorum sententiæ dissentientes, tamen consultius videtur interim, licet animi plenus non fuisset affectus, possessionem per traditionem esse quæsitam; alioquin, sicuti consultissimi viri Papiniani responso continetur, nec quidem per tutorem possessio infanti poterit acquiri.* »

Bien des auteurs croient aujourd'hui que cette dernière phrase fait précisément allusion à la loi 32 que nous avons citée plus haut[1]. Cette loi, disent-ils, est de Papinien.

Alciat la présente comme tirée du livre XI des *Responsa* de ce jurisconsulte. La manière dont nous avons traduit la loi 32 n'expliquerait pas que la loi 3 s'y pût rapporter. Dans notre opinion, il faudrait donc admettre, si réellement la première était de Papinien, que la seconde se réfère à un autre passage du même auteur, ce qui ne serait pas impossible. Mais nous ne pensons pas que Papinien soit l'auteur de la loi 32. Les Pandectes florentines la donnent comme étant de Paul. Les découvertes de Bluhme sur l'ordre des fragments du Digeste corroborent cette indication. Et, pour Alciat, Cujas atteste qu'il a coutume de citer incorrectement les manuscrits.

Cette question laissée de côté, si nous abordons la loi 3, nous nous trouvons immédiatement en présence d'interprétations multiples. Les uns veulent qu'elle reconnaisse à l'enfant une capacité suffisante pour acquérir, sans aucune intervention du tuteur, la possession par une simple appréhension corporelle ; les autres estiment que l'*auctoritas* du tuteur est supposée, sous-entendue ; telle est l'opinion de

---

causa, etc. Elle cherche, en effet, dans la logique le motif d'une réforme que le texte, à tort ou à raison, justifie par l'utilité.

1. M. de Savigny. — M. Accarias, *op. cit.*, t. I, n° 214 *in fine*.

Doneau, adoptée de nos jours par la majorité des auteurs. Quelques interprètes admettent le premier système mitigé. Parmi ces derniers, il en est qui le restreignent à l'hypothèse d'une donation, l'*animus* chez le donateur suppléant alors au défaut de volonté chez l'enfant ; quelques-uns déclarent que l'enfant peut acquérir la possession provisoirement, *interim,* j'usqu'à ce que survienne l'*auctoritas* du tuteur ; c'est alors une sorte d'acquisition sous condition résolutoire. Enfin, — et c'est à cause de cette doctrine particulière que la question, malgré son apparence générale, se relie étroitement à notre sujet, — plusieurs interprètes pensent qu'il s'agit, dans le texte, de choses mobilières et spécialement de jouets.

Il faut avouer que le passage est très obscur. Mais d'abord la portée qu'il peut avoir, si considérable qu'elle soit, est forcément restreinte par la loi 26 C. *De don.* VIII, 54, qui suppose nettement que l'*infans* ne peut pas acquérir seul la possession, définitivement au moins. Et d'ailleurs il y avait assurément controverse chez les Romains, le texte le prouve. Autant qu'on peut la dégager, la vérité nous paraît être dans une fusion des trois derniers systèmes. Selon nous, il s'agit d'une donation, car le texte ne parle pas d'autre chose ; il s'agit d'une possession provisoire, car le mot *interim* ne peut que très difficilement se traduire, comme on l'a fait, par « déjà maintenant » ou par « jusqu'à ce que l'enfant devienne pubère » ; il s'agit enfin d'objets mobiliers, parce qu'en fait la prise de possession d'un immeuble par un *infans* serait illusoire.

Nous avons dit qu'au reste le tuteur peut acquérir la possession à son pupille. Et c'est là un principe général. Les administrateurs acquièrent la possession à leurs administrés. C'est une exception à cette règle que l'*animus* personnel du possesseur est exigé ; ce n'est pas la seule, mais les autres étant communes aux meubles et aux immeubles, nous n'y insisterons pas. Ainsi le mandataire qui entre en possession par ordre de son mandant le rend possesseur ; ainsi encore les personnes placées en notre puissance, qui se trouvent à la tête d'un pécule, peuvent, même à notre insu, nous rendre possesseurs, s'ils appréhendent un objet *ex causa peculiari*. D'autre part, il était admis, d'une manière absolue, que la possession pouvait s'acquérir *corpore alieno*. — Mais une anomalie, que nous avons déjà signalée, doit nous arrêter. Parfois la possession véritable, et, partant le droit aux interdits, appartiennent à des personnes dépourvues de l'*animus domini*.

Ces cas exceptionnels ont été rangés par M. de Savigny sous le titre de possession dérivée parce que dans ces hypothèses le possesseur primitif a transféré son *jus possessionis* sans perdre lui-même l'*animus domini*. '

En principe le transfert de la détention n'implique pas le transfert de la possession juridique. Par exemple, ne possèdent pas : le locataire, le commodataire, l'usufruitier [1], l'usager [2], le superficiaire.

Mais, au contraire, le créancier gagiste a un *jus possessionis*. Quand le débiteur qui voulait constituer une sûreté réelle à son créancier recourait au procédé compliqué de l'aliénation fiduciaire, le créancier avait le droit de retenir la chose aliénée jusqu'à parfait paiement et de la revendiquer même contre le débiteur. Le gagiste était alors, sauf l'effet de la clause de fiducie, véritablement propriétaire.

Dans le *pignus* les choses se passaient différemment. L'objet affecté à la sûreté du créancier ne lui était livré que pour le rendre possesseur. Il était défendu au gagiste de se servir de la chose ou de la vendre sans le consentement du débiteur ; plus tard, il est vrai, ce consentement fut sous-entendu,

---

1. Par suite d'une extension donnée à la sphère primitive des interdits, l'usufruitier a droit aux mêmes moyens possessoires que le propriétaire, mais ce droit *utile* ne lui vient pas d'une véritable possession.

2. Celui-ci n'a, selon nous, qu'une *quasi possessio* (L. 3, § 7, *uti possidetis*).

et même la convention de ne pas vendre, dans le dernier état du droit, pour formelle qu'elle pût être, ne conserva qu'un effet ; elle rendit nécessaires les sommations du créancier. Mais, en dépit de ces transformations, le gage ne fut jamais tel que le créancier pût être considéré comme gardant la chose *animo domini*. Au début, il n'avait qu'un droit de rétention ; perdait-il l'objet, il était incapable de le recouvrer. Quand la *procuratio in rem suam* eut été imaginée, il put, avec l'aveu du propriétaire, agir en revendication contre les tiers. Mais si le débiteur refusait, il était désarmé. Bien plus, la création des interdits possessoires, si elle profita d'abord au débiteur, dut rendre un temps fort dangereuse la position du créancier, car on pouvait le déposséder frauduleusement (L. 15, § 2, *qui satisdare coguntur*). On s'avisa de pourvoir de l'interdit le créancier lui-même et l'on décida qu'il aurait le droit d'employer cette arme, non seulement contre les tiers, mais contre son débiteur. Toutefois, s'il n'est pas propriétaire, ce dernier continuera, quand il y aura lieu, l'usucapion commencée (L. 16, *De usurp.* — L. 37, *De pign. act.* — L. 36, *De acq. vel amitt. pos.* — L. 1, § 15, *ib.*)

Autre exception. Deux parties déposent une chose litigieuse entre les mains d'un séquestre ; elles lui en confèrent la possession (L. 39, *De posses.* — L. 17, § 1, *Depos*). Mais il faut, pour cela, une convention expresse, en l'absence de laquelle le séquestre ne fait qu'administrer la possession d'autrui.

A l'inverse, s'il n'y a pas de clause contraire, la possession appartient au précariste. Mais il ne triomphe pas contre le *rogatus*. Celui-ci continue d'usucaper, s'il y a lieu ; les Sabiniens lui accordent même une possession concomitante à celle du *rojans*. (L. 3, § 5 D. *De acq. vel amitt. pos.*) Mais, comme deux possessions *in solidum* ne peuvent coexister, les Proculiens la refusent au concédant. (L. 4, § 1, *De prec.* — L. 10, *pr. De poss.* — L. 13, § 7, *ib.* — L. 13, § 5, *ib.*

— L. 15, § 4, *De prec.*). Dans la première opinion, le *rogans* et le *rogatus* peuvent tous deux exercer les interdits contre les tiers, tandis que la seconde doctrine les réserve au premier.

III. — *Comment la possession des meubles se conserve ou se perd.*

Les mêmes éléments qui font naître la possession des meubles, — l'*animus* et le *corpus*, — en assurent la continuation. La disparition complète de l'un ou de l'autre doit logiquement entraîner la perte de la possession. Un texte de Paul, deux fois inséré au Digeste (L. 8, *De acq. poss.* — L. 153, *De reg. juris*) a fort mal à propos soulevé quelques doutes : « *Ut igitur nulla possessio acquiri nisi animo et corpore potest, ita nulla amittitur nisi in qua utrumque in contrarium actum est.* » Si on lit qu'il faut pour la perte de la possession la disparition simultanée (*utrumque*) des deux éléments, ce passage est contredit par des textes nombreux, dont plusieurs sont de Paul lui-même. (L. 3, § 6 et 7, *De poss.*) Quelques auteurs cherchent au texte une explication spéciale relative aux immeubles ; mais Paul ne spécifie pas. D'autres remplacent *utrumque* par *ut cumque*, mais aucun des manuscrits ne porte ce mot. Il est bien plus simple de traduire *utrumque* par *l'un ou l'autre* ; car ce mot sans avoir le sens disjonctif *d'alteruter* exprime souvent un rapport de nature indécise. (Varron, *De re rustica*, 1, 2, § 14 — Cic., *De off.*, III, 15. — L. 76 pr. *De acq. vel amitt. poss.* — L. 10, § 13, *De grad.* XXXVIII, 10.) — Et ce dernier texte est de Paul lui-même.

Toutefois le maintien des deux éléments n'est pas exigé avec autant de rigueur que pour la naissance de la possession. Pour la faculté de disposer, il suffit qu'on puisse la retrouver à volonté. (L. 3, § 13, loi 30, § 3, *De poss.*) On

entend aussi plus largement le droit de l'emprunter à autrui. Un captif de retour et jouissant du *jus postliminii*
a conservé la possession des choses que ses esclaves détenaient avant sa captivité. — Quant à l'*animus*, on demande,
non pas qu'il s'éteigne ou qu'il s'oublie, mais que
plutôt il soit neutralisé, combattu par une volonté contraire.
L'insensé, l'impubère, quoique incapables d'acquérir la possession par eux-mêmes, la retiennent parfaitement, une fois
commencée.

Mais la perte du *corpus* entraîne celle de la possession
dans les cas suivants :

1°. — Si un possesseur par autrui meurt prisonnier chez
l'ennemi ou revient sans jouir du *jus postliminii*.

2°. — Si une personne qui possédait personnellement est
faite prisonnière. Le *corpus* disparaît, et le *jus postliminii*
ne pourra pas effacer le fait matériel de la détention perdue.

3°. — Si un cas fortuit me sépare de ma chose, m'empêche
d'en disposer, si, par exemple, un meuble est perdu dans
la mer ou dans un fleuve. (L. 13 *pr. de poss.*) Ce n'est pas
à dire que l'objet doive absolument demeurer sous ma garde,
in custodia mea. La surveillance exercée, directement ou
non, constitue un moyen artificiel qui se distingue de la possession. (L. 3, § 23, *De poss.*) Celui qui conserve un objet dans
sa maison, celui qui cache une chose dans sa terre n'ont
besoin d'aucune surveillance pour en conserver la possession, s'ils savent où reprendre ce meuble. (L 3, § 13, *De poss.*)
Les animaux domestiques sont possédés comme toutes choses
mobilières ; leur possession ne cesse que s'il n'est plus possible de les retrouver. Celle des animaux sauvages est perdue
s'ils s'enfuient, et la propriété prend fin du même coup
c'est le seul cas où la disparition de l'une entraîne l'extinction
de l'autre. (L. 3, § 2, 1. 5 *pr. De acq. rer. dom.*— L. 3, § 14 et
§ 15, *De poss.*) Des poissons que j'aurais mis dans un lac ne
resteraient pas en ma possession, mais ils y demeurent si je

les conserve dans un bassin, dans une cuve, dans un banne-
ton. Quant aux esclaves, par exception, je les possède même
loin de moi s'ils gardent l'*animus revertendi* (L. 47 *de poss.*);
et s'ils s'enfuient, j'en conserve une possession fictive qui
me permet de continuer à les usucaper si personne ne les
a saisis. Cette possession peut être aussi suspendue par l'effet
du *liberale judicium*. (L. 15, § 1, *De usurp.*)

4°. — Si j'ai confié un meuble à un détenteur qui l'abandonne, j'en perds immédiatement la possession. C'est là une
règle conforme aux principes généraux.

On y déroge pour les immeubles. Vienne mon fermier à
mourir ou à délaisser mon fonds, je resterai propriétaire tant
qu'un tiers ne l'aura pas occupé. (L. 25 § 1, l. 40 § 1, *De acq.
poss.*) Il en est de même pour les esclaves abandonnés par
le détenteur, et cela par la même raison que tout à l'heure,
c'est qu'ils conservent l'esprit de retour. (L. 3 § 13 ; l. 47, *De
acq. poss.*) On a souvent confondu cette hypothèse avec une
autre, qui doit en être rigoureusement distinguée, celle où
le possesseur s'absente. Le maintien de la possession immobilière ne serait ici qu'une conséquence de la règle générale,
car cet éloignement n'enlève pas tout à fait la faculté de
disposer de la chose. Si donc la loi s'était bornée à déclarer
qu'en mon absence le fonds resterait ma possession, il n'y
aurait là rien d'anormal. On est allé plus loin. Dans un intérêt
pratique, étendant à tous les fonds une règle d'abord restreinte au *saltus æstivi aut hiberni*, le législateur romain a
décidé que la possession d'un immeuble ne serait perdue qu'a-
près que le possesseur, instruit d'une occupation étrangère,
aurait semblé y acquiescer par son inaction ou se serait fait
repousser par la force. (L. 3, § 7 et § 8, l. 25, § 1 *De acq. poss.*
— L. 1, § 45 *De vi*, XLIII, 16.) Les textes disent alors, dans
une langue assez inexacte, que nous continuons à posséder
l'immeuble *solo animo* ou *nudo animo*. (L. 1, § 5 *De interd.*,
L. 4 c. *De acq. poss.* VII. 32.) A la différence de l'exception

relative au délaissement du détenteur, celle-ci n'a jamais été étendue à aucune chose mobilière. Certains jurisconsultes répugnaient même à une généralisation qui embrassât tous les immeubles et l'appliquaient limitativement aux *saltus æstivi aut hiberni*. (Gaius, IV, § 153.)

5°. — Si un tiers s'empare de la chose *animo domini* sans ou contre le consentement du possesseur actuel. Et il n'importe que celui qui s'en est emparé en ait ou non acquis la possession. Ainsi l'esclave d'autrui appréhende-t-il ma chose sans en avoir reçu l'ordre de son maître, ni l'esclave ni le *dominus* n'acquièrent la possession. Cependant, je l'ai perdue. Mais si mon propre esclave détourne ma chose, je n'en perds pas la possession, car alors je posséderai le voleur lui-même. (L. 15, *De poss.*) — Si le meuble est entre les mains d'un détenteur, nous avons vu précédemment que la possession n'en appartient à ce dernier qu'après une *contrectatio*. Mais le représenté ne perd-il son droit qu'au moment où la *contrectatio* a été commise ? La question se peut discuter, car dire que la possession du meuble n'est acquise au détenteur qu'après un *furtum*, ce n'est pas démontrer que le représenté la conserve jusqu'à ce *furtum*. La possession ne renaît pas nécessairement à l'instant de raison où elle disparaît. (L. 47, *De poss.*) C'est à la méconnaissance de cette vérité qu'est due, j'imagine, une erreur, assez fréquemment commise, dont nous avons fait justice en étudiant les manières d'acquérir la possession. On a prétendu que par la seule force de sa volonté, en dépit de la règle *Nemo sibi ipse causam possessionis mutare potest* le détenteur faisait passer sur sa tête le droit du représenté. Nous avons vu que cette doctrine n'avait pas prévalu et qu'il était inexact d'y voir l'opinion dominante et dernière des Romains. Mais que la seule volonté du représentant dépouille le possesseur primitif, c'est une théorie tout autre, et il est difficile de prétendre qu'elle n'avait aucun crédit chez les jurisconsultes latins. Elle a eu des fortunes diverses, mais je crois qu'en définitive on a tranché la question dans le sens de l'affirma-tive. Tandis qu'on déclarait le vol nécessaire à la naissance de la possession, on a décidé, ce semble, que l'infidélité du repré-sentant, même purement intentionnelle et non manifestée, dépouillait le possesseur primitif d'une chose mobilière.(Cf. les lois 1 § 2, *De furtis;* 3 § 18, *De poss. ;* 47, *ib.*—Celsus, l. 67, *De furtis.*— Aulu-Gelle, *Noct. Att.,* XI, 18.)

— La possession des meubles prend également fin par la disparition de l'*animus* seul.

Il faut et il suffit que le possesseur ait la volonté formelle et éclairée de renoncer à son droit. Formelle et éclairée, dis-je. Ne peuvent donc l'avoir ni l'insensé ni l'impubère (L. 29, *De poss.*) En fait, il sera rare que la possession se perde ainsi par l'*animus* seul et sans la disparition du *corpus.* C'est tou-tefois ce qui se présentera dans le constitut possessoire.

—Enfin la possession des choses mobilières s'éteint par la perte simultanée du *corpus* et de l'*animus* dans les cas sui-vants :

1° Si la chose a été détruite matériellement ;

2° Si la chose est *derelicta,* c'est-à-dire si le posses-seur en abandonne la détention et abdique en même temps l'*animus domini.* Il ne faut confondre la *derelictio* ni avec l'ab-dication pure et simple de l'*animus* ni avec la perte de l'objet. Possédant seul, je puis renoncer à l'*animus* pour une part indivise ; je ne puis *derelinquere* que pour le tout. (L. 3, *Pro derel.*XLI, 7.) Au rebours, en cas de perte, il n'y a pas anéan-tissement de l'*animus ;* c'est donc alors par la seule disparition du *corpus* que la possession s'évanouit.

3° Le possesseur livre avec *justa causa* sa chose à au-trui. (L. 3, § 6, *De acq. poss.*) Mais s'il arrive que l'*accipiens* est incapable d'acquérir la possession, s'il est fou, s'il se trompe sur le meuble livré, aurait-il, quant à moi, perdu la posses-sion ? La question revient à savoir si ma volonté doit être, ou non, considérée comme indivisible. Ai-je entendu renoncer à la possession d'une manière absolue ou seulement y renoncer à la condition que le tiers l'acquerrait ? Celsus tenait pour la première opinion, Ulpien défendait la seconde, et, selon toute vraisemblance, ce fut le dernier système qui l'emporta (L. 18, § 1, *De acq. vel amitt.* L. 34 pr. *ib.*)

SECTION III

Protection légale de la possession mobilière

I. — *Notions générales.*

A la possession mobilière telle que nous l'avons d'abord définie, puis expliquée, ne se rattache directement qu'un effet, le droit de la protéger. La faculté d'usucaper exige, comme on sait, d'autres éléments : je comprends que, frappés des rapports intimes qu'elle a très évidemment avec la théorie de la possession, des commentateurs autorisés aient cru devoir réunir les deux études ; mais il n'en est pas moins constant que les conditions seules du *jus possessionis* sont impuissantes à produire l'usucapion. La perception des fruits ne découle pas non plus de la seule possession. L'avantage enfin qu'a le possesseur de gagner son procès dans une contestation sur la propriété, si le revendiquant ne prouve pas son droit, n'est pas une conséquence du *jus possessionis*. Il y a là une situation commune à tous les défendeurs ; et cela est tellement vrai que de cette situation le détenteur lui-même recueillerait le profit, si c'était lui qu'on poursuivît. (L. 9, *De rei vindicat.*)

Mais qu'entend-on par protéger la possession ? Nous avons dit, en étudiant la nature même de la possession, que les Romains avaient reconnu là définitivement une sorte de droit. Cette conception leur vint-elle d'un raisonnement juridique ? Eurent-ils, dès les premiers temps, l'idée de séparer ainsi la possession et la propriété ? La théorie, telle que nous l'avons développée, naquit-elle brusquement de toutes pièces ? Il est probable que non, qu'il y eut des tâtonnements, des hésitations, des progrès et des reculs. Niebuhr [1] et de Savigny [2] ont expliqué l'origine de la possession en rappelant que, sous la république, le sol romain se composait du domaine public et du domaine privé, *ager publicus* et *ager privatus*. La possession et la jouissance de l'*ager publicus* étaient souvent abandonnées aux citoyens, la république conservant le droit de retirer la concession. Cette occupation ne donnait pas aux particuliers la propriété ni partant les actions réelles. Mais le préteur se décida finalement à les protéger contre les agressions arbitraires ; telle aurait été l'origine du *jus possessionis,* qui, dans cette opinion, aurait été d'abord réservé aux choses immobilières.

On dit que cette hypothèse [3] s'appuie sur quelques textes. (Tite-Live, VII, 16. — Pline l'Ancien, *Hist. nat.,* XVIII. — Columelle, 1, 3. — Orosius, V, 18.) On avance aussi qu'elle explique les singularités apparentes du *precarium* et qu'elle justifie la possession du fermier qui détient l'*ager vectigalis.* Mais ces exceptions ont des motifs particuliers dont quelques-uns ont été précédemment indiqués ; et quant aux textes, ils ne prouvent rien, sinon qu'une protection était accordée au possesseur de l'*ager publicus;* et nous ne nions pas qu'il en fût ainsi dans les derniers temps de la république. Peut-on inférer de là que ce possesseur ait seul été d'abord protégé, et que cette possession seule ait conduit le préteur à imaginer une théorie d'ensemble ? L'*ager publicus* a-t-il été l'occasion

---

1. *Hist. rom.* partie 2, p. 161 et s.

2. *Op. cit.,* § 12 a.

3. On a prétendu qu'elle expliquait non seulement l'origine des interdits possessoires, mais même celle de tous les interdits. Il y a là deux questions tout à fait différentes ; rien ne fait présumer que les interdits possessoires aient précédé les autres. Il est au contraire vraisemblable qu'on a eu recours à une procédure déjà établie pour protéger la possession, lorsqu'on en a reconnu la nécessité.

externe et tout accidentelle de la première application d'une
règle générale? Cela est possible, mais rien n'est moins démontré. Et, dans tous les cas, il y avait dans la possession
une idée scientifique, qui dut mettre, je n'en disconviens
pas, assez longtemps à se dégager, mais qu'une nécessité
restreinte n'aurait pu suffire à éveiller. Plutôt que d'être
l'effet de cette mise en pratique, la théorie, je pense, en fut
la cause. On avait même anciennement discuté sur l'admissi-
bilité des moyens possessoires au profit des citoyens qui
occupaient l'*ager publicus*. (Frontinus, *De controv. agror.*,
p. 36.) N'est-ce pas la meilleure preuve que ces moyens exis-
taient avant même qu'on eût songé à défendre les possesseurs de la propriété domaniale? Chez un peuple doué du
plus subtile esprit juridique, il serait étonnant qu'une théorie
nette et précise de la possession se fût produite par hasard,
incidemment. J'estime qu'elle s'est fait jour lentement, mais
qu'elle a eu dès le début un caractère universel. Les meubles
y ont été compris, aussi bien que les immeubles et tous les
immeubles aussi bien que l'*ager publicus* [1].

Mais par quels moyens a-t-on songé d'abord à protéger
la possession?

Je laisse de côté la défense matérielle, bien qu'elle ne soit
pas illégale. Il est permis de repousser la force par la force.
La loi 1 au Code *De vi*, §28, est précise à cet endroit : « *Recte
possidenti ad defendendam possessionem quam sine vitio
tenebat, inculpatæ tutelæ moderatione illatam vim propul-
sare licet.* » On peut employer la force soit pour empêcher
autrui d'appréhender la chose, soit pour la ressaisir après
qu'il l'a prise. Mais ce ne sont là que des faits tolérés par la loi ;
elle ne les punit pas, mais elle s'en désintéresse. Ils ne sont
pas plus légaux qu'illégaux ; ils sont, à vrai dire, extra-légaux [2].

---

1. *Bethmann Hollweg, Iahrb. für wiss. Kritik*, 1838, col. 2₀9, 270.

2. Dans le dernier état du droit, il sont même réprimés. (V. plus loin Interdit *utrubi*, § 2.)

Nous n'avons à nous occuper que des moyens juridiques auxquels peut recourir le possesseur, et dès maintenant, nous comprenons que le législateur doit envisager deux situations. Ou bien je suis troublé dans le pouvoir physique que j'exerce sur la chose, et j'en appelle à la loi, pour qu'elle sauvegarde ma tranquillité ; ou bien je suis dépossédé complètement, et je veux être réintégré.

Sans doute, le possesseur avait, dans certains cas, la possibilité de plier à un rôle de protection particulière des actions imaginées pour d'autres hypothèses. Plusieurs de ces moyens coexistèrent même avec les interdits. C'est ainsi qu'en vertu du principe : *Id quod ex injusta causa apud aliquem sit, condici posse,* le possesseur eut parfois une *condictio possessionis* (L. 2, *De condict. tritic.* ; L. 25, § 1, *De furtis)* ; il arrivait également qu'il eût l'action *quod metus causa* ou la restitution prétorienne *in integrum.* (L. 9. pr., l. 2, § 2, *Quod metus causa* ; L. 23, § 2. *Ex qnibus causis maj.).* De même l'expulsé avait toujours une action *in factum.* (L. 1, § 43 *De vi.)*

Mais ces voies de droit étaient à la fois trop générales et trop spéciales. Elles étaient empruntées à d'autres théories que la nôtre et continuaient naturellement d'être employées, en dehors de toute possession, dans les hypothèses pour lesquelles on les avait créées. En même temps le possesseur n'y pouvait recourir que dans l'ordre même de ces hypothèses. On comprit tôt que ces ressources étaient souvent frustratoires, toujours embarrassantes, et l'on sentit la nécessité d'accorder à la possession, tant mobilière qu'immobilière, une sauvegarde moins banale et plus efficace.

On créa, non pas des actions, mais des interdits possessoires. Quel fut le motif de cette particularité ?

L'histoire des interdits, si fouillée qu'elle ait été, demeure encore fort obscure. D'anciens jurisconsultes avaient pensé que les matières pour lesquelles on délivrait des interdits

étaient examinées entièrement devant le magistrat [1]. C'aurait
été là une voie sommaire, plus rapide que l'action. Mais cette
hypothèse a été démentie par les commentaires de Gaius, elle
était déjà contredite par des textes assez formels du Digeste [2].
Il n'est guère plus exact de prétendre que les interdits procu-
raient au demandeur l'avantage d'une satisfaction adéquate à
la demande. Car si le défendeur n'obéissait pas au *jussus*,
c'était une condamnation pécuniaire qu'il encourait [3]. On ne
peut non plus affirmer catégoriquement que les interdits
aient été créés par le préteur pour combler certaines lacunes
du droit civil; car il est établi que des droits consacrés par
les XII tables donnaient lieu à des interdits [4]. Dans ce cas le
préteur s'appuyait donc sur le droit civil même et ne le complé-
tait point. Il y avait primitivement certaines règles que la loi
formulait et qu'elle négligeait cependant de faire respecter par
des actions. Négligence volontaire et systématique, a-t-on dit.
Il est possible qu'en effet il y ait eu là une sorte de prémédita-
tion, que la loi se soit intentionnellement reposée sur le magistrat du soin de protéger des droits, par exemple, qui
n'entraient pas directement dans notre patrimoine. Quoi qu'il
en soit, il n'est pas douteux que les interdits se rattachent à
l'*imperium* du magistrat, préteur ou proconsul, et qu'ils
contiennent un ordre ou une défense. Ce ne furent d'abord
que des décrets statuant dans des espèces déterminées, puis
ils prirent place dans l'édit et devinrent des dispositions
réglementaires. Si le défendeur obtempère à l'ordre du magistrat, voilà du coup la difficulté tranchée. S'il refuse d'obéir,
les parties sont envoyées devant un *judex* ou un *arbiter*.

Ainsi entendus, les interdits ont pu précéder la protection

1. Sigonius, *De jud.* 1,16. — Cujas, *Paratit. ad cod.* VIII, I.
2. L. 15, § 7, l. 2 pr. *Quod vi aut clam*, XLIIII, 24. — L. ult. *De precar.*
XLIII, 26. — L. 1, § 2, *Si ventris nomine.* — V. Zimmerm., *Traité des actions*,
§ LXXI.
3. Gaïus, §§ 141 et 165. — Cic., *Pro Cec.*, 16.
4. Pline l'Ancien, XVI, 6. — Ulpien, L. 1, § 8, *De arb. cæd.*

légale de la possession, et nous croyons effectivement qu'ils l'ont précédée. On a cependant souteou qu'ils étaient nés avec elle, qu'ils avaient été dus au besoin même de cette protection.

Que par la suite les interdits possessoires soient devenus les plus importants, c'est ce qu'atteste Gaius (IV, § 139), et ce qui s'explique aisément. Mais que chronologiquement il faille les placer avant tous autres, nous ne le pensons point. Les interdits *de rebus divinis,* ceux qui ont trait aux choses publiques, ceux qui protègent la liberté individuelle, ont dû être imaginés fort anciennement. Il n'est pas croyable que le préteur ait poussé la tolérance jusqu'à laisser dégrader les voies publiques ou troubler les inhumations. Et au contraire, en ce qui concernait la possession, le magistrat, dans l'antique procédure des actions réelles, décidait à son gré laquelle des deux parties posséderait pendant le débat. La nécessité d'un moyen de protection ne se fit donc sentir que plus tard, après l'apparition des interdits, et lorsque se fut développée la théorie même de la possession.

Alors le préteur, voulant accorder une protection légale à ce droit nouveau, la chercha dans une procédure qui fonctionnait déjà dans d'autres circonstances, mais qui ne répugnait pas à cette application. La possession n'étant, à vrai dire, ni un droit réel, ni un droit de créance, il était impossible de recourir à une action ; on imagina les interdits possessoires.

Nous n'entendons point parler ici des interdits *adipiscendæ possessionis,* rangés souvent, soit par les jurisconsultes romains, soit par les interprètes, dans la catégorie des interdits possessoires. On a critiqué cette terminologie [1]. Qu'elle soit bonne ou mauvaise, les interdits *adipiscendæ possessionis* dans les cas même où ils pourraient nous prouver la posses-

---

1. De Savigny, *op. cit.*, § 33. — Maynz, *op. cit.*, § 174.

sion d'un meuble, ne nous arrêteront pas. Ce ne sont pas des moyens de droit qui protègent la possession ; ils ne l'ont pas pour fondement, ils ne sont pas destinés à la garantir. Tout autre est le caractère des interdits *retinendæ* ou *recuperandæ possessionis,* qui ont seuls pour fonction de faire cesser le trouble que fait subir à un possesseur une prétention rivale.

Nous savons que, d'après certains auteurs, la possession n'aurait pas été, à Rome, protégée pour elle-même.

Dans cette opinion, les interdits possessoires n'auraient qu'un but, fixer les rôles respectifs des parties dans la revendication. Quelques textes présentent, en effet, cette fonction comme principale. (Ulpien, l. 1, §§ 2 et 3, *Uti possidetis.* — Gaius, IV, § 146.) Elle fut capitale, il est vrai, mais point exclusive. Depuis les temps les plus reculés, il existait une procédure particulière, les *manus consertæ* (Aulu-Gelle, *Noct. att.* XX, 10), qui réglait la situation des parties dans la revendication. Et cette raison qui probablement, je l'ai dit, recula la création des moyens possessoires jusqu'après celle des premiers interdits, aurait fait plus que la reculer et l'aurait indéfiniment ajournée, si l'on avait voulu se contenter d'une procédure qui préparait la revendication.

J'ajoute que ce rôle des interdits possessoires, quelque important qu'il fût devenu, n'avait pas même été prévu par l'Édit, dont le texte portait simplement : *Vim fieri veto.* C'était donc bien la possession en soi qu'on avait cherché à protéger, et ces considérations, jointes à celles que nous avons développées en analysant le *jus possessionis,* nous amènent à cette conclusion, que le débat au possessoire n'entraînait pas nécessairement le débat au pétitoire ; que les interdits, il est vrai, ne touchaient pas au fond même du droit, mais qu'on ne peut cependant qualifier de provisoire une procédure que la seule volonté de la partie vaincue suffisait à rendre définitive.

II. — *Interdit* utrubi.

§ I. — Avant Justinien.

L'interdit qui, jusqu'à Justinien, protégea la possession mobilière avait pour formule : « *Utrubi hic homo, de quo agitur, majore parte hujusce anni fuit, quominus is eum ducat, vim fieri veto.* » (L. 1, pr. de *Utr.* XLIII, 31) [1]. La première allusion qui soit faite à cet interdit se trouve dans Plaute *(Stichus, V, 4, 22)* : *Sagarinus : Uter amicam utrubi adcumbamus ? — Stichus : Abi tu sane superior.*

De la formule même de l'interdit, il résulte : 1° qu'il a un caractère prohibitoire et qu'ainsi les parties plaident toujours *cum periculo* ou *cum pœna* (Gaius, § 141 et 162) ; 2° qu'il est double, comme l'interdit *uti possidetis* et à la différence de tous autres.

Cette particularité le rapproche des actions divisoires, si bien qu'on les a désignés les uns et les autres sous le nom d'actions mixtes. (L. 37, § 1, *De obl. et act.* XLIV.) Chacun des deux adversaires figure donc à la fois comme demandeur et comme défendeur, chacun peut-être condamné.

Voici comment l'affaire s'engageait. Les deux parties se rendaient devant le magistrat. Il fallait d'abord décider *in jure* lequel des deux plaideurs posséderait le meuble *pendente lite*. On procédait par la voie des enchères, que Gaius appelle *fructus licitatio*. (Gaius, IV, § 167.) Celle des parties qui promettait à l'autre la plus forte somme, exigible dans le cas où le stipulant serait déclaré possesseur, obtenait la possession provisoire. Il n'y avait là, somme toute, aucune injustice et ce n'était pas au plus riche des plaideurs qu'était réservée la victoire ; car ils ne mesuraient pas sans doute le montant de leur promesse à leur fortune, mais à la convic-

---

1. Cet interdit n'était pas spécial aux esclaves. *Hic homo* n'est mis dans le exte qu'en manière d'exemple. (Gaius, III, § 149. — Paul, V, 6, § 1.)

tion qu'ils avaient de leur droit. — Gaius ne nous parle de cette *fructuaria stipulatio* qu'à propos de l'interdit *Uti possidetis;* les passages du manuscrit relatifs à l'*Utrubi* sont demeurés illisibles ; mais il est fort probable que ces formalités, jugées utiles pour les immeubles, étaient applicables aux choses mobilières [1].

Venaient ensuite les *sponsiones*. Chacune des parties promettait de donner une certaine somme, s'il était jugé qu'elle avait contrevenu à l'ordre du magistrat ; puis chacune stipulait une même somme sous la condition inverse. Dans un interdit prohibitoire simple, il n'y aurait eu qu'une *sponsio* et une *restipulatio;* mais ici, par la force des choses, il y avait deux *sponsiones* et deux *restipulationes*. Le magistrat rédigeait cinq formules, la première fondée sur la *fructuaria stipulatio*, les quatre autres sur les *sponsiones* et les *restipulationes*.

De plus il délivrait une action qui permît au juge d'ordonner la restitution de la possession ; c'est le *judicium secutorium* ou *cascellianum*.

Malgré ces apparentes complications, l'office du juge va se borner à rechercher lequel des deux plaideurs avait à la date de l'émission de l'interdit la « supériorité » de possession. A quel critérium devra-t-il recourir ?

Le texte de l'interdit nous fournit une partie de la réponse. Celui-là triomphera qui, dans l'année antérieure à l'émission, (*annus retrorsus numeratur:* Paul, V. 6, § 1), aura possédé plus longtemps que son adversaire (*majore parte hujusce anni*). Non qu'une possession de plus de six mois soit exigée; *major pars* est pris dans un sens relatif ; on met en balance les deux possessions, si le total est inférieur à douze mois, peu importe. *Majore parte anni,* dit Licinius Rufinus, *possedisse quis intelligitur, etiamsi duobus mensibus possederit, si modo adversarius ejus aut paucioribus diebus aut nullis*

---

1. M. Machelard, *Interdits,* p. 226.

possederit (Loi 156, D. L. 16). — Réciproquement, si le total est supérieur à un an, on ne s'inquiète que des douze derniers mois. Il est d'ailleurs parfaitement possible que ma possession ait été discontinue, intermittente ; cette circonstance ne m'empêchera pas de gagner le procès, si, tous les totaux partiels additionnés, je me trouve avoir possédé plus longtemps que mon adversaire.

A ne chercher que dans cette comparaison des temps écoulés, le motif de la supériorité, voici les résultats auxquels nous aboutirions. Je suis possesseur d'un meuble ; un tiers survient, qui prétend avoir droit à cette possession. Sur ma demande, défense lui est faite par le magistrat de me troubler ; refuse-t-il de se soumettre à cet interdit, les formules sont délivrées comme nous l'avons expliqué. S'il démontre qu'il a eu, dans l'année qui précède, une possession plus longue que la mienne, le juge le déclare possesseur. Tout demandeur que je suis, je puis, en effet, grâce à la duplicité de l'interdit, être condamné moi-même. Et de cette manière une procédure que j'employais à l'effet de retenir la possession va permettre à mon adversaire de la recouvrer. L'interdit qui est à mon égard *retinendæ possessionis* est par rapport à mon adversaire *recuperandæ possessionis*. (Petron. *Satir.* ch. 13. — Théoph., § 4, 1, *De interdictis*.) — Besoin n'est pas d'imaginer, avec M. de Savigny, une fiction de possession actuelle, pour expliquer cette dernière fonction de l'interdit. Il n'est pas même nécessaire de la justifier par cette observation, vraie au demeurant, que cet interdit a comme un effet rétroactif, qu'il comble la lacune entre la possession perdue et la possession reconquise, les réunit, les resoude, et supprime l'interruption. L'effet récupératoire est la contre-partie nécessaire de l'effet prohibitoire, étant donné que le demandeur peut être condamné. Il n'y a nullement lieu de s'étonner que les Romains n'aient pas appelé l'interdit *utrubi* « *tam retinendæ quam recuperandæ possessionis* »

Ils l'appellent double, cela suffit. (§ 7, 1 *De interd.* — Gaius, IV, § 160. — L. 31, § 1, *De oblig. et act.*) Du moment où il est double et *retinendæ possessionis*, cela veut dire que si je ne parviens pas à retenir cette possession, mon adversaire la recouvrera. Cette déduction, pour l'interdit *utrubi* du moins, n'est pas sérieusement contestable.

Toutefois on a dit : « Il est bien vrai qu'engagé de cette façon l'interdit *utrubi* devient *recuperandæ possessionis*, mais la question, pour nous, est de savoir s'il peut être prononcé à la requête de la personne dépossédée. » Question toute résolue par les textes que j'ai cités plus haut. Refuser au ci-devant possesseur le droit de jouer, dans l'interdit, le rôle de premier demandeur, c'est aboutir à la constatation d'une maladresse législative, que les Romains n'auraient jamais commise ; c'est pousser cette personne dépossédée à inquiéter le possesseur actuel, à le mettre dans la nécessité de réclamer lui-même l'interdit.

Il faut donc reconnaître à l'individu qui a perdu la possession le droit de la recouvrer par l'interdit *utrubi*[1]. Cette conclusion n'est pas aussi claire, en ce qui concerne l'interdit *uti possidetis*. Malgré les efforts des commentateurs, il subsiste, à l'endroit des immeubles, une grande obscurité. Je me figure que la protection de la possession immobilière a passé par des phases diverses et que nous comprenons mal aujourd'hui, à travers une codification héterogène, les changements successifs qu'a dû subir la théorie. Sans doute, avant que la possession des immeubles se conservât « *animo solo* », l'interdit *uti possidetis* n'était en aucune façon récupératoire ; le *dejectus* devait recourir à l'un des interdits spéciaux *unde vi* ou *clandestina possessione*. La réforme accomplie, l'*uti possidetis* put être intenté par la personne dépouillée du *corpus*, réputée possesseur *animo nudo*. Quelle aurait

1. L'application de la loi *Cincia* que nous signalerons ultérieurement prouve de reste la vérité de notre doctrine.

été, autrement, la signification de cette réforme ? Décider
que l'occupant ne deviendrait pas possesseur immédiatement,
cela ne voulait pas dire qu'il n'allait pas pouvoir invoquer sa
possession à l'encontre du dépossédé. C'eût été là une naïveté,
et la réforme n'aurait rien réformé. Vis-à-vis, en effet, du
ci-devant possesseur, l'occupant n'a qu'une possession vicieuse, clandestine, et certes il succombera dans l'interdit
clandestina possessione. Il y a donc un autre sens à l'innovation.

Signifie-t-elle que l'occupant ne sera pas considéré comme
possesseur, même à l'égard des tiers ? Il en résulterait des
conséquences fort improbables. Les interdits n'appartenant
dès lors qu'au possesseur *animo tantum,* le possesseur de
fait pourrait être impunément dépouillé par un tiers, qui
serait à l'abri de tous côtés, ce nouveau *dejectus* n'ayant pas
l'interdit, et celui-là ne l'ayant que contre le premier occupant. Donc la réforme ne veut pas dire seulement qu'à l'égard
du dépossédé le dépossédant ne sera point valablement possesseur ; elle ne va pas non plus jusqu'à signifier qu'il ne
sera possesseur par rapport à personne. Elle n'est ni aussi
large ni aussi étroite. Elle a pour but de continuer au dépossédé une possession *noumène*, suivant un mot de Kant, et de
l'autoriser, par conséquent, à se servir de l'interdit *uti possidetis*. Et si l'on eut besoin de cette fiction pour justifier cet
emploi, on dut répugner longtemps à l'admission du rôle
récupératoire, si tant est qu'on ait fini par s'y décider.

Pour les meubles, au contraire, ce rôle avait été, je pense,
consacré dès le début. Il était indispensable, et non plus
seulement utile. Les interdits *unde vi* et *clandestina possessione* n'étaient pas, — nous reviendrons sur ce point, —
applicables à la possession mobilière. En l'absence d'un interdit spécialement restitutoire, il n'est pas possible qu'on n'ait
pas senti promptement la nécessité de donner ce caractère
à l'*utrubi*. A supposer donc qu'il ait d'abord été simplement

retinendæ possessionis, il ne tarda pas à remplir une double fonction.

— Le délai pendant lequel le dépossédé peut recourir efficacement à l'interdit varie, on le conçoit, avec la durée de la possession qu'il peut invoquer. S'il a possédé six mois consécutifs, il peut attendre six mois moins un jour, dans le cas où le défendeur est entré immédiatement après lui en possession. S'il y a eu quelque intervalle, les choses peuvent changer. Avez-vous eu la possession d'un meuble un mois après que je l'avais perdue, je puis attendre six mois et demi moins un jour ; car à votre possession de moins de cinq mois et demi j'opposerai valablement la mienne qui aura duré davantage. Y a-t-il eu un intervalle de deux mois? Je ne serai pas forclos avant sept mois moins un jour. Y a-t-il eu six mois ? Le délai sera de neuf mois moins un jour. Et ainsi de suite, jusqu'au maximum d'un an.

Nous avons laissé entendre plus haut que le motif de supériorité indiqué par le texte de l'interdit devait se combiner avec un autre. Établissons d'abord le principe ; nous verrons ensuite les difficultés qu'en peuvent soulever les applications.

Nul ne peut se prévaloir, dans l'interdit *utrubi*, d'une possession acquise *vi, clam aut precario*. Gaius (IV, § 150) et Paul (V, 6 pr.) le disent expressément. *Si vero de re mobili*, dit Gaius, *tum eum potiorem esse jubet, qui majore parte ejus anni nec vi, nec clam, nec precario ab adversario possedit.*

Ces vices sont relatifs, comme le prouvent les mots *ab adversario*. On a prétendu cependant[1] qu'ils étaient absolus dans l'interdit *utrubi* au rebours de ce qui était admis, on le reconnaît, dans l'*uti possidetis*. Les raisons qu'on invoque tombent toutes devant le texte de Gaius et devant celui des Institutes (§ 4, I, *de Int.*). On s'est contenté d'ailleurs d'argu-

____
1. Cuperus, *De nat. pos.* P. 2, C 7.

menter par *a contrario* de quelques passages où il est parlé de l'*uti possidetis* (L. 2, *Uti possidetis*); mais ce genre de raisonnement a le défaut immense de pouvoir toujours être converti en argument d'analogie ; c'est une arme à double tranchant.

Pour juger si la possession est vicieuse, il faut se placer au moment de l'acquisition. Le vice originaire ne se purge que par un changement de cause. (L. 6, pr. l. 40, § 2, *De acq. vel amitt. poss.*) La violence doit être *atrox* (L. 1, §§ 3, 22 et 26, *De vi*), et avoir porté contre la personne (L. 33, § 2, *De usurp.*). Il y a clandestinité quand quelqu'un a profité de l'absence du possesseur pour s'emparer d'un bien. (Loi 6, pr. et § 1, *De acq. v. a. poss.*) L'héritier du précariste est par rapport au concédant possesseur clandestin. (Paul, Sent. v, t. 6, § 10.) Nous avons dit précédemment quelques mots du précaire.

— En combinant ces nouvelles notions avec celles que nous avait fournies le texte de l'interdit, demandons-nous ce qui se passera dans quelques hypothèses.

Je suis possesseur d'un meuble ; je le perds ; un tiers le trouve et s'en empare. Sa possession n'est pas vicieuse par rapport à moi, qui n'étais plus possesseur au moment de la découverte. Nous n'avons donc ici que la question de durée à examiner.

Je suis possesseur d'un meuble ; ce meuble m'est ravi par violence, il est pris par un tiers dans les mains de mon représentant, ou il est volé pendant mon absence, ou il est détourné par mon représentant. Ici la comparaison des délais n'a plus rien à faire dans le débat ; la possession de mon adversaire est vicieuse, je triompherai quand bien même elle surpasserait la mienne en durée. Mais, dans ce cas même, au bout d'un an l'interdit ne pouvait plus être intenté. (Bréviaire d'Alaric. Interp. Paul V, 6 § 1.) *Si quis possidens rem intra anni spatium quod amisisse videtur*

*recipiat, postmodum si voluerit, tam de vi quam de rei pro-
prietate confligat.*

Et maintenant ne comprend-on pas mieux encore qu'il était impossible que l'interdit *utrubi* ne fût pas récupératoire ?

Le possesseur violent ou clandestin se serait bien gardé d'invoquer l'interdit *retinendæ possessionis* contre la personne dépossédée ; celle-ci se serait trouvée dans la nécessité de recourir à la force. Elle n'aurait pas hésité à se servir du seul moyen qui lui fût donné, sachant bien que si, par la violence, elle parvenait à reprendre le meuble, le vice de cette reprise serait neutralisé par ce fait qu'elle-même la possession de l'adversaire était vicieuse. Pour éviter ces voies de fait, qui dans le droit classique n'étaient pas réprimées, il fallait accorder à l'individu dépossédé le droit de recourir à l'interdit *utrubi*.

Nous avons vu qu'en général l'action possessoire n'est pas réelle. C'est même, si je ne me trompe, cette considération qui explique la loi 3, § 5, *uti possidetis*, où Cassius et Ulpien dénient, dans un cas déterminé, l'interdit *uti possidetis*. La loi 1, § 3, *De interdictis* est, du reste, parfaitement explicite à ce sujet. *Interdicta omnia, licet in rem videantur concepta, vi tamen ipsa personalia sunt.* Ce membre de phrase *licet in rem...* ne doit pas être traduit : « Bien qu'ils paraissent... » mais : « Alors même que... » La loi 5, § 13, D. *Quod vi aut clam* nous explique fort clairement ce qu'il faut entendre par l'interdit rédigé *in rem*. « *Cum interdictum sic sit scriptum : quod vi aut clam factum est, non ita : quod vi aut clam fecisti.*

Toutefois je ne me dissimule pas que la preuve de cette proposition : l'interdit est personnel, souffre quelque difficulté, lorsqu'il s'agit de l'interdit *utrubi*, et bien des auteurs pensent, avec au moins une apparence de raison, que cet interdit pouvait, dans les délais habituels, frapper les ayants cause.

M. de Savigny, dont cette doctrine infirmerait partiellement les principes, la repousse par une fin de non recevoir. Ayant fondé sur une idée de délit la théorie tout entière des actions possessoires, il lui est difficile d'admettre une dérogation aux règles qu'il a posées. Peut-être y a-t-il lieu de reprocher au savant auteur ce procédé trop synthétique et de relever chez lui, une fois par hasard, le défaut d'un raisonnement *a priori*. D'autres que lui, partant des mêmes prémisses, ont loyalement reconnu l'exception. Pour nous, il ne nous a point semblé que les actions possessoires pussent être, d'une manière générale, rapprochées des obligations délictuelles. Nous avons seulement reconnu qu'elles ne devaient pas être qualifiées d'actions réelles. Les motifs sur lesquels nous avons fondé cette opinion ne s'opposent aucunement à ce que, dans un cas particulier, l'interdit soit délivré contre des ayants cause. Ici encore, le magistrat pèsera deux prétentions, dont ni l'une ni l'autre n'est un droit absolu, et il donnera la préférence à celle que la loi considérera comme plus juste, pour telles et telles raisons relatives. Supposez que j'aille troubler ce tiers dans sa possession ; il aura contre moi l'interdit *utrubi* ; on comprendrait que, moi aussi, je pusse l'intenter contre lui, si j'avais possédé la chose avant celui dont il la tient.

Malgré tout, je ne crois pas que ce caractère réel de notre interdit, s'il a été quelque temps admis, ait subsisté dans la législation romaine. D'abord, il ne faut pas s'y méprendre, que le tiers, troublé par moi, soit muni de l'*utrubi*, il ne s'ensuit pas, étant même reconnue la duplicité de l'interdit, que je puisse l'intenter avec succès contre lui. Vous êtes possesseur d'un objet ; je prétends l'avoir moi-même possédé, et que vous m'avez dépouillé. Mon assertion fût-elle mensongère, vous auriez l'interdit contre moi, si je vous inquiétais. Peut-être même qu'écoutant ma réclamation mal fondée, le magistrat, qui ne se livre qu'à un examen très superficiel des faits avant le *judicium*, me délivrera l'*utrubi* contre vous. Mais je devrai y succomber, voilà tout. Il en sera de même,

dans notre thèse, si j'agis contre un tiers possesseur. Il n'y a
là aucune inconséquence.

Mais nous avouons que, sauf le passage général et absolu
d'Ulpien, que nous avons reproduit plus haut, les textes qui
développent la personnalité des interdits ne parlent point de
l'*utrubi*. (L. 19, 1. 1, § 14, *De vi.*) Ce silence doit-il permettre
de raisonner *a contrario?* Je ne le sais trop. Il ne faut pas
oublier que, sous Justinien, l'interdit *utrubi* s'est absorbé
dans l'*uti possidetis*. Il n'en est plus parlé que pour mémoire.
Toutefois nous n'oserions affirmer qu'à aucune époque l'*u-
trubi* ne fût accordé contre les ayants cause du dépossédant.
Cette question très délicate est de celles qu'il faut avoir la
franchise de signaler, sans avoir toujours la prétention de
les résoudre.

Quoi qu'il en soit, c'est à tort qu'on invoque parfois, en
faveur de la réalité de l'interdit, un argument tiré de l'*accessio
possessionis*. On prétend qu'elle ne serait pas d'une grande
utilité pour le défendeur, s'il était vrai qu'entre lui et le
demandeur il n'eût pu se trouver un possesseur intermédiaire.
Nous comprendrons toute l'inexactitude de cette remarque,
quand nous aurons développé la théorie de l'*accessio*. Dès
maintenant, nous pouvons dire que le défendeur pourra
encore invoquer l'*accessio* quand, par exemple, son auteur
ou lui auront possédé avant le demandeur, ou quand ce
dernier aura fait lui-même la tradition de l'objet.

Qu'entend-on, dans notre matière, par *accessio possessionis?*
Chaque plaideur peut ajouter à sa propre possession celle de
la personne qui la lui a transmise soit à titre particulier soit
à titre universel. L'*accessio possessionis* qui s'applique également à l'usucapion et à la *præscriptio longi temporis* a ici
des règles beaucoup plus larges. On a soutenu qu'à l'origine
l'*accessio* n'était admise que pour la succession universelle et
on a tiré argument de la loi 13, § 4, Dig. XLI, 2 : « *Quæsitum
est,* dit Ulpien, *si heres prius non possederat, an possessio ei*

accedat? Et quidem in emptoribus possessio interrumpitur, sed non idem in heredibus plerique probant: quoniam plenius est jus successionis, quam emptionis; sed subtilius est quod in emptorem et in heredem id quoque probari. » On s'est complètement mépris, à notre avis, sur le sens de ce texte et sur l'hypothèse qu'il prévoit. Ces mots *si heres prius non possederat* indiquent pourtant d'une manière assez évidente qu'il s'agit du cas où l'héritier n'aurait pas eu de possession personnelle. Même dans ce cas, dit Ulpien, certains auteurs le traitant plus favorablement que l'ayant cause particulier voulaient lui accorder l'interdit *utrubi*. Il ne suit pas de là que *l'accessio possessionis,* permise à l'un, ne le soit pas à l'autre ; on avait seulement songé à dispenser l'héritier d'une possession personnelle, et sur ce point, comme sur le reste, on finit par l'assimiler, dans notre matière, aux ayants cause particuliers.

Ainsi peuvent, sans conteste, donner lieu à *l'accessio :* la donation, l'échange, la vente, le legs, le fidéicommis, la dot, le jugement. On s'était demandé si, une vente résolue par l'action rédhibitoire, le vendeur pourrait user de *l'accessio possessionis.* Ulpien résout la question affirmativement ; il s'inspire d'une considération d'équité, car, à n'écouter que la logique, les parties sont, par l'effet de l'action, comme par une *restitutio in integrum* réciproque, replacées dans la situation où elles se trouveraient s'il n'y avait jamais eu de vente. (L. 21, pr.; l. 23, § 7 ; l. 60, *De æd. ed.*) La même question, posée dans l'hypothèse d'une condition résolutoire, avait été résolue dans le même sens. (L. 13 Dig. XLI, 2 ; loi 19 D. XLI, 3).

L'accessio possessionis n'est accordée qu'à celui qui invoque une possession personnelle exempte de vices à l'égard de son adversaire. Une possession personnelle : *Nullam autem propriam possessionem habenti accessio temporis nec datur nec dari potest ; nam ei quod nullum est, nihil accedere po-*

test. (Gaius, 11, § 151.) Aussi bien la possession du précariste ne sert-elle au concédant que *rupto precario*. Une possession exempte de vices : *Sed et si vitiosam habeat possessionem, id est aut vi aut clam aut precario ab adversario adquisitam, non datur ; nam ei possessio sua nihil prodest.* (Gaius, *ib.* — L. 13, § 1, D. XLI, 2.) Il faut de plus que la possession que j'emprunte ne soit pas elle-même vicieuse par rapport à mon adversaire, et qu'elle m'ait été acquise par transmission, non par une prise de possession spontanée. (L. 13, pr. D. XLI, 3.) Mais il n'est pas nécessaire que la possession que j'emprunte soit de bonne foi ni qu'elle ait juste cause ; car ces conditions ne sont pas exigées dans la mienne propre ; il n'est pas nécessaire non plus qu'elle ait immédiatement précédé la mienne, puisqu'elle-même, celle-ci peut être discontinue. Il n'y a donc, en notre matière, nul besoin de la fiction : *Hereditas personam sustinet.* Peu importe l'intervalle qui a existé entre la possession du défunt et celle de l'héritier. Bien plus, le défunt aurait-il perdu la possession que l'héritier pourrait encore se prévaloir de l'*accessio.* (L. 13, § 5, *De acq. vel amitt. poss.*) *Non autem ea tantum possessio testatoris heredi procedit, quæ morti fuit injuncta, verum ea quoque quæ testatoris unquam fuerit.* On a cherché à expliquer ce texte en disant qu'il suppose le défunt possesseur et non détenteur ; mais cette interpellation forcée est inutile, puisque d'autres passages attestent que l'interruption n'empêche pas l'*accessio.* (L. 20, D. XLI, 3 ; — 1. 15, § 1. D. XLIV, 3.)

Par application de la théorie que nous venons d'exposer, le *tradens* d'un meuble ne pourra point déposséder l'*accipiens.* Celui-ci aura toujours une possession supérieure à celle de son adversaire, puisqu'il aura le total de cette dernière et de la sienne propre. Une exception, toutefois, est à signaler. En principe, quand la tradition a été faite en vertu d'une donation, le donataire peut invoquer efficacement contre le donateur l'*accessio possessionis ;* mais à cette règle gé-

nérale la loi Cincia apporte une dérogation. On sait que cette
loi vise certaines donations excédant un *modus* déterminé et
s'adressant à des personnes non exceptées ; elle ne prohibe
pas ces donations, mais elle en rend la perfection plus difficile. Pour les donations de choses mobilières par voie de
dation, c'est l'hypothèse qui nous occupe, rien ne sera parfait tant que le donataire ne se sera point assuré, par une
possession suffisamment longue, la supériorité dans l'interdit *utrubi*. (Fr. Vat. 293,311.) *In rebus mobilibus, etiamsi
traditæ sint, exigitur ut et interdicto utrubi superior sit is
cui donata est, sive mancipi mancipata sit, sive nec mancipi tradita.* Pour comprendre le jeu de la procédure dans
une affaire de ce genre, il faut admettre que la possession
du *tradens* n'était pas transmise *ipso jure* à l'*accipiens*, que
ce dernier l'opposait *exceptionis ope*, et que le donateur répondait par la *replicatio legis Cinciæ*. Autrement, dès la
tradition le donataire fût devenu irrévocablement possesseur.

L'interdit *utrubi* permettait, nous l'avons dit, de recouvrer la possession ; il remplaçait pour les meubles l'interdit
unde vi qui était réservé à la possession immobilière. A certains points de vue cependant, il était moins avantageux ;
l'interdit *unde vi* procurait une plus entière réparation du
préjudice causé ; car il conduisait à la restitution de tous les
fruits et accessoires *(causa)* depuis le jour de la dépossession.
De plus, dans l'interdit *de vi armata*, le *dejectus* triomphait
malgré les vices dont sa possession pouvait être entachée vis-
à-vis du *dejiciens.* Cela revient à dire que la simple violence
ne neutralise pas les effets de la violence à main armée. On
comprendrait que cette règle eût été étendue à l'interdit
utrubi, mais aucun texte ne signale cette généralisation.
(Cicéron, *Pro Cæcina*, 8, 22, 23.— § 1 *Inst.* IV, 15.) L'interdit *unde vi* est donné contre le *dejiciens* qui ne possède plus ;
l'*utrubi* n'est délivré que contre le possesseur. Celui-ci dure
très probablement une année continue ; celui-là sûrement

une année utile ; même l'interdit *De vi armata* est perpétuel. Mais en revanche l'interdit *utrubi* a l'avantage de faire considérer la possession comme n'ayant pas été interrompue.

On aurait pu ne pas admettre non plus l'interdit *De precario* pour les meubles. Mais c'eût été priver le concédant de toute action personnelle contre le précariste, après le délai d'un an. Au contraire, l'interdit *De precario,* sur la portée duquel on discute, au surplus, est perpétuel. (Loi 8, § 7, D. XLIII, 26.) Le précariste, contre qui l'interdit *De precario* est obtenu, est dans la situation d'un débiteur en demeure ; celui qui a cessé de posséder par dol peut encore tomber sous le coup de l'interdit *De precario*. Il n'en est pas de même des héritiers ; ils ne répondent pas de leur dol et l'interdit *De precario* n'est pas donné contre eux. S'il s'agissait d'un immeuble, le concédant aurait recours à l'interdit *De clandestina possessione ;* pour les meubles, il pourra, s'il est dans les délais voulus, se servir de l'*utrubi*. (L. 8, § 8, *De prec.* — Paul, V, 6, § 12.)

§ 2. — Sous Justinien.

En l'année 389, une constitution des empereurs Valentinien, Théodose et Arcadius (*Inst.* IV, 2, § 1) avait défendu de s'emparer par violence d'une chose mobilière ou immobilière. Comme sanction de cette prohibition, la personne qui aurait eu recours aux voies de fait devait, si elle était propriétaire, perdre sa propriété au profit du possesseur, et si elle ne l'était point, restituer la chose et de plus en payer la valeur. Ainsi, dorénavant, le possesseur dépouillé était tenu de s'adresser à la justice. (L. 3, C. Th. *Unde vi*, IV, 22. — L. 7, C. *Unde vi*, VIII, 4.) Y eût-il là, comme l'a cru Savigny, une extension de l'interdit *unde vi* aux choses mobilières ? Rien ne le prouve. La nouvelle règle modifie simplement, mais ne supprime pas, une application de l'*utrubi*. Le dépossédé, agissant dans l'année, triomphera, quand même sa

possession serait vicieuse à l'égard de son adversaire, et
quand même celle de ce dernier aurait duré plus longtemps.
Mais je crois que la réforme plus profonde dont je vais parler,
la fusion de l'*utrubi* et de l'*uti possidetis*, supprimant la fonction récupératoire de l'interdit commun, entraîna, par suite,
l'application aux meubles de l'interdit *unde vi*.

On ne peut affirmer qu'en Occident cette réforme ait été
antérieure à Justinien ; car le code Théodosien, qui est de
l'an 438, a un titre *De utrubi* (IV, 23) ; le Bréviaire d'Alaric,
rédigé en 506, traite de cet interdit et lui laisse son ancien
caractère. Mais en Orient, il semble que Justinien trouva la
fusion toute accomplie ; autrement il eût manqué à ses habitudes en n'accompagnant pas d'un commentaire pompeux
l'annonce d'une réforme aussi considérable. De toute évidence, le texte qu'il attribue à Ulpien (l. 1, § 1, D.
XLIII, 31) est altéré, puisque Paul, contemporain d'Ulpien,
donne la supériorité à celui des deux plaideurs qui a possédé
le plus longtemps dans l'année. (V, 6, § 1.) Mais s'il ne faut
pas faire remonter jusqu'à cette époque la réunion des deux
interdits, il n'en résulte pas que Justinien l'ait imaginée.
Hoc tamen aliter observatur, disent modestement les Institutes ; et la paraphrase de Théophile : ταῦτα μὲν παλαιόν. Justinien parle aussi de l'interdit *utrubi apud veteres;* c'est assez
franchement avouer qu'il n'innove pas.

Quels furent les effets de cette assimilation ? Ici se représente, avec plus d'obscurité peut-être encore, cette question
que nous avons déjà touchée : l'interdit *uti possidetis* était-il
récupératorie ? Nous avons dit qu'à notre sens elle avait reçu
à Rome des solutions diverses suivant les époques, mais qu'au
début l'*uti possidetis* avait été exclusivement prohibitoire. Y
eut-il, avant Justinien, un temps où il devint récupératoire,
autant que l'*utrubi ?* Cette difficulté n'a pas trait à notre sujet ;
mais nous devons nous demander quel était, sous Justinien,
le caractère de cet interdit, qui, dorénavant protège la pos-

session mobilière. Quelle qu'ait été sa nature propre avant
la fusion, qu'il ait eu, ou n'ait pas eu, passagèrement
une double fonction, j'estime que dans le dernier état du
droit il n'est que prohibitoire. C'est dire que l'*utrubi* ne
jouera plus le rôle restitutoire qu'il avait avant l'assimilation,
et que, comme autrefois peut-être il avait perdu son droit de
suite, il va perdre maintenant son droit d'attaque. Ce ne sera
plus qu'une arme défensive.

«*Hodie tamen aliter observatur ; nam utriusque interdicti
potestas, quantum ad possessionem pertinet exæquata est,
ut ille vincat, et in re soli et in re mobili, qui possessionem
nec vi nec clam nec precario ab adversario litis contestationis
detinet.* » (*Inst.* IV, 15, 4. — L. 17, pr. D. XLI, 2. — L. 1,
§ 4, D. XLIII, 17.— L. 1, § 4, D. *De vi*, XLIII, 16.)

Telle est la cause de l'importance qu'attache à l'interdit
unde vi le Code de Justinien. (Lois 3, 11, Code VIII, 4. — L.
3, C. III, 6.) Je ne nie pas qu'une partie de l'intérêt attaché
aux fonctions récupératoires de l'*utrubi* n'ait pu subsister
encore dans le droit de Justinien. Certaines personnes ne
peuvent intenter l'*unde vi* à cause du caractère pénal de cet
interdit; ainsi le fils de famille contre son père, l'interdit
contre son patron. De plus, je ne pourrai recouvrer par
l'*unde vi* la possession d'un meuble perdu ou détourné sans
violence. Mais, outre que souvent d'autres actions compéte-
ront au dépossédé, ces intérêts que je ne nie pas, que je
constate, prouveraient simplement que la fusion a été malheureuse, et non qu'elle n'a pas eu lieu.

Aux textes formels que nous avons cités, il faudrait opposer
des raisons ou des textes.

En vain argumente-t-on de l'égalité de position qui est
faite aux plaideurs dans les *judicia duplicia*. Je réponds par
ce texte, évidemment applicable par analogie :· « *In tribus
istis duplicibus judiciis quæritur quis actor intelligatur,
quia par causa omnium videtur. Sed magis placuit eum*

videri actorem qui ad judicium provocassit. » (L. 2, § 1, D. *Comm. divid.* 103.) La parité de situation n'est pas absolue ; ce n'est qu'une nécessité de la procédure. Le préteur, ignorant quel est le possesseur, laisse, pour plus de justice et de commodité, les deux parties jouer les deux rôles.

On objecte la loi 12, § 1, D. XLI, 2 ainsi conçue : « L'interdit *uti possidetis* n'est pas refusé à celui qui a introduit une action en revendication, car on n'est pas présumé avoir renoncé à la possession pour s'être d'abord pourvu au pétitoire. » Or, dit-on, la revendication n'est pas accordée au possesseur ; la loi 1, § 6, D. XLIII, 7, ne laisse aucun doute à ce sujet. *Actio enim nunquam ultro possessori datur; quippe sufficit ei quod possideat.* Si l'interdit *uti possidetis* est accordé à celui qui revendique et si celui qui revendique ne peut être possesseur, voilà, dit-on, l'interdit donné à quelqu'un qui n'est pas actuellement possesseur.

Je ne répondrai pas que peut-être ce texte, se rapportant à une époque où l'*uti possidetis* était récupératoire, n'a-t-il pas été remis, par Justinien, en harmonie avec la législation nouvelle. Mais j'observerai qu'exceptionnellement la revendication peut être intentée par un possesseur. C'est, par exemple, une personne qui ne se croit pas possesseur et qui a revendiqué par erreur. Ou bien c'est un possesseur juridique qui n'a pas la détention et qui revendique entre les mains de son locataire, de son emprunteur, de son dépositaire. Il est vrai que certains jurisconsultes, Pégase à leur tête, avaient pensé que la revendication pouvait être intentée seulement contre le possesseur proprement dit et non contre une personne *in possessione*. (Stéphane, Scholie des Basil. sch. 28, p. 7.) Τινὲς κατα μόνου τοῦ κυρίως ἔχοντος νομὴν, οὐμὴν φυσικὴν κατάσχεσιν, εἰρήκασι κινεῖσθαι τὴν σπεκιαλίαν ἐν ῥέμ. (*specialem in rem*): Νομὴ δέ ἐστι κυρίως ψυχῇ δεσπόζοντος κατοχὴ. Mais Ulpien avait professé la doctrine contraire, et c'est elle qui avait triomphé, comme le prouve du reste une constitution de

Constantin, bien connue, qui réglemente la procédure dans le cas où le défendeur n'a que la détention. (L. 2. C. *Ubi in rem actio exerceri debeat*, t. III, 19.)

Si enfin il restait quelque doute, il suffirait de relire celte loi 1, § 1, D. XLIII, § 1, altérée, nous l'avons reconnu, mais qui n'attribue évidemment à Ulpien que des idées vraies dans le dernier état du droit... *Ut is et in hoc interdicto vincat, qui nec vi, nec clam, nec precario, dum super hoc ab adversario inquietatur, possessionem habet.* Celui-là, dit le texte, aura gain de cause, qui, possédant sans vices, aura été inquiété par son adversaire. N'est-ce point assez clair? Comment le demandeur dépossédé pourrait-il être considéré comme étant encore inquiété par son adversaire? Quelque puissante que fût la fiction en vertu de laquelle on le réputerait encore possesseur, on ne saurait sérieusement admettre qu'une possession fictive puisse être l'objet d'un trouble matériel.

Mais quelle action reste-t-il à la personne dépossédée d'un meuble? Nous avons vu que, sans doute, la constitution de Valentinien n'avait pas eu pour effet immédiat d'étendre aux meubles l'interdit *unde vi*. Je penche à croire que celte extension s'est produite après la possession des deux interdits *uti possidetis* et *utrubi*. Il était naturel, en effet, de parfaire l'assimilation [1].

Indépendamment de l'*unde vi*, le dépossédé a le plus souvent à sa disposition une autre ressource, l'une des actions *furti, vi bonorum raptorum, legis Aquiliæ, ad exhibendum,* la *condictio possessionis,* la *condictio furtiva.* Mais ces actions supposent toutes l'existence de certaines conditions

---

1. Toutefois les Institutes semblent présenter l'*unde vi* comme limité aux immeubles. *Recuperandæ possessionis]causa solet interdici, si quis ex possessione fundi vel ædium vi dejectus fuerit ; nam ei proponitur interdictum unde vi.* Mais les mots *fundus* et *ædes* peuvent n'être là qu'à titre d'exemple.

particulières, et il faut avouer qu'elles ne suppléent que très imparfaitement à l'interdit récupératoire. (L. 1, § 6, D. XLIII, 16.)

Nous avons déjà dit un mot de la *condictio possessionis*[1]. Elle était fondée sur l'enrichissement, comme toutes les *condictiones sine causa*. Elle ne protégeait donc la possession qu'indirectement ; elle avait pour but immédiat de sauvegarder la fortune, le patrimoine. De même, l'action *quod metus causa* ou la *restitutio in integrum* pouvaient, en certains cas, s'appliquer à la possession. (L. 2, D. XIII, 3.) *Sed et ei qui vi aliquem de fundo dejecit, posse fundum condici Sabinus scribit ; et ita et celsus. Sed ita, si dominus sit qui dejectus condicat : ceterum, si non sit, possessionem eum condicere Celsus ait.* (Cfr. l. 15, § 1, D. XII, 6. — L. 25 pr. 1 D. XLVII, 2. — L. 12, § 2, D. XLIII, 26. — L. 9 pr. D. IV, 2. — L. 23, § 2, D. XLVI.) En dépit de ces moyens détournés et de ces ressources extraordinaires, la possession des meubles, je le répète, paraît avoir été, sous Justinien, très insuffisamment protégée. Certains auteurs ont cru pouvoir combler les lacunes de ce système incohérent et incomplet, avec une action possessoire nouvelle, qui, suivant eux, imaginée dans le droit impérial, aurait insensiblement élargi son champ d'application, jusqu'à devenir, en dernier lieu, un moyen de protection général et absolu pour le possesseur.

Cette doctrine ingénieuse, mais hasardée, qui avait d'abord été soutenue par Cujas, puis combattue par M. de Savigny, a été reprise par M. Shering et contestée de nouveau par M. Bruns.

Elle a été trop complètement réfutée par M. Bourcart[2] pour que j'y insiste longtemps. J'observerai seulement que, d'après certains partisans de cette doctrine, ce que la nouvelle action

---

1. V. Bruns, *das Recht des Besitzes im Mittelalter*. Du même, *Besitzklagen*.

2. Thèse de doctorat, Paris, 1880.

aurait eu de plus original, c'aurait été de réprimer les attein-
tes portées à la possession en dehors même de tout caractère
délictueux. C'est précisément cette assertion qui effraie quelques interprètes ; ils mettent toute leur ardeur à en contester la vérité. M. Bourcart s'attache tout particulièrement à
la réfuter. C'est peut-être là le point faible de son argumentation. Il est certain que l'on trouve des textes où la possession est protégée, sans qu'il y ait dans la cause la moindre
apparence de délit. (L. 1, C. III, 16. — L. 5, 18, C. VIII, 4. —
L. 8, §1, C. Th. II, 1.) Pour nous, cette conséquence s'explique
aisément par notre théorie de la possession, où nous n'avons
pas fait entrer l'idée de délit ; nous n'avons donc pas à tâcher
d'atténuer la portée des lois précédentes ; nous n'avons pas
non plus besoin, pour les interpréter, d'imaginer une action
nouvelle. Ainsi l'argumentation de M. Bourcart, transportée
dans notre système, s'y complète naturellement. L'action
nouvelle dont parlent les commentateurs se serait, disent-ils,
appelée *actio momenti* ou *momentaria*. A l'aide de ce moyen,
le possesseur d'un meuble pourrait, ajoutent-ils, recouvrer
la possession perdue. Simple hypothèse, fort mal appuyée sur
quelques textes, où le mot *actio* substitué au mot interdit
s'explique parfaitement par l'unification de la procédure, et
où le substantif *momenti*, le qualificatif *momentaria*, se traduisent très clairement par l'idée de possession actuelle,
plutôt encore de possession avantageuse, non vicieuse.

En résumé, selon nous, la fusion des interdits *uti possidetis*
et *utrubi*, quelle qu'ait été précédemment la nature du premier, eut pour résultat de retirer au second son caractère
récupératoire. Je sais que cette doctrine conduit à priver le
possesseur d'un meuble de tout moyen restitutoire, hormis
les hypothèses, fréquentes, il est vrai, où quelque action spéciale lui compétera. Mais je ne pense pas qu'en présence de
textes formels, on puisse nier cette conséquence regrettable
de la réforme ; conséquence bizarre, nous l'avouons, aux

yeux des auteurs qui pensent qu'il fut un temps où l'interdit
uti possidetis avait une fonction récupératoire. Car, pour eux,
la suppression de ce rôle dans le nouvel interdit n'était pas le résultat nécessaire de la fusion ; à vouloir admettre leur doctrine,
il n'y aurait donc pas eu, dans les derniers temps, assimilation des deux interdits, il y aurait eu absorption de l'*utrubi*
dans l'*uti possidetis* modifié. Mais il ne m'est pas démontré
que l'*uti possidetis* ne soit pas, à toute époque, demeuré simplement prohibitoire. L'*utrubi*, beaucoup plus favorable d'a-
bord, puisqu'il était restitutoire et aussi, dit-on, dans une
certaine mesure, réel, fut peu à peu resserré dans les limites
de l'interdit immobilier ; les facilités de l'un disparurent devant les rigueurs de l'autre, ce fut le cadre le plus étroit qui
dut, en définitive, les renfermer tous deux. Bref, nous assis-
tons à ce spectacle étrange d'une législation qui, pourvue
d'abord d'une procédure possessoire remarquable, mais in-
suffisante, l'énerve, sans la simplifier, et la restreint au lieu
de la compléter.

DROIT FRANÇAIS

DE

LA REVENDICATION DES MEUBLES

INTRODUCTION

DE LA PROPRIÉTÉ MOBILIÈRE

« Même à l'origine, dit Blackstone, la communauté des biens ne semble avoir été possible que pour la substance des choses, sans jamais s'étendre à leur usage. Car, rationnellement, en vertu du droit naturel, le premier qui se servit d'une chose acquit sur elle une sorte de propriété temporaire finissant avec l'usage, ou, si l'on veut plus d'exactitude, un droit de possession qui cessait avec le fait de la possession. Ainsi la terre était commune et aucun champ n'était la propriété exclusive d'un individu, mais le terrain qu'on occupait pour y reposer, pour se mettre à l'ombre, ou autres usages de même genre, devenait momentanément une sorte de propriété dont il eût été injuste et contraire au droit naturel de priver l'occupant par violence. Et dès qu'il cessait d'user et d'occuper, un autre pouvait s'emparer du terrain sans iniquité... Puis, quand le nombre des hommes augmenta, l'on en vint nécessairement à imaginer une propriété moins éphémère, et dorénavant les individus eurent un droit, non seulement sur l'usage immédiat, mais sur la substance même des choses. »

Ce passage de Blackstone, souvent cité, quelquefois mal traduit, a été l'objet de bien des commentaires. A notre sens, il explique assez mal les origines historiques de la propriété ; l'auteur a le tort grand de vouloir démontrer *a posteriori* une idée préconçue : il entend prouver que l'occupation individuelle est la cause primordiale et la raison philosophique de la propriété. Il n'hésite pas à sacrifier, pour établir sa thèse, des vérités de fait indéniables.

Pour nous, qui n'avons pas à rechercher ici le fondement d'un droit, mais bien la manière dont il s'est d'abord exercé, nous devons reconnaître que l'usage collectif, aussi bien que la propriété collective, paraît avoir existé, au début, chez tous les peuples du monde antique. L'institution primitive est la propriété commune, la jouissance commune du groupe familial. Peut-être que, suivant une fine remarque de Summer Maine [1], la distinction quelque peu arbitraire des jurisconsultes romains entre le *jus personarum* et le *jus rerum* nous a trop fait perdre de vue l'influence considérable qu'eurent, sur le droit de propriété, dans les sociétés antiques, les relations de famille. A consulter l'histoire, on verra comment la première organisation de la propriété dépendait d'idées religieuses et patriarcales. Telles étaient, par exemple, les institutions des Hindous. Il y avait, chez eux, des communautés de village, et même, peu à peu, ce ne furent plus là seulement des réunions de parents. S'il est vrai qu'en général les habitants croyaient sortir d'une souche commune, les familles se modifiaient peu à peu par l'adjonction d'étran-

---

1. *L'ancien droit considéré dans ses rapports avec l'histoire de la société primitive et avec les idées modernes,* 4ᵉ éd. trad. de M. Courcelle Seneuil, p. 243. — Il ne s'agit pas ici, bien entendu, de la distinction du droit réel et du droit personnel.

gers ; et il n'est pas impossible que des altérations de même nature se soient produites, à Rome, dans la composition de la *gens*.

Mais cette communauté ne pouvait comprendre toutes choses. A supposer que les fruits perçus fussent toujours distribués aux membres de la société par des chefs élus ou héréditaires, comme dans les clans des Highlands, il fallait bien admettre, dès la distribution faite, la propriété privée.

L'appropriation individuelle des produits a donc été nécessairement antérieure à celle du sol. On n'est pas arrivé brusquement à cette dernière ; il y a eu des modes transitoires. Chez les Germains, les individus exploitent, pour une durée déterminée, certaines parcelles de terre, et en gardent une année durant la jouissance exclusive [1]. Cet état, que Blackstone semble donner comme originaire, suppose un développement politique assez avancé. Il y a lieu de croire qu'auparavant déjà, les armes, les instruments, étaient devenus la propriété, la chose de ceux qui les avaient fabriqués. Et peu à peu se dessine une distinction naturelle entre deux sortes de biens : le sol d'une part, — les instruments et les produits d'autre part.

Ainsi, très vraisemblablement, les conventions et les transferts de propriété n'ont eu d'abord pour objets que les choses mobilières.

Il serait téméraire de prétendre que cette catégorie de biens fût anciennement considérée comme inférieure et méprisable. Elle ne correspondait pas à Rome à la classe des *res nec mancipi* ; chez les autres peuples, qui tenaient cer-

---

1. Tacite : *Mœurs des Germains.* « *Agri, pro numero cultorum ab universis per vices occupantur : quos mox inter se secundum dignationem partiuntur ;.... Arva per annos mutant, et superest ager.* » Si partial que puisse être cet écrit, où bien des auteurs ne voient qu'une critique détournée des mœurs romaines, le passage que je cite n'est pas suspect, — l'exactitude du fait rapporté ayant été d'ailleurs surabondamment établie, au moins pour les peuplades suèves.

taines choses en plus particulière estime, il y avait presque
toujours, dans l'ordre supérieur, d'autres biens que des héritages. C'est ainsi que les Hindous classaient les esclaves
avec la terre. Il y a là, en un mot, deux divisions qui ne se
confondent pas, et s'il arrive que, chez un peuple primitif, la
propriété des meubles soit moins garantie que celle des immeubles, ce n'est pas à l'infériorité de la valeur qu'il faut
attribuer cette différence.

Il est vrai qu'au moyen âge les meubles deviennent biens
inférieurs, les immeubles biens supérieurs. Mais ce n'est plus
la conception germanique ; c'est l'opinion discutable, passa-
gère, d'une époque troublée, barbare, où la propriété fon-
cière offre seule quelque sécurité ; et c'est aussi l'idée d'une
société qui repose sur la noblesse terrienne. Cela pourrait
expliquer que la revendication des meubles n'existât point au
moyen âge, si on l'avait connue chez les Germains ; mais
cela n'explique plus rien, si les Germains n'ont pas eu cette
revendication.

D'où vient alors, dans leur droit national, cette singularité ?
N'est-il pas de l'essence de la propriété qu'elle survive en fait,
qu'elle demeure, en tant que droit, perpétuellement intacte
et inviolée, qu'elle n'échappe, en un mot, au titulaire, qu'a-
près une libre abdication ? Tel serait, en effet, le système
rigoureusement logique : la propriété mobilière munie d'un
droit de suite en toutes circonstances. Nous allons voir cependant qu'il a été rejeté par un grand nombre de législations
antiques. Il importera de faire connaître, s'il est possible, les
raisons de cette apparente anomalie.

CHAPITRE PREMIER

LA REVENDICATION DES MEUBLES CHEZ LES PEUPLES ANCIENS

§ 1er. — *Droit hindou*. — Les lois de Manou admettent, en
principe, la revendication mobilière. On sait que ces lois sont
fort anciennes. Chézy les dit antérieures de treize cents ans à
notre ère, et quelques changements qu'aient subis les *slocas*
du texte primitif, on croit que les idées n'en ont pas été sen-
siblement altérées. Or il résulte nettement de la comparaison des slocas 145, 147, 148 et 149, du livre VIII[1], que
Manou reconnaît, pour les meubles, une prescription de dix
ans. Si la propriété peut s'acquérir par une possession prolongée, la revendication doit être accordée au propriétaire, à
l'encontre duquel on prescrit. Il aura donc un droit de suite,
et, en règle générale, son action sera perpétuelle, sauf le
contre-coup de la prescription acquisitive.

Toutefois, elle s'éteindra, dans un cas, par un délai de trois
ans : lorsque, le propriétaire ayant perdu sa chose, l'inventeur aura rempli les formalités requises, c'est-à-dire lorsqu'il
aura fait proclamer sa découverte au son du tambour. L'objet perdu est alors remis entre les mains du roi et, les trois
ans expirés, il appartient définitivement à l'inventeur (sl. 30
à 34, l. VIII).

1. Trad. Loiseleur-Delonchamps.

A cette hypothèse Manou n'assimile pas celle du vol ; et, par vol, il entend tout ce que les Romains comprenaient sous le nom de *furtum ;* l'abus de confiance, quoique parfois moins sévèrement réprimé[1], produit, dans notre matière, les mêmes effets que le vol proprement dit. Manou s'en explique formellement (VIII, sl. 197), et Vrihaspati, qui passait pour le régent de la planète de Jupiter, déclare que « celui qui vend clandestinement un dépôt ouvert, une chose prêtée pour être rendue, un dépôt cacheté, un gage, une chose confiée à un ouvrier, commet un vol ».

Mais dans le cas d'aliénation de bonne foi d'une chose mobilière appartenant à autrui, la revendication appartient-elle encore au propriétaire ? C'est vraiment dans cette hypothèse que se pose la question du droit de suite. Je n'oserais la résoudre catégoriquement. J'observerai du moins que Naréda ne distingue pas, lorsqu'il accorde au propriétaire le droit de recouvrer sa chose. (Dig. 11, 2, 26.)

Et, avant lui, Caytayana, législateur et philosophe, avait déjà proclamé le principe en ces termes : « Le propriétaire qui trouve sa chose achetée par un tiers a le droit de la reprendre, s'il prouve qu'elle lui appartient et qu'il ne l'a ni donnée ni vendue. » (Dig. II, 39.) Il paraît donc qu'à une certaine époque de la législation hindoue, sinon de tout temps, le tiers acquéreur devait restituer, sauf à recourir contre son vendeur. Bien plus, le possesseur de mauvaise foi fut assimilé au voleur, et l'on tint pour possesseur de mauvaise foi celui qui ne pouvait produire son auteur, celui qui avait acheté la chose à un prix infime d'un domestique, sans l'autorisation du maître, ou d'un homme de mauvaise mine, à une heure inusitée, dans un lieu désert. (Nareda, *Dig*. II, 38.)

Que si la chose avait été achetée dans un marché public, les règles étaient tout autres. Le défendeur n'était pas tenu de

<hr>

1. Colebrooke, *Digest of hindu law,* p. 75, note 4, l. II, ch. 38, 41, 42, t. I, p. 432 et s.

produire son auteur. Ne le produit-il pas, il n'encourt aucune amende, et ne peut être forcé de restituer l'objet que contre remboursement de la moitié du prix. (Manou, VIII, 202. — Yanawalaya. Colebrooke, *Dig. of hindu law,* l. II, s. 1, ch. XXXXII.) Et Vrihaspati justifie cette décision transactionnelle, en disant que le demandeur propriétaire et le défendeur sont également en faute, l'un pour avoir mal gardé sa chose, l'autre pour l'avoir achetée d'un inconnu qu'il ne peut même retrouver. (Dig. II, 50 et 54.) Si le défendeur produit son auteur, Manou lui donne le droit de garder la chose en dépit de toute offre du propriétaire (VIII, 204)[1].

§ 2. — *Droit biblique.* — La revendication des meubles fut plus entièrement admise dans la législation biblique des Hébreux. Il n'y avait alors, dans le droit de ce peuple, aucune place pour l'usucapion. Elle était incompatible avec les effets juridiques attribués par Moïse au jubilé. Tous les cinquante ans, à l'époque de cette solennité, les dettes étaient remises, les biens aliénés faisaient retour à leurs anciens propriétaires ou aux héritiers, et les esclaves étaient, au son de l'*Yobel,* rendus à la liberté. Le Deutéronome défend, d'ailleurs, à celui qui a trouvé un objet perdu, de se l'approprier et punit des peines du vol quiconque enfreint cette prohibition. (Deut. XXII, 1 à 7. cf. *Antiq.* de Josèphe. IV, 8.) Je n'ai point à m'occuper de la législation récente du *Mischna,* et du *Talmud,* et je m'en tiens à la doctrine des Caraïtes.

§ 3. — *Droit chinois et annamite*[2]. — Les lois fondamentales de la Chine, relativement récentes, *Ta Tsing leu*

---

1. V. dans la *Revue historique,* 1855, t. I, une très intéressante dissertation de M. Boscheron-Desportes sur le droit hindou.

2. Le Code annamite, promulgué la douzième année du règne de Gia Lông (1812), n'est autre chose que le Code chinois de la dynastie mandchoue. Les articles que nous analysons ici sont fort anciens ; on les retrouve dans des codifications antérieures aux Duông (618 à 905 ap. J.-C.).

lée accordent le droit de suite au propriétaire dépossédé ; il peut agir, non seulement contre les auteurs de la dépossession, mais contre les biens des détenteurs eux-mêmes, fussent-ils de bonne foi. (*Ta Tsing leu lée,* trad. Renouard de Sainte-Croix, Paris, 1812 ; cf. *Code annamite,* art. CXXXV.) « Lorsqu'un prêteur sur gages aura été victime d'un « vol furtif », et sans distinguer entre les catégories d'objets, tels qu'habits ou vêtements, grains et riz, légumes secs, soie ou coton, objets et outils, argent, perles fines, etc., s'il a prêté une once d'argent, il devra encore restituer une once d'argent au propriétaire. Si, après qu'il a payé cette amende, on peut découvrir et saisir les objets volés, ces objets seront remis au prêteur. » Le texte ne distingue pas si les objets sont trouvés chez des tiers ; s'il faut le prendre à la lettre, on doit conclure qu'au prêteur sur gages, et non pas au propriétaire de la chose, compéterait une action réelle, — mi-civile, mi-criminelle, sans doute, — comme le sont presque toutes les actions chez les peuples dont l'esprit juridique n'a pas atteint son complet développement. Pour les objets perdus, l'inventeur est tenu, sous peine d'amende, de déclarer, dans les cinq jours, sa découverte au magistrat du lieu. Des publications sont faites, à partir desquelles le propriétaire a, pour revendiquer, un délai de trente jours. Mais il doit payer à l'inventeur une somme égale à la moitié de la valeur de l'objet. Si la déclaration prescrite n'a pas été faite ou si la chose a été recélée par celui qui l'a trouvée, ces circonstances ne profitent pas au propriétaire ; l'objet est confisqué pour moitié par l'État. Si la déclaration a été faite, aussi bien que la publication, et si, dans les trente jours, personne ne s'est présenté, le trouveur devient propriétaire. (Cf. *Code annamite,* CXXXVI, trad. Philastre, p. 610 et s.)

Les autres législations orientales nous étant assez mal connues, je ne dirai rien du droit persan ni du droit égyptien ; mais il faut parler de la Grèce antique.

§ 4. — *Droit grec.* — On ne sait trop si la séparation du possessoire et du pétitoire était nettement connue chez les Grecs, ni si elle s'étendait aux choses mobilières. Certains auteurs, en tête desquels M. Dareste [1], estiment qu'il n'y avait, à Athènes, rien d'analogue aux interdits romains ; d'autres pensent que la possession immobilière seule était reconnue et protégée ; une troisième école enseigne qu'il en fût de même de la possession mobilière. La première doctrine argumente du silence des textes ; elle peut invoquer l'autorité du passage suivant, à peu près le seul qui nous parle de la revendication grecque. — Οἱ δικαζόμενοι περὶ χωρίων ἢ οἰκιῶν πρὸς τοὺς ἔχοντας οὐσίας ἐδικάζοντο τὴν δευτέραν δίκην· ἡ δὲ προτέρα ἦν τῶν μὲν οἰκιῶν ἐνοικίου, τῶν δε χωρίων καρποῦ, τρίτη δὲ ἐπι τούτοις ἐξούλης. Καὶ ἐξῆν τοῖς ἀλοῦσι ἀρατεῖν τῶν κτημάτων καὶ εἰ τὴν δίκην τὴν τοῦ καρποῦ ἢ τοῦ ἐνοικίου καὶ εἰ τὴν δευτέραν ἡττηθεῖεν τῆς οὐσιας· εἰ δὲ και ἐξούλης ἀλοῖεν, οὐκέτι ἐξῆν ἐπικρατεῖν, ἀλλ'ἐξίστασθαι ἔδει ἤδη τῶν κτημάτων τοῖς καταδικασαμένοις. Ταῦτα δὲ ἔστι μὲν καὶ παρ'ἄλλοις ῥήτορσιν, ἀκριβέστατα δὲ εἴρηται Ἰσαίῳ ἐντε τῶ πρὸς Τιμωνίδην περὶ χωρίου καὶ ἐν τῷ πρὸς Δωρόθεον ἐξούλης. Διείλεκται δὲ περὶ τῆς δίκης καὶ Θεόφραστος. — « Les propriétaires qui revendiquaient des fonds de terre ou des maisons contre les possesseurs n'employaient qu'en second lieu l'action οὐσίας. S'agissait-il d'une maison, ils commençaient par l'action ἐνοικίου. S'agissait-il d'une terre ? Ils recouraient d'abord à l'action καρποῦ. En dernier lieu venait l'action ἐξούλης. Après les deux séries d'actions, le défendeur, même ayant perdu son procès, avait le droit de rester en possession. Mais s'il succombait dans l'action ἐξούλης, il était contraint d'abandonner la chose. Quoique fréquemment rappelés par d'autres orateurs, là où ces principes sont le plus exactement exposés, c'est dans le discours d'Isée, contre Timonide, au sujet d'un champ, et dans une plaidoirie qu'il a prononcée contre Dorothée dans une action ἐξούλης. Théophraste a également parlé de cette

---

1. Traité des Lois de Théophraste. Paris, 1870, p. 31.

procédure (dans le XVIIIe livre de son *Traité des Lois*) [1] ».

Ce passage n'indique pas les avantages de la possession dans le procès et M. Dareste conclut de ce silence que ces avantages n'existent pas. D'autres, remarquant que le texte parle seulement des choses immobilières, infèrent de là que les Grecs ne connaissaient, pour les meubles, ni la revendication ni les interdits possessoires. M. Caillemer [2] répond par un passage de Polybe. Un jour, dans la ville de Locres Epizéphirienne, il s'éleva entre deux jeunes gens une contestation relative à la propriété d'un esclave. L'un d'eux, qui avait dépossédé l'autre violemment, invoquait la loi de Zaleucus qui fondait, sur le fait de la possession actuelle, une présomption de propriété. Δεῖν κρατεῖν τῶν ἀμφισβητουμένων μέχρι τῆς κρίσεως παρ᾽οὗ τὴν ἀγωγὴν συμβαίνει γίγνεσθαι (Polybe, XII, 16.) Le magistrat supérieur de la ville, le cosmopolis, jugeant que Zaleucus n'avait pas entendu parler d'une possession violente, donna gain de cause à l'ancien possesseur.

A vrai dire, ce texte n'est pas décisif ; il ne se rapporte qu'à la législation de la grande Grèce, et rien ne prouve qu'elle se confondît absolument avec le droit athénien. Quelques passages de Démosthène sont plus explicites. Ils font clairement allusion à un moyen pétitoire qui s'appliquait aux choses mobilières. Le vendeur pouvait revendiquer même contre un tiers, dans le cas de vente sans terme. (Démosthène, *c. Zénothémis*, p. 24.) Le créancier hypothécaire avait un droit de suite sur les meubles hypothéqués. Au surplus, n'étaient susceptibles d'hypothèque que les esclaves attachés à un fonds ou les navires. (Démosthène, *Cont. Polyclète*, § 55.) Le propriétaire avait le droit de revendiquer la chose que son représentant avait aliénée, même, semble-t-il, de bonne foi. (Démosthène, *Contre Timothée*, § 31). Sur la pres-

---

1. *Harpocration Lex.* V^o Ὀυσίας δίκη.

2. *Le Contrat de vente à Athènes. Revue de lég.* I, 1870-1871, p. 63 et s. — 1873, 5 et s.

cription grecque, προκαταβολή, on a beaucoup discuté. Il paraîtrait que le délai en eût été uniformément fixé à cinq années. (Démosthène, *c. Nausimach.*, § 27). Toutefois Platon, dans son *Traité des Lois* (XII, 7) indique des durées variables, suivant que le meuble aura été possédé à la ville ou à la campagne, secrètement ou publiquement. N'était-ce la qu'un projet de Platon? Était-ce, au contraire, la constatation même des lois athéniennes? Je ne le saurais dire. Quoi qu'il en soit, la prescription des meubles semble avoir été admise, et par conséquent la revendication.

§ 5. — *Droit romain.* — Sauf une différence qui ne va pas au fond des choses [1], la revendication des meubles était, à Rome, la même que celle des immeubles. Elle compétait dans tous les cas au propriétaire dépossédé, sans préjudice des actions pénales auxquelles il pouvait quelquefois recourir. On sait aussi que l'usucapion des meubles s'accomplissait par un délai plus court que celle des choses immobilières, — une année avant Justinien, trois ans sous le règne de ce prince, — et que cette usucapion était impossible pour les *res furtivæ*. L'extension du *furtum* à ce que nous appelons aujourd'hui l'abus de confiance avait cette conséquence que l'usucapion des meubles était relativement rare. Justinien énumère cependant, avec une certaine complaisance de détails, quelques hypothèses où les meubles pouvaient être usucapés, c'est-à-dire où ils sortaient du patrimoine du propriétaire sans prendre le caractère de choses furtives. (*Instit.* 116, § 4. — Gaius, II, 50.) Un héritier apparent vend de bonne foi un bien héréditaire, un héritier véritable aliène de bonne foi un objet prêté ou loué à son auteur, etc. — Quant aux choses perdues, elles ne peuvent être usucapées par l'inventeur. S'il a su qu'elles ne lui appartenaient pas, il a

1. L. 2. C., *Ubi in rem act.*, III, 19.

commis un vol en se les appropriant ; alors ses ayants cause eux-mêmes ne les peuvent usucaper. (L. 9, § 8, et 5, § 6. D. XLI, 7.) Si l'inventeur a cru la chose abandonnée, personnellement il ne peut l'usucaper, n'ayant que la bonne foi, non le juste titre ; mais l'acquéreur de bonne foi auquel il la céderait ne se trouverait pas dans la même impossibilité. Tels sont les divers cas de dépossession involontaire qui se peuvent présenter ; telles sont les conséquences différentes qu'ils produisent.

§ 6. — *Droit musulman.* — Les musulmans se divisent en sept grandes sectes, dont quatre reconnaissent la légitimité des trois premiers successeurs du prophète ; ce sont les Hanéfites, les Chafyites, les Malikites et les Hanbalites, toutes comprises sous la dénomination générale de Sunnites ou d'orthodoxes. Les trois autres sectes, les Seydriyyé, les Ismaïliyyé et les Imamiyyé s'appellent d'un nom commun les Schiyttes. Ces écoles religieuses correspondent à des écoles juridiques. Toutefois, dans notre matière, elles s'entendent à reconnaître une revendication mobilière ; elles se sont montrées diversement rebelles à la prescription, mais elles ont fini par l'admettre toutes dans ces dernières années, sous l'influence des idées occidentales.

Les jurisconsultes de l'Islam sont prodigues en détails sur les choses perdues ; l'inventeur est tenu de publier sa trouvaille ; après une année seulement il a droit de se l'approprier ; et encore, ce délai même expiré, l'inventeur devra rembourser la valeur de la chose, si le propriétaire se présente. (Dulau et Pharaon (Malikite), *Droit civil musulman*, 1839, p. 188. Querry, *Droit musulman* (Schyite) II, 5, § 71, et *passim*. Keijer (Chafyite), *Jurisp. d'Abou Chadja*. Mouradja d'Ohsson (Hanefite), *Tableau de l'empire ottoman*, t. III, p. 188.)

CHAPITRE II

COUTUMES FRANQUES

SECTION I

Les meubles n'ont pas de suite.

Nous avons déjà dit que la propriété des meubles était connue des Germains et des Francs. Nous aurons à voir si cette notion était, chez eux, parfaitement nette, si elle s'était dégagée métaphysiquement ou si elle se confondait avec l'idée matérielle de possession. Ce qu'il importe de remarquer dès maintenant, c'est que les Germains et les Francs admettaient l'appropriation individuelle des objets mobiliers. Il demeure bien entendu, d'ailleurs, qu'ils ne rangeaient pas, parmi les meubles, des droits, mais seulement des choses.

Comme les peuples primitifs aiment, avant tout, ce qui frappe les sens, et qu'ils saisissent mal les idées abstraites, nous ne nous étonnerons pas de trouver, chez les Germains, des preuves matérielles, visibles, de cette propriété, des marques de famille, des signes personnels. Les bestiaux portaient cette marque sur la toison, sur la peau. Quand une bête était vendue, l'acheteur entrait en possession, dès qu'il avait substitué son signe particulier à celui du vendeur. Cet usage persista au moins jusqu'au XIVe siècle : « *Possessio vero*

*adepta dictæ rei venditæ dicitur quando mercator pecuniam
exsolvit seu partem ejusdem aud marcam suam ibidem in-
terposuit, aut possessionem atualem acceperit* [1]. »

Le propriétaire, dépouillé d'un objet qui lui appartient,
avait-il toujours et dans tous les cas, chez les Germains et
chez les Francs, le droit et le moyen de recouvrer cet objet ?
Était-il, au contraire, dépourvu de toute action et le premier
venu pouvait-il s'emparer d'un objet déjà possédé par un
autre, d'une bête marquée, par exemple, et demeurer à l'a-
bri de toute poursuite ?

On ne peut répondre affirmativement ni à l'une ni à l'autre
de ces questions trop générales, et la vérité historique se tient
à égale distance de ces deux doctrines opposées. Selon nous,
il n'y avait pas, chez les Germains, de revendication mobilière, d'action qui reposât franchement et exclusivement sur
la propriété mobilière, mais le propriétaire, dépossédé malgré lui, avait le droit et la faculté de recouvrer l'objet.

Il est certain d'abord que nous ne trouvons, dans les textes
saliques, aucune allusion, même lointaine, à une revendication mobilière proprement dite. La conception juridique de
l'action, — qui est le droit mis en œuvre, le droit militant,
— n'a pas encore apparu clairement. Et l'on ne voit pas que les
Germains aient inscrit nulle part ce principe : quand le propriétaire d'un droit ne l'a ni abdiqué ni transféré, il ne le perd
pas, quoi qu'il arrive en fait, et il peut toujours se faire restituer la chose sur laquelle porte ce droit. Ils se sont contentés
de prévoir un certain nombre de cas de dépossession volontaire
ou involontaire et d'édicter des règles spéciales pour chacun
de ces cas.

En cas de perte ou de vol, ils ont donné une action au propriétaire dépouillé : nous examinerons quelles sont la nature
et la portée de cette action. En matière de gage, de prêt ou

─────────

1. *Coutume de Bergerac,* 1322, art. 104.

de dépôt, au contraire, nous ne voyons, chez les Saliens, qu'une action personnelle contre l'emprunteur ou le dépositaire, s'il a aliéné de mauvaise foi ; aucune poursuite ne peut être exercée contre l'acheteur, aucune revendication, en un mot, ne peut être intentée. Et bien plus, si l'aliénation a été faite de bonne foi, le propriétaire paraît être privé de toute ressource et les textes, qui ne s'arrêtent pas à cette hypothèse, ne semblent lui laisser aucun recours, si d'aventure elle se réalise.

Il est vrai qu'elle devait être fort rare. L'usage même de ces marques dont nous avons parlé tout à l'heure, devait rendre assez difficile, sinon tout à fait impossible, l'aliénation de bonne foi de la chose d'autrui. J'admets donc à la rigueur qu'une législation primitive n'ait même pas prévu ce cas et ne s'en soit pas occupée ; mais comment expliquer du moins que le propriétaire, qui s'est volontairement dessaisi d'un meuble, ait seulement pour le réclamer une action personnelle et qu'on lui dénie tout droit de suite entre les mains des tiers ?

Quelques auteurs, frappés de cette difficulté, ont professé qu'en dépit du silence des textes saliques, il fallait reconnaître chez les Francs et chez les Germains une revendication mobilière. Ils ont fondé leur doctrine sur un certain nombre de documents empruntés aux lois des Wisigoths, des Burgondes et des Ripuaires.

Le premier texte qu'ils citent est le suivant : « *Quoties de vendita vel donata re contentio commovetur, id est si alienam fortasse rem vendere vel donare quemcumque constiterit, nullum emptori præjudicium fieri poterit ; sed ille qui alienam fortasse rem vendere aut donare præsumpserit, duplum rei domino cogatur exsolvere. Emptori tamen pretium quod accepit redditurus et pænam quam scriptura continet impleturus : et quidquid in profectu comparatæ rei emptor vel qui donatum accepit studio suæ utilitatis acceperat a locorum judicibus æstimetur : atque ei qui laborasse cognoscitur a venditore vel donatore juris alieni satisfactio justa red-*

datur. Similis scilicet et de mancipiis et de omnibus rebus atque brutis animalibus ordo servetur. » *(Lex Wisigoth. lib. V, tit. IV, § 8.)*

Ainsi, concluent ces auteurs, *emptori pretium redditurus,* l'acheteur est privé de la chose, il y a éviction, il y a droit de suite. Et qu'on ne prétende pas, avec Klimrath [1], ou avec M. Ortlieb [2], que les mots *nullum emptori præjudicium fieri* infirment la théorie de l'éviction ; ils sont là par opposition formelle *(sed ille)* à la seconde partie de la phrase, et signifient simplement que l'acheteur ne pourra pas être poursuivi comme complice ni condamné à aucune peine. Voilà donc bien établi que le droit de suite existait chez les Wisigoths en cas d'abus de confiance. La loi des Burgondes est aussi conçue en termes très généraux et ne paraît pas distinguer les deux hypothèses, vol, abus de confiance [3]. Quant à la loi des Ripuaires, elle va même, dit-on, jusqu'à les assimiler expressément [4].

Nous répondrons que ces textes, d'une clarté douteuse et, au surplus, d'une rédaction relativement récente, ont pu subir et ont subi, comme il y paraît, l'influence du droit romain. Mais dans la loi salique, nous retrouvons les véritables traditions germaines. Elles ont été conservées dans les coutumes lombardes. Sans doute, elles y étaient combattues ; car un commentateur du *Liber papiensis,* constatant que l'impossibilité de la revendication mobilière est une règle germanique, n'hésite pas à confesser néanmoins sa préférence pour le droit romain [5]. Mais il donne précisément son opinion comme nouvelle et correctrice. Enfin, la loi d'Hoël le Bon,

---

1. *Travaux sur l'histoire du droit français,* recueillis par Warnkœnig, Paris et Strasbourg, 1843.

2. *Effets de la possession des meubles,* p. 25.

3. *Lex burgond,* LXIII, 1.

4. *Lex rép.* LXXII, 1.

5. Expositio ad *Edict Roth.* 232, § 5, 6. 7.

qui est, il est vrai, postérieure à notre époque, mais qui s'inspire des anciennes coutumes, déclare qu'il n'y aura aucune revendication en cas de dépôt, prêt ou louage [1].

Dans la très remarquable étude qu'il a publiée sur la *Revendication des meubles*, M. Jobbé-Duval ajoute, avec raison, qu'en présence de la multiplicité des textes qui se rapportent à l'action de vol, le silence de la loi salique à l'égard de la revendication ne s'expliquerait guère, si cette revendication avait réellement existé. Tant de détails, d'une part, tant d'indifférence de l'autre ; voilà qui ne serait pas vraisemblable. Il faut donc nous résoudre à signaler, dans le droit germain, cette grave lacune, l'absence du droit de suite mobilier ; et il nous reste à chercher l'explication de cette singularité historique.

M. Jobbé-Duval rattache notre règle aux caractères particuliers de la vieille procédure. Il donne pour épigraphe à son livre cette phrase de Summer Maine : « Il ne serait » pas inexact d'affirmer qu'à un certain moment du déve- » loppement des sociétés, les droits et les obligations dépen- » dent de la procédure. La procédure n'est pas simplement » une sanction des droits et des obligations. » Le nombre des actions est alors très restreint, la forme l'emporte sur le fond, et l'on ne reconnaît aucun droit abstrait en dehors de quelques procédures spéciales, déterminées, presque toujours solennelles.

M. Jobbé-Duval a très savamment établi cette doctrine, qui concorde avec toutes les données de l'histoire et de la science juridiques. Mais nous croyons qu'il l'a présentée, malgré tout, d'une façon trop exclusive et qu'il a rejeté trop sévèrement des explications peut-être conciliables avec la sienne.

M. Ortlieb, par exemple, voit la solution du problème dans l'idée germanique de la propriété et de la possession [2]. C'est

<hr>

1. The Venedotian code, l. III, n. 32.
2. *Op. cit.*, 17 et 3.

aussi notre opinion, mais, avant de la développer, remarquons qu'elle n'est pas incompatible avec le système de
M. Jobbé-Duval et que ces deux doctrines, au contraire, se
complètent l'une l'autre.

Que la forme ait été prédominante dans les législations primitives, c'est ce qu'a vainement nié M. O. Stobbe [1] ; les abs-
tractions juridiques sont évidemment l'œuvre du progrès ;
l'homme a d'abord été frappé par le fait matériel. C'est la
solennité de l'acte qui fait le contrat, ou bien c'est une remise
effective, le transfert réel d'un objet. Quand M. Ortlieb soutient, à son tour, que les Germains ne distinguaient pas
nettement la propriété de la possession, il montre également
que les Germains n'avaient pas su dégager une idée abstraite,
celle de la propriété et qu'ils s'en étaient tenus à la constatation du fait ; c'est émettre une opinion qui vient, en définitive, à l'appui de la théorie de M. Jobbé-Duval.

Nous n'avons pas à exposer ici les doctrines assez nombreuses, et quelques-unes fort confuses, qu'on a publiées à
propos de la saisine germanique. Il n'importe pas d'ailleurs
à la solution de notre problème qu'on accepte ou qu'on
rejette les explications discutables d'Albrecht [2]. Quelle que
fût, au vrai, la hiérarchie des droits immobiliers chez les
Germains : propriété, saisine de fait, saisine de droit ; quelle
que fût la force relative des différentes saisines ; que la propriété immobilière se confondît ou non, d'abord, avec la possession, dans la notion vague et générale de saisine ; les
droits et actions mobiliers n'en avaient pas moins été les
premiers conçus, les premiers réglementés, les premiers

----

1. *Handbuch des deutschen Privatsrechts,* 11, p. 560.

2. *Die Gewehre als Grundlage des æltern deutschen Sachenrechts.* Kœnigs-
berg. 1828. p. 1 à 33. Cf. Schæffner, *Geschichte der Rechtsverfassung
Frankreichs,* Francfort-sur-le-Mein, 1859, III, p. 294. V. sur les origines du
remedium spolii et sur l'influence combinée du droit canonique et du droit
coutumier, en cette matière : Mittermaier, *Procédure commune allemande
comparée à la procédure prussienne et française.*

protégés, en tant qu'ils appartenaient à des individus isolés, et non plus à des collectivités. Il faut donc remonter avant la constitution de la propriété immobilière ; il faut nous placer tout à fait dans les premiers temps, pour comprendre l'absence de la revendication des meubles ; c'est là une vérité qui, loin d'être contestée par M. Jobbé-Duval, est mise par lui en pleine lumière [1].

Or, dans les premiers temps, la conception philosophique de la propriété ne pouvait être, je le répète, que très obscure. Nous ne prétendons pas que l'on confondît alors le droit avec la détention ; une telle confusion a pu exister chez les peuples primitifs, mais elle est la négation même de l'état juridique. Assimiler la propriété et la détention, c'est, en définitive, ignorer la propriété. Ce que nous voulons dire, c'est que vraisemblablement, chez les premiers Germains, on ne concevait pas que des droits séparés, distincts, fussent attachés à la fois, les uns à la propriété abstraite, les autres à la possession ou à la détention d'un objet mobilier. Ce départ, cette distribution n'ont pu se faire que plus tard, et progressivement. Le propriétaire qui confiait sa chose à quelqu'un, soit en prêt, soit en dépôt, perdait tous droits résultant de sa propriété. Il gardait une action personnelle, effet du contrat passé, mais voilà tout. Il s'était volontairement dépouillé de l'objet, il abdiquait en même temps les droits inhérents à la possession, et ces droits se fixaient dorénavant sur une autre tête. C'était le commodataire, c'était le dépositaire qui allait désormais les exercer, à charge de rendre ensuite le meuble, comme il avait été convenu. On ne s'étonnera donc pas que le commodataire, intentant l'action de vol, jure qu'il met la main sur sa propre chose [2].

Au contraire, si le propriétaire se trouve dépouillé malgré

1. *Op. cit.*, p. 81.
2. *L. rip.* XXXIII, § 1, Jobbé-Duval. *Op. cit.*, p. 50. Cf. Bruns. *Das Recht des Besitses im Mittelalter und in derc Gagenwart.* Tübingen. 1848, p. 315.

lui, les droits résultant de la possession ou de la propriété ne passent à personne ; car il y a eu injustice, et un peuple jeune, qui obéit à l'instinct de l'équité, ne voudra point consacrer une injustice. Je ne crois pas qu'on puisse dire que, selon nous, les Germains auraient eu la notion de la propriété mobilière en cas de vol et ne l'auraient pas eue dans tous autres cas. Nous n'arrivons pas à cette conséquence, ou mieux à cette inconséquence. Cette objection vaudrait, si nous n'avions dit qu'en se dessaisissant de l'objet, le propriétaire se démettait de ses droits en faveur de son co-contractant. Ce dessaisissement volontaire le dépouillait de la propriété en même temps que de la possession. Il se passait, en d'autres termes, quelque chose d'analogue à ce que présentait anciennement le *pignus* des Romains. Le créancier devenait plein propriétaire de l'objet qui lui était remis en gage ; mais il s'engageait par un contrat de fiducie à restituer la propriété au débiteur lors du paiement.

Au contraire, dès que la volonté du dessaisissement n'intervient plus, il subsiste un droit pour le propriétaire malgré lui dépouillé.

Cette conception, nous l'avons dit, se concilie parfaitement avec le système de M. Jobbé-Duval. La raison pour laquelle, en dépit du progrès, en dépit des besoins nouveaux, les Germains ont persisté dans leur antique législation, c'est la vieille superstition de la forme, c'est la difficulté même qu'aurait eue ce peuple à rompre brusquement avec une procédure consacrée.

Quant aux autres explications de la singularité dont nous recherchons la cause et l'origine, nous ne croyons pas qu'elles puissent trouver créance dans le débat. On a déjà fait souvent justice de cette doctrine qui fonde notre règle sur la faible importance des meubles, en droit germanique. La dépréciation des choses mobilières a été l'effet de l'époque féodale, mais on ne peut supposer qu'elle ait commencé chez un peuple qui connaissait, avant tout et surtout, la propriété des meubles. D'autre part, rattacher la question à la théorie de la saisine, c'est, comme nous le disions plus haut, l'obscurcir plutôt que l'éclaircir. Beaucoup d'autres systèmes ont été proposés, parmi lesquels il en est d'ingénieux ; mais aucun ne nous paraît aussi vraisemblable que celui de M. Ortlieb, modifié, comme il convient, après les très justes critiques de M. Jobbé-Duval [1].

SECTION II

Cas où le propriétaire dépossédé conserve une action

Nous avons dit qu'en dehors des actions *ex delicto,* il y avait dans la loi salique deux procédures civiles : l'action *ex fide facta* et l'action *ex re prstita* [2]. C'était la seule ressource qu'eût le propriétaire en cas de dépôt ou de gage· Chacune de ces procédures comportait une saisie. Mais elles ne pouvaient être dirigées que contre le débiteur seul, elles étaient essentiellement personnelles.

Il en était autrement si le propriétaire du meuble avait été dépossédé malgré lui, et, par exemple, en cas de vol. On sait que l'action criminelle publique a marqué, dans l'histoire des législations, un grand progrès et qu'à l'origine on n'avait pas songé à poursuivre les délinquants au nom de la société elle-même. L'esprit de solidarité n'existait pas alors au même degré ; on n'avait pas supposé que le peuple, la tribu fussent intéressés, autant que le particulier lésé, à la répression du crime, à la correction du coupable. C'était l'individu qui agissait en son nom personnel et qui réclamait à la fois la réparation du préjudice et la punition du délit. C'est ainsi que la victime du vol avait elle-même l'action pénale.

1. *Histoire du droit allemand,* par Walter, Bonn, 1853.— Von Bar, *Beweisurtheil des germanischen Prozesses.* — Gerber, *System des deutschen Privatrechts,* etc.

2. M. Lefebvre, à son *Cours de droit coutumier,* 1880-1881.

Qu'entendait-on par vol chez les Germains ? Le mot avait-il une aussi large acception que chez les Romains ? Assimilait-on, ce que nous distinguons aujourd'hui, l'abus de confiance et le vol proprement dit ? A vrai dire, il est très difficile de résoudre catégoriquement la question. M. Raynauld la tranche dans le sens de l'assimilation. Et, de fait, on trouve dans le Miroir de Saxe le droit de suite admis parfois pour les meubles aliénés par un dépositaire ; le texte ne se prononce que dubitativement sur l'abus de confiance commis par les domestiques. (Miroir de Saxe, II, 60 ; III, 6, § 1.)

Contrairement à ce que disent MM. Renaud et Ortlieb [1], la loi des Wisigoths nous paraît venir à l'appui du système de M. Raynauld [2]. Mais il est, en revanche, ébranlé par la loi des Burgondes et par la loi salique. Il est surtout mis en échec par les coutumiers du moyen âge [3].

En un mot, nous retrouvons ici à peu près les mêmes contradictions que nous avions relevées à propos de la règle : Les meubles n'ont pas de suite. Et l'on comprend aussi que les deux questions sont connexes. Confondre l'abus de confiance et le vol, c'était amoindrir tellement l'effet de cette règle, que c'était, pour ainsi dire, la rendre platonique et spéculative ; chez les peuples qui assimilaient ces deux délits, on pouvait dire que la revendication mobilière existait dans presque tous les cas.

Mais cette assimilation n'était pas générale, et il est même assez vraisemblable qu'elle n'avait été admise chez les Wisigoths et les Ripuaires, comme la revendication des meubles elle-même, que sous l'influence prochaine du droit romain. Le besoin de répression a dû se faire sentir plus vite pour le

---

1. Renaud analysé par Chauffour, *Revue de législation*, 1845, 1, p. 872. — Ortlieb, *op. cit.*, p. 27.

2. L. wisig. L. V, t. 4, § 8 et L. VII, t. VI, § 3. Cf. L. rip. LXXII, 1.

3. L. burg. IV, 1. L. sal. XI, 5. Beaumanoir, XXXI, 9, Miroir de justice, I. 11.

vol que pour l'abus de confiance, et, du reste, il résulte de la doctrine que nous avons exposée précédemment sur le gage et le dépôt primitifs, que, dans l'idée des premiers Germains, l'abus de confiance n'était et ne pouvait être que l'inexécution d'un contrat, le mépris d'une obligation. Il n'y avait là rien de délictueux dans le pur droit ancien, alors que le dépositaire et le gagiste avaient tous droits sur la chose et qu'ils étaient simplement liés par une promesse de restitution.

Au rebours, il est certain qu'une action appartenait au propriétaire, s'il avait été dépossédé, je ne dis plus malgré lui, mais sans sa volonté. Ainsi le meuble perdu par cas fortuit sera revendiqué tout comme le meuble volé. On rencontre dans le droit germanique des textes nombreux qui prouvent que le détenteur du meuble perdu sera traité comme voleur, s'il ne s'est soumis à certaines formalités. La loi salique [1], la loi des Frisons [2], celle des Bavarois [3], celle des Ripuaires [4] mettent cette règle en pleine lumière.

Les formalités exigées varièrent avec les époques ; et il est curieux d'étudier l'intervention progressive de l'État, du pouvoir social, dans les précautions de publicité qu'on impose à l'inventeur. D'abord il suffisait qu'il avertît ses voisins et qu'il ne gardât pas l'objet à l'insu de tout le monde [5]; ensuite, on lui demande de prévenir le juge ou de faire annoncer la découverte au prône [6]. Et chez les Ripuaires, la loi que nous venons de citer ordonne que l'animal perdu soit conduit au

1. Titre 39, *initio*.
2. *Addit. sapientium* 2. 8. W. 1, p. 373.
3. 2. 21.
4. « Si quis caballum vel quamlibet rem in via propriserit, aut eum secutus fuerit, per tres marcos ipsum ostendat et sic postea ad regis stapplum ducat. Sin aliter egerit, fur judicandus est. » (2. 7, 5, W. 1 p. 190.)
5. Lois de Guillaume le Conquérant, part. I, ch. 6.
6. L. VIII, t. IV, ch. 14.

tribunal ou à l'étable du roi ; il peut, en effet, y avoir discussion sur le sens exact du mot *stapplum*.

L'action qui compète au propriétaire dépossédé par le vol ou par la perte de l'objet n'est pas, — s'il est permis d'employer ici une expression trop moderne, — n'est pas personnelle, mais réelle. Elle peut être dirigée contre le détenteur, quel qu'il soit, de l'objet perdu ou volé. Le seul fait de la détention le rend suspect et permet qu'on le poursuive. Nous verrons plus loin les distinctions qu'il pourra y avoir à faire, suivant que le détenteur sera de bonne ou de mauvaise foi, et selon la défense qu'il présentera. Mais, pour le moment, ce que nous avons à retenir, c'est que l'action peut être intentée contre d'autres que le voleur ou l'inventeur. Est-ce à dire qu'elle puisse être considérée proprement comme une revendication ? Cette question, qu'on a beaucoup discutée, nous paraît mal posée ; elle nous force à redire encore qu'il est impossible, à notre sens, de juger une législation primitive avec nos idées et nos termes actuels. Action réelle, action criminelle, action mixte, voilà des expressions modernes qui ne peuvent correspondre exactement aux idées germaniques. Quelques modifications qu'ait introduites le droit romain dans les coutumes saliques et ripuaires, il ne nous est pas permis de chercher à faire rentrer dans les classifications romaines, si philosophiques qu'elles puissent être, des règles indigènes et des procédures de terroir.

Nous pouvons dire, toutefois, que l'action de vol, dont nous allons étudier le rôle et les applications, comprenait, à coup sûr, un élément criminel. Quant à soutenir qu'elle ne se fondait en aucune manière sur l'idée que les Germains se faisaient de la propriété, nous n'oserions aller jusque-là. Pour défendre cette doctrine, qui a d'assez nombreux partisans, on donne parfois cette preuve, que le commodataire a l'action de vol, et non le commodant. Mais en expliquant tout à l'heure pourquoi, selon nous, le commodant était désarmé en cas

d'abus de confiance, nous avons également produit la raison
pour laquelle, à notre sens, le commodataire a seul l'action
de vol. C'est à la conception primitive de la propriété qu'il
faut, croyons-nous, rattacher cette règle ; il n'y a donc là rien
qui établisse d'une façon certaine le caractère exclusivement
criminel de notre action.

Au demeurant, c'est au plaignant qu'incombent, dans la
poursuite, les charges de la première instruction. Il serait
superflu d'exposer ici à nouveau, dans ses moindres détails,
une procédure qui a été expliquée, avec une rare précision d'a-
nalyse, dans un des ouvrages les plus récents et les plus
complets qui aient paru sur la question [1]. Nous résumerons
brièvement les phases de la poursuite.

Le propriétaire, — ou plutôt, pour en revenir au terme
plus général et plus exact dont je me suis servi, — le plaignant appelle à lui ses voisins, les membres de la tribu et,
comme on faisait jadis à Rome en matière de *furtum con-
ceptum,* la petite troupe suit les traces du voleur ou de l'animal
volé : *vestigia minat ;* c'est l'expression même du bas-latin [2].

Si la *trustis* arrive ainsi à une maison, il y a lieu immédiatement à une perquisition domiciliaire. Celui qui s'oppose
à cette perquisition est, de par ce fait même, traité comme
voleur [3]. En revanche, toute violence est interdite au plaignant et à ses compagnons. La perquisition imprudente,
vaine, est même punie à l'origine de la peine du talion,
c'est-à-dire de l'amende dont on aurait frappé le particulier
convaincu de vol.

Plus tard, on exigea que le demandeur déposât sur le seuil
quatre deniers, en guise d'enjeu. C'était comme un pari qui
s'engageait sur l'issue de la perquisition.

La procédure que l'on suivait dès lors était différente, se-

---

1. M. Jobbé-Duval, *op. cit.*

2. *Lex salica*, t. XXXVII, *Lex rip.*, t. XLVII.

3. Cf. l'*actio furti prohibiti.*

lon que l'objet avait été, ou non, retrouvé dans l'intervalle des trois jours.

On sait que Gaius, exposant les théories qui avaient été produites à Rome sur le *furtum manifestum*, rapporte qu'on avait entendu ce délit spécial très diversement. « Les uns, dit-il, ont voulu qu'il y eût vol manifeste quand le coupable était pris sur le fait ; d'autres, plus tard, ont déclaré qu'il suffisait que le délinquant fût arrêté sur le lieu même où le vol avait été commis ; que, par exemple, le voleur d'olives fût appréhendé dans le bois d'oliviers, le voleur de raisins dans la vigne ; ou bien que, si le délit avait été commis dans l'intérieur d'une maison, le coupable fût saisi avant d'être sorti. D'autres ont prétendu qu'il y avait vol manifeste, lorsque le voleur était surpris avant d'avoir porté la chose à destination. Quelques-uns enfin ont soutenu que le vol était manifeste, si l'on trouvait le coupable encore nanti de l'objet. Ce système, ajoute Gaius, a été rejeté. Quant à la troisième doctrine, elle a été désapprouvée assez généralement, parce qu'elle soulève une difficulté : doit-on se demander si le voleur a porté la chose à destination dans la première journée ou faut-il admettre une espace de plusieurs jours ?... » Et Gaius se décide pour la seconde opinion. C'est la troisième, cependant, qui prévalut à Rome [1].

Dans notre droit français actuel, des questions de même nature se posent, lorsqu'il s'agit de préciser ce que l'on entend par flagrant délit. Le code porte que le délit est réputé flagrant, soit lorsqu'il se commet actuellement ou lorsqu'il vient de se commettre, — soit lorsque le cri public désigne hautement l'auteur du fait, — soit lorsque le prévenu est trouvé saisi d'effets, armes, instruments ou papiers faisant présumer qu'il est auteur ou complice, pourvu que ce soit dans un temps voisin du délit.

---

1. Gaius, III, § 184. — Paul II, 31, § 2. — Inst. § 4, liv. IV, t. I.

Ces deux dernières circonstances rappellent les théories romaines et aussi notre règle germanique. On avait proposé au Conseil d'État de substituer aux mots : *dans un temps voisin du délit,* ceux-ci : *dans les vingt-quatre heures.* Cette proposition fut repoussée, mais les plus grands criminalistes n'en professent pas moins qu'en principe cette limite de vingt-quatre heures ne doit pas être dépassée [1]. Cette règle est, malgré tout, dangereuse et arbitraire. Elle nous a été léguée à la fois par le droit romain et par les coutumes franques. Elle présente pourtant, à notre avis, l'inconvénient d'introduire en matière criminelle une présomption douteuse, et aussi d'encourager les délinquants à précipiter avec habileté l'accomplissement du vol et à en mieux dissimuler les instruments et le profit.

— Quoi qu'il en soit, la victime du vol avait, chez les Francs, des droits exorbitants, lorsque le délit était considéré comme flagrant.

Avant d'exposer les règles, malheureusement un peu obscures, édictées par la loi des Ripuaires et par la loi salique, disons, en un mot, quelle était, dans toute sa brutalité, la procédure expéditive organisée par le traité de Childebert et de Clotaire. Si une personne libre avait été liée pour vol, et qu'elle eût contesté les faits, le demandeur devait les faire affirmer, sous la foi du serment, par douze témoins. Alors si le voleur avait les moyens de payer sa rançon, il lui était permis de se racheter. S'il n'avait pas les ressources nécessaires, il était, dans trois assemblées successives, « offert » à ses parents. Si ceux-ci ne le rachetaient pas, il était mis à mort [2].

Un vieux chroniqueur français, Raoul Glaber, raconte un

---

1. Faustin Hélie, *Inst. crim.* T. IV, p. 682. — Carnot, *Inst. crim.,* t. I, p. 251.

2. *Pactus pro tenore pacis Childeberti et Chlotharii,* cap. II (Behrend Boretius, p. 103).

fait qui s'est, dit-il, passé au Xe siècle. Des malfaiteurs qui craignaient d'être arrêtés abandonnèrent à un vieillard innocent des bœufs qu'ils venaient de voler. Les poursuivants atteignirent le pauvre homme, le saisirent, le lièrent et le conduisirent sans autre forme de procès devant le tribunal du comte de Champagne. Le délit était flagrant. Le vieillard fut pendu [1].

Ces dispositions rigoureuses avaient-elles été consacrées par les lois franques? L'obscurité des textes a fait naître sur cette question d'assez vives controverses.

Voyons d'abord la loi des Ripuaires qui est des deux la plus claire sur notre sujet : *Si quis animal suum per vestigium sequitur, et tertio die in domo cujuslibet vel in quolibet loco eum invenerit, liceat ei absque intertiato revocare* [2].

Et rapprochons de ce texte cet autre : *Si quis ingenuus ingenuum ligaverit et ejus culpam cum sex testibus in haraho non adprobaverit, triginta solidis culpabilis judicetur* [3]. Ainsi le plaignant lie le voleur et l'amène en justice. Puis, en cas de contestation, le demandeur fait jurer par six témoins que l'objet lui a bien été volé et qu'il a été retrouvé dans les trois jours entre les mains du défendeur. Et alors il emporte sa chose, *revocat,* mais il l'emporte, dit le texte, *absque intertiato.* Quelques auteurs, particulièrement MM. Sohm et Bethman Hollweg traduisent : « Sans que le détenteur puisse appeler son auteur en garantie.» Nous verrons si c'est bien là ce qu'on entendait par entiercement. Pour l'instant, traduisons d'une manière plus large, avec MM. Ortlieb, Jobbé-Duval et Esmein : « sans entiercement ». Nous nous trouvons ainsi, sauf à expliquer tout à l'heure l'en-

---

1. Glaber, livre III, cap. II. Cf. Jydske Lovbog, liv. II, cap. CVI. V. M. Jobbé-Duval, *op. cit.* p. 27.

2. Rip. XLVII, 1.

3. Rip. XLI, § 1.

tiercement, d'accord avec MM. Sohm et Bethman Hollweg pour déclarer que le texte est négatif, qu'il exclut dans l'espèce une formalité qui est exigée dans d'autres cas [1].

Même ainsi présenté, notre système rencontre des adversaires. M. Hans Scherrer estime que « *absque intertiato revocare* » signifie : « enlever la chose au défendeur sur lequel a eu lieu l'entiercement [2] ». Mais, outre que le participe *intertiatus* se rapporte dans les textes à l'animal revendiqué, et non pas au défendeur, il nous paraît difficile de voir dans *absque* un synonyme de *ab* ou de *ex*. *Absque* a, dans tous les auteurs et même dans la bonne langue latine, un sens très déterminé sur lequel il n'est pas possible de se méprendre [3].

On a prétendu que nous étions forcés, dans notre système, de forger nous-mêmes un mot et de faire d'*intertiato* un substantif signifiant *entiercement*. Et je ne sache pas qu'aucun partisan de notre doctrine se soit jamais défendu contre cette accusation. On reconnaît volontiers s'être trouvé dans cette nécessité, et l'on cherche des excuses. Il nous paraît cependant que la critique est mal fondée. Nous n'inventons aucun mot. *Intertiato* est et reste un participe. Il est vrai que le substantif auquel il se rapporte est sous-entendu, mais il se trouve en tête de la phrase, comme complément, et il est encore à la fin, quoique non répété, le complément de *revocare*. « *Si quis animal suum.* » Le propre de la conjonc-

----

1. Sohm, *Staats und Gerichtsverfassung*, 56, n. 1. — Bethman Hollweg, *Der Civilprozess des gemeinen Rechts in geschichtlicher Entwicklung*, t. IV. pr. 482.

2. *Zeitschrift fur Rechtsgeschichte*, T. XIII, 1877, p. 267, 270.

3. Ajoutez que la doctrine de M. Scherrer est en contradiction avec les textes du moyen âge et qu'à lire attentivement le titre XXXIII de la loi des Ripuaires et le titre XLVII de la loi salique, où il est question de l'entiercement, on se convainc qu'ils supposent l'objet découvert après le délai de trois jours. Cf. M. Jobbé-Duval, *op. cit.* p. 26, note 2.

tion *absque* était précisément de se construire avec des ver-
_bes, le nom se mettant à l'ablatif : *absque foret me, absque
te esset,* etc. Elle admettait également, surtout dans le
bas-latin, des participes, et il est tout à fait inutile d'imaginer
un substantif à terminaison assez invraisemblable, pour expliquer le passage cité de la loi des Ripuaires.

— J'arrive à l'explication plus difficile de la loi salique. *Si
quis bovem aut caballo vel qualibet animal per furtum per-
diderit et eum dum per vestigia sequitur consequutus invenerit infra tres noctes, et ille qui eum ducit se comparasse
aut cambiasse dixerit vel proclamaverit, ille qui per vestigium
sequitur res suas debet per tertiam manum adhramire* [1].

Observons d'abord que ce texte ne parle point de la peine
encourue par le délinquant. Le voleur était-il saisi, comme
chez les Ripuaires ? Quand et comment la composition devait-
elle être payée ? C'est ce qu'il est difficile de déterminer.

Mais il n'est pas non plus très aisé de comprendre la règle
que pose ce passage. Ce qui est indiscutable, c'est que
le texte prévoit le cas où le défendeur oppose à l'affirmation
du plaignant, non pas, il est vrai, un démenti formel et direct,
mais une explication qui le disculpe personnellement. L'hypothèse d'un aveu de la part du défendeur n'est pas examinée,
mais elle ne présente aucune difficulté. On s'en référait
alors aux principes généraux, d'après lesquels le demandeur
devait avoir immédiatement gain de cause.

Si au contraire le défendeur prétend avoir acheté le meuble,
ou l'avoir reçu en échange, une condition est exigée par le
titre XXXVII, pour que le demandeur puisse emporter la chose.
Quelle est cette condition ?

Dégageons d'abord ce qui paraît le plus clair. En comparant
le titre XXXVII, § 1, et le même titre, § 2 [2], nous voyons que

---

1. L. sal., XXXVII, *De vestigio minando.*

2. *Si vero jam tribus noctibus exactis qui res suas quærit eas invenerit,
ille apud quem inveniuntur si eas emisse aut cambiasse dixerit, ipse liceat
agramire.*

dans le premier cas, c'est-à-dire en matière de flagrant délit, c'est le *vestigium minans* qui doit *agramire*, et que dans le second cas, c'est-à-dire si le meuble a été retrouvé après le délai de trois nuits, c'est le défendeur qui est libre d'*agramire*. Reste à savoir ce que signifie exactement ce verbe.

On l'a interprété de bien des manières. Une des explications les plus ingénieuses a été fournie par MM. Scherrer et Thevenin. Elle consiste à traduire le mot *agramire* par *saisir ;* l'expression *per terciam manum* ferait allusion à l'entiercement.

M. Scherrer rattache l'étymologie d'*agramire* au mot gothique *rhâman,* tirer à soi, qu'on aurait fait précéder d'un préfixe. Et M. Thevenin corrobore cette supposition par l'analyse de plusieurs textes [1], où le mot est souvent orthographié : *adrhamire.*

On a combattu cette opinion en disant que la procédure de l'entiercement n'est pas telle que l'ont exposée MM. Scherrer et Thevenin et qu'elle n'a rien de commun avec la garantie. Mais cette objection ne peut infirmer que l'explication relative à ces mot : *per tertiam manum.* Elle ne porte pas contre la traduction d'*agramire.* Faut-il, en ce qui concerne ce verbe, accepter la doctrine de MM. Scherrer et Thevenin ?

On ne saurait contester qu'*agramire* a dans plusieurs textes le sens que lui attribuent ces auteurs. Est-ce à dire pourtant qu'il n'en affecte jamais un autre ?

L'intervention de la *festuca* dans la plupart des cérémonies où se retrouve le terme *agramire* a donné à penser à la grande majorité des auteurs qu'il y avait, sans doute, dans la procédure solennelle dont il s'agissait là, une promesse, une obligation contractée, *fides facta* [2]. Rien d'incompatible entre les deux sens. Au début, le serment était prêté, la chose pré-

---

1. Pardessus, *Diplomata et chartæ*, n° 424, II, p. 223. — *Lex Francorum Chamavorum*, XLVIII. Cf. M. Jobbé-Duval, *op. cit.*, p. 35.

2. V. sur le rôle des paroles solennelles dans la procédure primitive :

sente, tenue, saisie, je suppose, par celui qui jurait. Puis, plus tard, le mot ne signifie plus que jurer [1].

Je dis jurer ; et l'on conçoit que dans ce mot il peut y avoir deux sens encore : jurer, c'est-à-dire promettre, s'engager par serment pour l'avenir, — ou bien jurer, c'est-à-dire affirmer avec serment une chose existante [2].

Lequel de ces trois sens, — saisir, promettre avec solennité, affirmer avec solennité, — devons-nous adopter pour expliquer notre passage ? En reprenant la comparaison que nous avons faite tout à l'heure entre les deux paragraphes, nous nous déciderons à rejeter le premier système. Si, en effet, après le délai de trois nuits, c'est au défendeur d'*adrhamire, adrhamire* ne peut avoir, dans notre texte, le sens de saisir. Le défendeur est par hypothèse, détenteur de l'objet. Il n'a pas à le saisir, il en est saisi.

Mais restent promettre et affirmer. Si nous admettons qu'il y a promesse, engagement, obligation, il faudra naturellement que la phrase indique l'objet de cette promesse.

M. Sohm estime que le *vestigium minans* s'oblige à exécuter la procédure de l'entiercement. M. Esmein pense qu'il s'engage à prouver devant le juge, par le témoignage de trois personnes, la légitimité de son droit.

Ces deux explications ne me paraissent pas conciliables avec la préposition *per*, qui exprime un moyen. Aussi la suppri-

M. Thévenin. *De la forme dans l'ancien droit germanique, de l'acte formel en matière de procédure et en matière de contrats. Nouvelle Revue Hist. de droit fr. et étrang. juillet, août* 1879. — Glasson, *Sources de la procédure française. — La parole et la forme dans l'ancienne procédure française,* par Brunner. *Comptes rendus de l'Académie des Sciences de Vienne,* vol. 77.

1. *Et taliter dedit in suo responso quod de patre franco fuisset generatus et de matre franca fuisset natus, unde tale sacramento per suam fertucam visus fuit adhramire* (de Rozière form. 479). Cf. Établ. de Saint-Louis, livre II, ch. XXVI

2. L'étymologie proposée par M. Scherrer n'est rien moins que certaine. Un grand nombre de philologues font venir *agramire* du gothique *Kramjam,* affirmer.

ment-elles, ou la remplacent-elles par *de*. Mais rien ne paraît autoriser ces corrections.

Nous croyons donc qu'il s'agit ici d'une affirmation solennelle. Le demandeur affirme son droit de propriété. *Per tertiam manum*, c'est-à-dire, lui troisième, — avec deux cojurateurs[1].

Et selon nous, le § 3 du titre XXXVII établit une sanction, pour le cas où le *vestigium minans* aurait enfreint les dispositions légales. *Si ille vero qui per vestigium sequitur quod si agnoscere dicit illum proclamantem nec offerre per tertia manu voluerit, nec solem secundum legem collocaverit et ei violenter quod se agnoscere dicit tulisse, convincitur solid. XXX, culpabilis judicetur.*

Il nous paraît très singulier qu'on ait pu ne rapporter ce paragraphe qu'au cas de flagrant délit, visé par le § 1, quand il y a entre ces deux textes le § 2 pour les séparer. Mais nous ne croyons pas davantage, quoi qu'en ait dit M. Scherrer, que ce § 3 se rattache seulement au § 2. Il nous semble se référer à la fois aux deux textes qui le précèdent et aux deux hypothèses qui y sont analysées. *Nec offerre per tertia manu,* voilà pour le § 1, pour le flagrant délit. *Nec solem,* etc., voilà pour le § 2. Dans l'un et l'autre cas, le *vestigium minans* est tenu de respecter la loi, à peine d'encourir une amende.

— Supposons maintenant que le meuble ait été découvert seulement après l'expiration du délai de trois jours et trois nuits. Quelle est la procédure qui va s'engager?

D'abord il faudra, comme au cas où le délit est flagrant, qu'il y ait reconnaissance formelle du meuble. Le poursuivant déclarera que l'objet est bien celui dont il a été dépossédé. Il n'aura pas à dire solennellement que la chose lui a été volée, puisque l'action est également donnée en cas de perte, mais il aura simplement à constater l'identité.

---

1. M. Jobbé-Duval, *op. cit.* p. 32 et s.

C'est après cette constatation que se place la *missio manus in rem*. Que faut-il entendre par là ? Certains auteurs y voient un acte symbolique correspondant à l'*Anevang* des coutumes allemandes. Le *vestigium minans* aurait, en saisissant l'objet, affirmé solennellement son droit. D'après quelques-uns, il prêterait un serment de propriété et mettrait le défendeur en demeure de lui restituer l'objet.

Ces auteurs nous semblent avoir été entraînés un peu loin par l'esprit d'assimilation. La *missio manus in rem* n'a, selon nous, rien de commun avec l'*Anevang*. La loi salique emploie sans distinction le mot *intertiare* et l'expression *mittere in tertiam manum* (t. XLVII). La loi des Ripuaires ne paraît pas non plus séparer ces deux idées (t. XXXIII). Nous pensons donc qu'il s'agit ici de la procédure de l'entiercement.

Nous avons déjà plusieurs fois employé ce mot d'entiercement, sans pouvoir l'expliquer par avance. Voici le moment de chercher le sens précis de cette expression.

Les auteurs allemands professent, en général, la doctrine suivante. Le défendeur appelle son auteur en garantie ; celui-ci reconnaît que le défendeur tient la chose de lui. Telle est l'hypothèse. Alors l'acheteur livrera la chose à son auteur contre remboursement du prix. C'est là ce qu'on appellerait la *missio in tertiam manum* ; et c'est aussi à cette règle que s'appliquerait le mot *intertiare* [1].

Les auteurs français, et le très remarquable historien du droit italien, M. Pertile, ont fait observer avec beaucoup de raison que le système allemand se heurte à une impossibilité. D'après les textes, c'est le demandeur, ce n'est pas le défendeur qui entierce. Cette simple considération nous déterminerait déjà à rejeter la doctrine allemande ; M. Jobbé-Duval renforce l'objection par une dernière preuve. La loi des Ripuaires parle d'entiercement, dans un cas où il ne peut

1. Siegel, § 13, p. 88. Bethmann Hollweg, § 23, p. 47. Cf. Scherrer et aussi Thévenin. *op. cit.*

y avoir appel en garantie, puisque le défendeur ne connaît pas son vendeur.

Aussi pensons-nous que l'entiercement constitue une véritable saisie de l'objet. M. Ortlieb ajoute qu'il s'ensuivait la mise sous séquestre en mains tierces de la chose revendiquée. Et tel paraît bien être effectivement le sens étymologique de nos expressions.

On incline pourtant à croire aujourd'hui que le détenteur était lui-même constitué séquestre, sous le régime des lois salique et ripuaire.

Il est certain que le demandeur ne rentrait pas immédiatement en possession. La loi des Ripuaires (LXXII, VI et VIII) est bien formelle sur ce point, mais il nous paraît beaucoup plus douteux, malgré la doctrine courante, que la détention reste au défendeur. Il est bien dit dans les textes que si l'animal meurt dans les délais, le prévenu gardera la peau. Mais cela prouve simplement que le défendeur conserve, aux termes de la loi des Ripuaires, un droit sur la chose saisie. Cela n'établit pas qu'il soit lui-même séquestre.

Le texte porte également que si l'objet entiercé est volé, le défendeur doit restituer la valeur. C'était là peut-être une simple mesure pénale. On avait pu poser cette règle, pour qu'après tout le demandeur ne souffrît pas d'un vol qui n'aurait peut-être pas été commis, s'il était resté en possession de la chose. Mais rien ne démontre encore ici que le défendeur soit séquestre.

Et s'il est des cas où cette qualité lui est conférée, il est assez probable, étant donnée l'étymologie qui nous paraît très claire et contre laquelle aucun raisonnement ne peut prévaloir, il est assez probable que ces cas sont exceptionnels et soumis à des conditions déterminées, comme le consentement du *vestigium minans,* par exemple.

D'ailleurs, il est vraisemblable que le mot *filtorto* qui se retrouve dans plusieurs passages de la loi salique fait allusion à une garantie qui était, sans doute, donnée au demandeur. L'objet était entouré, à ce qu'il semble, de liens d'osier, et pour ainsi dire mis sous scellés.

— Quoi qu'il en soit, le défendeur était tenu, après l'accomplissement de ces formalités, de produire sa réponse à l'action. Réponse décisive, irrévocable, remarquons-le bien. Il ne lui sera pas loisible de fournir demain une justification d'une autre nature. Il faut que dès maintenant il arrête son choix. C'est à lui du reste à faire la preuve ; car la loi des Ripuaires admet, en principe général, que la charge de la preuve incombe au défendeur ; et, quant à la loi salique, si elle ne consacre pas cette théorie d'une manière absolue, elle l'applique cependant ici, parce qu'après la poursuite du *vestigium minans* et la découverte de la chose, on juge le soupçon de vol assez sérieux pour qu'il appartienne au défendeur de s'en laver lui-même.

Il pourra donc arriver que le défendeur réponde catégoriquement et sans réserves : « C'est moi qui suis propriétaire de l'animal, de l'objet, c'est moi qui le dois conserver. »

α) — S'il en est ainsi, on va, comme dans la vieille Rome, simuler un combat entre les deux plaideurs : le demandeur mettant la main sur la chose et jurant que cette chose lui appartient, le défendeur venant à son tour toucher l'objet de la main gauche, la droite étant armée. Le défendeur ne jure pas nécessairement que la chose est sienne ; il peut jurer qu'il l'a reçue en échange ou achetée, ou bien, sans doute, qu'il a lui-même élevé l'animal, fabriqué la chose.

Ce simulacre de lutte a lieu, comme toute la procédure que nous venons d'exposer, en dehors de l'intervention de la justice.

β) — A l'inverse, il arrivera parfois que le défendeur consente à restituer l'objet, en cherchant seulement à établir son innocence. Ainsi, il répondra qu'il a trouvé la chose ou qu'il l'a prise à des voleurs ou qu'il l'a achetée, mais qu'il ne connaît pas son auteur. Un délai, qui variait suivant les cas, était accordé au défendeur pour faire la preuve de sa bonne foi.

— Après que les conclusions ont été ainsi posées de part et d'autre extrajudiciairement, l'instance s'engage d'office, à un jour fixé par la loi : plus ou moins de temps après l'entiercement, selon qu'il s'agit de plaideurs domiciliés ou non dans une même région et suivant aussi que l'on considère la loi salique ou la loi des Ripuaires.

Quel était le tribunal compétent? La centaine ou le plaid du roi? Il semble que le *mallus*, c'est-à-dire le tribunal de la centaine, connaissait en général de l'affaire, mais qu'en cas de spoliation, de violence, le *stapplum regis* était compétent[1].

Si, au jour fixé, le défendeur ne comparaissait pas, défaut était pris contre lui, après que le demandeur avait attendu jusqu'au coucher du soleil *(solem collocat)*. La loi salique veut alors que le défendeur soit cité au tribunal du roi, et s'il ne se rend pas à cette citation, il est mis hors la loi. Chez les Ripuaires, on saisit les biens du défendeur.

Si le prévenu comparaît, il sera autorisé à développer devant le tribunal les moyens qu'il a résolu d'employer. Mais il est indispensable que cette justification ait lieu en présence de l'objet réclamé. Cette règle, observe M. Jobbé-Duval, est si rigoureusement appliquée, que si le meuble est un esclave et si cet esclave meurt avant l'instance, le prévenu devra l'enterrer en lui entourant les pieds d'une branche d'osier flexible *(retorta)*. Cette branche sortira du sol et le tribunal viendra siéger au lieu même de la sépulture.

α) — Là, devant l'objet, le défendeur donne ses explications. S'il a prétendu qu'il avait le droit de conserver le meuble, il va prouver, par le témoignage de trois témoins, d'après la loi salique, ou probablement par ordalie chez les Ripuaires, que l'animal est né ou que l'objet a été fabriqué chez lui[2].

---

1. *Lex rip.* XXXIII, II. LXXII, I *Lex salic.* XLVII, II *Lex rip.* XXXIII § 1.
2. *Lex sal.* cap II, § 1 additionnel.

Ou bien le défendeur établira par trois témoins que la chose se trouvait dans la succession de son père, et par trois autres témoins que son père la possédait régulièrement[1].

Ou enfin, le défendeur qui prétend avoir droit à garder la chose appellera son auteur en garantie. Il le citera suivant les formes ordinaires de la *mannitio*. Le vendeur pourra lui-même citer son auteur, et de même indéfiniment[2].

Si la citation demeure sans résultat, le défendeur, qui comparaîtra seul, pourrra, d'après la loi salique [3], établir par trois témoins qu'il a réellement appelé telle personne en garantie, et par trois autres qu'il a bien acquis l'objet de cette même personne. Alors le défendeur devra rendre la chose, mais il aura un recours contre l'auteur défaillant. Et celui-ci sera immédiatement condamné par défaut à la peine du vol. Chez les Ripuaires, cette condamnation n'est prononcée qu'après une nouvelle citation, et des formalités que les textes ne mettent pas suffisamment en lumière [4].

Si la personne citée comparaît, mais refuse sa garantie, il ne reste au défendeur, dit la loi des Ripuaires [5], qu'à payer l'amende. Le moyen de défense auquel il s'était arrêté lui faisant défaut maintenant, il n'en a plus aucun autre à sa disposition. Son procès est perdu. Quant à la loi salique, elle ne tranche pas cette question. Nous n'oserions la résoudre par analogie, en tirant argument du titre XLVII, § 2, qui se rapporte à l'hypothèse de l'auteur défaillant.

Si la personne citée comparaît, et accorde sa garantie, le défendeur, au rebours de ce qui se passe aujourd'hui, ne va pas rester lié à l'instance. Il est mis hors de cause. Les débats continuent entre le demandeur et le garant. Si le garant se

1. *Lex sal.* 2 add. *Lex rip.* LXXII, I.
2. *Lex sal.* XLVIIII.
3. *Lex sal.* XLVII, II.
4. *Lex rip.* XXXIII, § 2.
5. *Lex rip.* XXXIII, § 3.

retourne lui-même contre son vendeur, l'objet passe de l'un à l'autre, et aussi la charge de la défense.

Quant au règlement des risques entre l'acheteur évincé et son auteur, il s'effectuera, d'une manière uniforme, par la restitution du prix de vente, s'il est vrai, comme on l'estime généralement, que le mot *cinewerdunia*, dont se servent les textes, n'exprime pas la valeur de l'objet[1].

β) — Nous avons dit que le défendeur pouvait se borner, dans sa défense, à protester de sa bonne foi, sans prétendre conserver le meuble. Dans cette seconde hypothèse il jurera, lui septième, qu'il a acheté la chose, mais qu'il ne connaît pas le nom de son auteur, ou qu'il l'a prise à des voleurs, ou qu'il l'a acquise de telle ou telle manière qui n'entraîne pas sa culpabilité. Alors il restituera l'objet, mais évitera la peine.

— Reprenons, dans l'étude du jugement, les trois cas possibles : condamnation à la peine et à la restitution, — à la restitution seulement, — acquittement.

1er cas. Le défendeur restitue l'objet ou sa valeur[2]. Il paie des dommages-intérêts pour le retard éprouvé par le plaignant[3]. Enfin il doit l'amende du vol, 1 à 62 sous et demi, d'après la loi salique ;

2e cas. Restitution pure et simple ;

3e cas. Acquittement. Mais le demandeur subira la peine du talion et paiera l'amende qu'eût acquittée le prévenu convaincu du délit[4].

---

1. *Lex. rip*. LXXII, VII. *Roth*. 231.
2. *Capitale, haubitgeld.*
3. *Dilatura, widria.* Cf. loi des Francs Chamaves, XXV et XXVII.
4. *Lex. rip.* XXXVIII.

CHAPITRE III

MOYEN AGE (X^e AU XIIIe SIÈCLE)

SECTION I

Meubles n'ont pas de suite

Le moyen âge conserva la tradition germanique. La règle générale demeura la même, le droit de revendication fut, en principe, réservé à la propriété immobilière. On ne l'étendit pas à la propriété mobilière.

Nous trouvons, en effet, dans plusieurs textes de l'époque, cette maxime très significative, que nous n'avions pas encore vue positivement formulée : *Meubles n'ont pas de suite.* Qu'on y fasse bien attention ; ce n'est pas dans les *Coutumes notoires du Châtelet de Paris* (art. 23), ce n'est pas davantage dans la *Coutume angevine* de 1411 qu'il faut aller chercher notre maxime. Elle a reçu dans ces textes, postérieurs à notre époque, une limitation sur laquelle nous aurons à nous expliquer en temps et lieu. Mais qu'on lise, par exemple, le commentaire de Guillaume Terrier sur la *Coutume de Normandie* [1].

Cette règle, nous la retrouvons, sous une forme ou sous

1. 6. 258.

une autre, dans tous les vieux coutumiers. « *Celui qui requiert* la chose, disent les *Assises de la Haute Cour*, doit mostrer si, comme il deit, que il a perdu cette chose, et doit prouver par deus leauz garens de la lei de Rome, qui jurent sur saints que ils le virent de cele chose que il requiert saisi et tenant comme dou sien. Et il deit après jurer que il ne l'a vendue, ne donée, ne prestée, ni engagiée, ni aliénée en aucune manière, *par quei il ne la puisse et deive recouvrer par l'assise* [1]. » M. Raynaud objecte qu'en prêtant le serment, le demandeur a seulement pour but de convaincre son adversaire de vol. Mais cette objection, qui porte peut-être contre d'autres citations [2], ne saurait évidemment prévaloir contre les derniers mots du passage reproduit ici.

Les lignes suivantes du *Livre de jostice et de plet* ne sont pas moins décisives [3]. « Et se aucuns engage choses que l'on li ait prestées, li gage vaut. Et s'il engage choses qu'il a toloistes, et ce soit seu, li gages ne vaut riens. A totes les fois que chose est emblée ou toloiste et elle est engagée, li gages ne vaut riens. A totes les fois que chose est baillée en gages, qui est donnée ou prestée, ou acetée, et la baille en gages, li gages tient. » Ainsi le propriétaire, dépouillé malgré lui, jouit, — mais exceptionnellement, — d'un droit de suite. Quant à celui qui s'est volontairement dessaisi d'une chose mobilière, soit en la prêtant, soit en l'engageant, il n'a pas de revendication, et s'il arrive que l'emprunteur ou le gagiste donne à son tour la chose en gage, alors *li gages tient,* c'est-à-dire que le propriétaire ne peut saisir l'objet entre les mains du second gagiste. On voit que la règle est formelle, précise ; elle est également exposée

---

1. Ch. 31.
2. Établissements de Saint-Louis, liv. II, ch. XVII. (XVIII, de l'éd. Viollet). Assises de la Cour des bourgeois de Jérusalem. Ch. LXXXVIII, CCXLIV.
3. L. XIX, t. XXXV, § 3 et 15.

dans d'autres textes qui prévoient des hypothèses analogues et fournissent des solutions concordantes [1].

Enfin, s'il restait le moindre doute dans la question, il suffirait, pour l'écarter, de remarquer que le moyen âge ignore l'usucapion des meubles. Et la raison que donnent de cette lacune les auteurs est bien en harmonie avec notre doctrine. L'usucapion, disent-il, n'était pas nécessaire, en l'absence du droit de suite [2].

C'est, à n'en pas douter, la seule force des traditions qui avait maintenu la règle primitive. Nous avons dit qu'à notre avis l'origine première de cette règle n'était pas dans une particularité de la procédure germanique ; mais nous avons ajouté que la persistance de la pratique ancienne avait été très certainement la conséquence de cette procédure. Il en résulte que, le système des actions mobilières étant demeuré indépendant de la théorie nouvelle de la possession, il n'y avait pas à se demander si l'acquéreur du meuble prêté était ou non de bonne foi. L'abus de confiance restait impuni, et le complice lui-même ne pouvait être l'objet d'aucune poursuite criminelle.

Si les traditions s'étaient ainsi perpétuées, c'est que le besoin d'innover n'avait encore pu se faire sentir d'une manière véritablement urgente. Le propriétaire de la chose était très sérieusement protégé contre l'emprunteur ou le créancier gagiste qui refusaient de restituer ou qui tardaient à s'acquitter de la dette de corps certain qu'ils avaient contractée. Le propriétaire était autorisé à recourir à la saisie, et cette saisie, c'était lui-même qui l'opérait, à la condition seulement de remettre la chose entre les mains de justice. De plus, les meubles avaient déjà, au moyen âge, beaucoup perdu de la valeur qu'il avaient eue jadis, chez les Germains.

---

1. Assises de la cour des bourgeois de Jérusalem, ch. XL et LXXXIV.

2. *Consuetudines bituricenses*, S. Boyer, fol. 35, Des coutumes touchant prescription. — Cf. Bouteiller, t. I, t. 43, p. 319.

J'ai déjà dit les raisons de cette dépréciation, et j'y reviendrai, mais il est certain qu'elle contribua quelque peu à reculer l'avènement de la revendication mobilière.

Et enfin, il faut le dire, il y avait eu des modifications partielles. Les coutumes avaient, en quelque sorte, couru au plus pressé. Le droit romain, dont on n'avait pas encore accepté le principe, avait cependant influé sur la pratique. En un mot, la règle : « Les meubles n'ont pas de suite » comportait déjà un certain nombre d'exceptions.

Voici par exemple le chap. XCI des assises de la cour des bourgeois du royaume de Jérusalem : « Ici orres la raison dou cousturier qui cause les dras des gens et s'en fuit o tout et de tous autres menestraus. S'il avient que l'on donne ces dras à un cousturier por codre o por rapareiller ou se l'on donne sa tele à un tisserand por faire, ou aucun autre aver à aucun autre menestrau por adouber, et le menestral s'enfuit o tout ou il enguage l'œuvre ou le vent on done celuy aver ou quelque autre choze que ce soit et il avient que le sire retreuve puis son aven ou sa robe sur aucun, *le droit commande que il doit recouvrer sa chose*, par enci qu'il doit jurer sur sains que il celui aver ne presta ne vendi ne dona, ni engagea, ains le bailla ses dras ou sa robe pour appareiller, si come est dit dessus. Et atant deit recouvrer sa chose tout quitement. Voirement tant y a que l'assise commande que se le menestrau avait rien fait de service en cele chose, que ce que le sire de la chose endevret doner au menestrau, si devet doner à celui qui pert tot ce qu'il avait doné en cele chose .»

Et cet autre passage : « Se un home liue sa chevauchure à aucun home et celui qui aura la beste lieuée la vent à autre. ou l'engage, on li est prise pour dete, la raison comande que le sire de la beste doit la recouverer par tout où il la trouvera (Ch. 102) .»

Il y avait donc une garantie spéciale accordée au bailleur ;

c'est vraisemblablement que le contrat de louage ayant été
inventé postérieurement au prêt, le droit du bailleur n'était pas
protégé par la procédure rapide et expéditive de la saisie ;
mais c'est aussi, croyons-nous, parce qu'un souvenir était
resté de l'époque lointaine où tous les droits du propriétaire
laissaient sur la tête de l'emprunteur, investi de la possession.
Voilà pourquoi, sans doute, la routine répugnait à donner
au prêteur l'action en revendication.

Mais la doctrine alla plus loin que la pratique dans la voie
du progrès et l'auteur qui se signala le plus par son esprit de
réforme fut le célèbre bailli de Clermont, Beaumanoir.

Beaumanoir n'a pas conçu, il est vrai, la théorie de la revendication mobilière, telle qu'elle avait été admise à Rome. Il
n'est pas allé jusque-là. D'abord, il ne parle nulle part de
prescription pour les meubles. Or s'il avait reconnu une véritable revendication fondée sur la propriété, il aurait, en même
temps, établi comme correctif, une prescription acquisitive.
Et puis, dans aucun passage, ce jurisconsulte n'accorde cette
action mobilière pour le cas d'abus de confiance. Une revendication proprement dite embrasserait naturellement ce cas
aussi bien que tous autres. Beaumanoir pressent donc la
renaissance du système romain, mais il ne l'a pas lui-même
restauré de toutes pièces [1].

Mais Beaumanoir est bien près d'admettre une vraie revendication lorsqu'il exige seulement du demandeur la preuve
que la chose est à lui : tel est bien le caractère essentiel de
la revendication, tel en est bien le critérium [2].

Il est très près encore de dégager la théorie de l'action
réelle, lorsqu'il donne au demandeur le droit de poursuivre
l'instance à l'encontre des héritiers du voleur [3].

---

1. V. Lefebvre, à son *Cours de droit coutumier*, 1880-1881.

2. Ch. VI, n° 29.

3. *Ibid.* Et cette phrase: « Car casum a loi de demander ce qui doit être
sien à celi qui le tient. ». Rub. XLVI, art. 134.

Enfin nous trouvons dans Beaumanoir, outre un système complet sur l'excusation par garant, — système sur lequel nous reviendrons. — deux innovations importantes.

Les Établissements de saint Louis accordaient la restitution du prix d'acquisition à celui qui avait acheté sans fraude un objet mobilier à la foire de Pâques [1]. Beaumanoir accorde ce remboursement d'une manière générale, si la vente a eu lieu sur un marché : « Se cil qui a le coze l'aceta en marciés commun, comme cil qu'il creoit que li venderes eut poir du vendre et ne connoist le vendor ;... en tel cas cil qui porsuit se coze qu'il perdit ou qui fu emblé ou tolu, ne le raura pas, s'il ne rend ce que li aceterres en païa ; car puisqu'il l'aceta sans fraude et en marcié, il ne doit pas recevoir la perte de son argent por autrui meffet [2]. »

Dans un autre texte, il est vrai, Beaumanoir semble donner au possesseur de bonne foi une fin de non-recevoir absolue [3]. Ces deux passages me paraissent difficiles à concilier et je ne sais trop s'il faut accepter l'explication ingénieuse, mais hasardée, qu'on en a fournie. Dans le premier cas, il s'agirait des objets volés ou perdus ; dans le second, il serait question des meubles dont on aurait perdu la possession de tout autre manière que par le vol ou la perte. Cette interprétation, qui s'inspire du droit actuel, ne me paraît pas suffisamment justifiée par l'examen des textes. Si Beaumanoir ne veut pas parler des objets volés ou perdus, dans le passage où il arme de cette exception péremptoire le possesseur du meuble, il développe inutilement une vérité incontestable, car nous avons dit que lui-même n'avait pas admis, dans toute la largeur possible, la revendication mobilière ; il était donc certain que, même dans sa doctrine personnelle, le

---

1. Étab. l. II, ch. 17. (ch. 18, de l'excellente édition de M. Viollet).
2. Ch. XXV, n° 22.
3. Ch. XXXIV, n° 47.

possesseur de l'objet ne pouvait pas être inquiété dans les conditions qu'il examine, et il était superflu de prévoir particulièrement une hypothèse qui, loin de déroger à la règle générale, n'en était qu'une application. Je crois donc que dans les deux textes, Beaumanoir a entendu parler des objets perdus et volés. Qu'il se soit contredit, c'est possible, quoique le second passage ne soit pas très clair ; mais il se peut également qu'il ait simplement exposé deux opinions dont l'une était sienne, et dont l'autre se trouvait plus généralement adoptée [1].

Quoi qu'il en soit, il est bon de remarquer qu'au début la disposition des Établissements de saint Louis n'avait pas été, semble-t-il, inspirée par le désir de sauvegarder les intérêts de l'acheteur de bonne foi, mais plutôt par de simples considérations fiscales. Pour attirer les marchands dans leurs domaines, les seigneurs leur conféraient, sur leurs marchés, des privilèges, au nombre desquels celui dont je parle trouva place assez promptement.

La seconde innovation dont il faut dire un mot est la suivante.

En matière de meubles, les actions possessoires étaient inconnues. Elles n'avaient guère de raison d'être, là où le droit de suite était refusé. Les actions possessoires étaient uniquement appliquées aux immeubles [2].

Mais Beaumanoir n'hésitait point à faire application en matière mobilière de la fameuse maxime canonique : « *spoliatus ante omnia restituendus.* » S'il y a eu voie de fait, s'il y a eu violence, le possesseur a un moyen spécial, une *novelle dessaizine*, dit Beaumanoir, non pas cependant cette nouvelle dessaisine destinée à garantir la possession annale, car il ne sera pas nécessaire que la possession remplisse telles

---

1. Bouteiller, *Somme rurale*, L. 1-2, 35, p. 245. — La Fleta, ch. 36, n° 4.
2. Beaumanoir, ch. 32. De dessezine, force et trouble. — Grant coustumier, l. II, ch. 19. Des cas de nouvelleté.

ou telles conditions, mais une nouvelle dessaisine qui est une sorte de *remedium spolii*, une réintégrande. « En aucun cas me puis-je bien plaindre de novelle dessaizine, tout soit ce que je n'aie esté en saisine de la coze, dont je me plains, an et jor ; si comme se je sui en saisine d'un queval ou d'une autre beste ou de mueble quel qu'il soit ou d'aucune despuele que j'ai gaigniée et labourée en mon nom sans auctorité d'autrui, se ou ni oeste aucune de ces cozes et je le requier, je dois estre ressaizis, et quiet cil en amende ; mes, moi ressaisi, se cil qui le m'osta prueve le coze à soie il le raura. Et par ce pot on entendre qu'on pot bien estre ressaisis de tel coze par coustume qu'on en porterait après le hart, si comme s'en avoit le coze, dont on serait ressaisis, mal tolu ou emblé [1]. » Et Beaumanoir, supposant le cas où le propriétaire d'un meuble volé l'enlève de force au voleur, accorde à celui-ci le moyen possessoire, sous la réserve, bien entendu, des voies pétitoires ouvertes au propriétaire [2].

Mais ces modifications ne se généralisent pas encore ; elles demeurent partielles, locales, éparses dans les coutumes ou dans les auteurs. Et jusqu'à la fin du XIIIe siècle le moyen âge conserve, comme nous l'avons dit, avec très peu de changements, la tradition germanique. Il reste vrai également, nous l'allons voir, que le propriétaire dépossédé malgré lui conserve une action.

SECTION II

Cas où le propriétaire est dépossédé involontairement.

Dépossédé involontairement, c'est-à-dire, ici encore, dessaisi par vol ou par perte. Il n'importera point que ce soit un

---

1. XXXII, 15.

2. XXXII, 23, v. Bourcart. *Actions possessoires.* Paris 1880, p. 191. Cf. Grant coutumier. L. II, ch. 16.

simple vol ou une roberie, qu'il y ait violence ou clandestinité : dans tous les cas le propriétaire est muni d'une ou de
plusieurs actions [1].

Mais notons que dorénavant la personne qui trouve un
objet perdu, — une épave, chose gayve ou weif, estray, wa-
rech, etc., — est tenue, sous peine d'amende, de l'apporter
ou de le conduire à la cour même du seigneur ; s'il s'agit
d'une épave terrestre, le propriétaire aura, pour la réclamer,
un délai d'un an et d'un jour ; si le meuble est, au contraire,
une épave maritime, la propriété en est immédiatement at-
tribuée au seigneur. C'est ce qu'on appelait le *droit de lagan*.
Ce privilège exorbitant donna lieu en France à de nombreuses contestations, à des difficultés incessantes entre les seigneurs et le roi. L'explication historique de ce droit singulier
se trouve très probablement dans la haine de l'étranger ; la
victime du naufrage n'est pas, en général, du pays ; c'est un
ennemi [2].

En cas de vol, le délai dans lequel le propriétaire pourra intenter l'action sera également d'an et jour [3].

Je dis le propriétaire, et l'expression, peut-être, n'est pas
assez générale pour être tout à fait exacte. Si l'objet volé a été
prêté ou mis en gage, ce sera régulièrement l'emprunteur
ou le gagiste qui sera muni de l'action ; car c'est à la victime
du vol qu'il est dû réparation. Les plus anciens textes exigent
du reste que, dans tous les cas, l'emprunteur ou le créancier gagiste restitue à son co-contractant la valeur de l'objet [4].

Toutefois, Beaumanoir accorde au prêteur le droit de poursuivre lui-même le coupable, à la condition de renoncer à

1. Le vol devient un rapt lorsqu'il a été fait avec violence. Le *Mirror of Jus-
tices* dit qu'il y a deux sortes de rapt, le rapt de choses et le rapt de femmes.
(Liv. 1, chap. II.) Cf. Glasson, *Histoire du droit et des instit. de l'Angleterre*, t. I, p. 591.

2. Pardessus. *Collection des lois maritimes*, t. I, p. 315.

3. *Livre de Jostice et de Plet*, L. XIX, ch. XXIX, § 1.

4. Assises de la Cour des bourgeois de Jérusalem, ch. LVI.

son action contre l'emprunteur. Le *Livre de Jostice et de Plet*[1] et la *Coutume de Bordeaux* (161) allant plus loin, fixent clairement le droit à l'action sur la tête du prêteur seul.

De toutes manières, c'était encore au moyen âge un particulier qui mettait en mouvement l'action criminelle. L'idée de la défense sociale n'avait pas pris jour ; la nécessité d'une protection solidaire ne s'était pas imposée. La victime seule tirait vengeance du délit. Il lui appartenait de laisser impuni le fait dont elle avait seule directement souffert et dont on ne paraissait pas encore, à cette époque, redouter l'exemple et la contagion.

Mais un progrès s'est affirmé déjà. La plupart du temps, le demandeur, au lieu de faire lui-même, comme autrefois, les premières perquisitions, aura recours aux agents du roi ou des seigneurs. Si l'objet n'est pas retrouvé par eux, la justice pourra être tenue parfois d'indemniser la victime du délit; et, en revanche, si les agents découvrent le meuble, il arrivera souvent que le seigneur prélève une fraction déterminée de la valeur[2].

D'autre part, la législation du moyen âge semble avoir rétrogradé, en matière de flagrant délit. La plupart des coutumes admettent maintenant qu'il y aura flagrant délit, et que par conséquent le malfaiteur pourra être traduit sans retard devant le tribunal du lieu de la découverte, et condamné sans discussion, dès que le demandeur, ayant suivi l'objet à la piste, l'aura retrouvé avant ou après trois jours, peu importe, entre les mains de l'accusé. Cette suppression du délai de rigueur n'est pas absolue, il est vrai ; elle ne se retrouve pas dans toutes les coutumes ; mais telle est, malgré tout, à ne pouvoir s'y méprendre, la règle la plus répandue[3].

1. L. XIX, t. XXXV, § 1.

2. Cour des bourgeois, ch. IX, p. 62. Boutaric, *Actes du parlement,* n° 805, etc. Cf. Jobbé-Duval, *op. cit.*, p. 104.

3. Bracton, L. III, 2ᵉ Tr., ch. XXXII.

A. — *L'action criminelle mobilière.*

De très savants auteurs professent que la victime du vol aura, suivant les circonstances, deux actions de nature différente. Ils appellent l'une l'action de vol proprement dite et ils désignent l'autre sous ce nom : action de chose emblée [1].

Toutes deux seraient, disent-ils, criminelles ; mais elles différeraient quant aux résultats et quant aux cas d'application.

Quant aux résultats, l'action de vol aboutirait, en cas d'échec du demandeur, à un châtiment corporel pour ce dernier ; l'action de chose emblée ne ferait courir au plaignant débouté que le risque d'une amende.

Quant aux cas d'application, l'une, — l'action de vol, — serait dirigée contre le voleur lui-même, la plupart du temps quand il ne détiendrait plus en fait la chose volée ; l'autre, — l'action de chose emblée, — serait intentée contre les tiers, ayants cause du voleur.

Observons d'abord que, pour diviser ces deux actions, il ne suffirait pas de constater la première différence. Une seule et même demande pourrait très bien entraîner, suivant les cas, des résultats divers. S'il en était autrement, il faudrait admettre, non pas qu'il y a deux actions, mais qu'il y en a trois au moins. Car les auteurs mêmes qui soutiennent l'existence d'une action particulière, dite de chose emblée, reconnaissent qu'elle n'aboutira pas toujours, en cas de succès du plaignant, à la même condamnation pour le défendeur.

Certains textes du moyen âge prononcent contre lui la peine du vol ; et l'on sait qu'à cette époque les châtiments corporels s'étaient substitués aux compositions [2].

---

1. Telle est particulièrement l'opinion de M. Lefebvre à son cours, de M. Jobbé-Duval et de M. Glasson, *op. cit.*

2. Assises de la Cour des bourgeois de Jérusalem CCL. — Charte communale d'Amiens, art. 36, Coutumes de Bordeaux, § 18, p. 22.

D'autres, tels que la Charte de commune paix de Valenciennes [1], les Établissements de saint Louis [2], et le coutumier de Bourgogne [3] déclarent que le défendeur, n'ayant pas été personnellement convaincu de vol, acquittera seulement le maximum de l'amende autrefois portée contre les voleurs.

Dira-t-on que cette différence dans les résultats répond à une différence de demandes? non pas. La même action pouvait avoir, dans des coutumes diverses, des effets divers ; elle pouvait également avoir quelque peu varié avec le temps ; et elle pouvait enfin, dans une même coutume et dans un même temps, prendre, suivant les circonstances de la cause, des formes et des aspects multiples [4].

Pour qu'on fût autorisé à dire d'une manière certaine qu'il y avait une action de vol et une action de chose emblée, le second motif invoqué suffirait, il est vrai, mais à cette condition pourtant que la demande intentée contre le voleur ne se transformât jamais en action dirigée contre le tiers, ni réciproquement ; à cette condition, en d'autres termes, qu'une fois formulées de telle ou telle façon, les conclusions premières fussent définitives et irrévocables, que le défendeur ne pût pas changer au procès et que le demandeur n'eût pas le droit enfin de passer brusquement d'une procédure à l'autre.

Or il a ce droit, ou, pour mieux dire, les deux procédures se confondent si bien qu'on ne peut jamais affirmer qu'on se trouve dans l'une et non pas dans l'autre, elles se marient si

1. L. Cellier, p. 60.
2. Liv. I, ch. XCI. (95 de l'éd. Viollet.)
3. Édition Giraud, n° 76, p. 278.
4. J'ajoute que l'action même qu'on est convenu d'appeler demande de chose emblée peut avoir quelquefois, de l'aveu des auteurs que je combats, la conséquence de faire condamner à des peines corporelles le poursuivant débouté. (*Livre de jostice et de plet*, 1. XIX, t. XIV, § 4 : « Et droiz dit que an tel chose si a gage, ausit comme de larrecin ».)

étroitement qu'il demeure impossible, à notre sens, de les séparer, en leur attribuant des caractères distincts.

Dans l'une comme dans l'autre, une accusation de vol peut peser sur le défendeur. Qu'il soit le voleur ou un ayant cause du voleur, on avoue qu'il y aura lieu pour lui de se disculper, de repousser le soupçon de vol [1]. Dès-lors, où placera-t-on la différence entre les deux actions ?

Dans la formule de la demande ? Dira-t-on que dans l'action de vol, le demandeur se porte directement partie contre l'accusé ; que dans l'action de chose emblée, le poursuivant se borne, au contraire, à prétendre que la chose lui a été volée ?

Avant même d'analyser les textes, nous pourrions répondre que cette assertion n'est guère vraisemblable. Puisqu'en fait l'accusation de vol devra être combattue par le défendeur à l'action de chose emblée, il est probable que, dans cette action, le demandeur ne se contente pas de dire d'une façon vague et générale : « L'objet m'a été volé. » La charte communale d'Amiens suppose expressément que le défendeur est accusé. Le coutumier de Bourgogne [2], les lois de Guillaume le Conquérant [3] ne sont pas moins formels. Il est vrai que les coutumes de la ville de Bordeaux parlent d'un cas où le demandeur n'inculpe pas directement son adversaire de vol [4]; mais elles n'ajoutent nullement qu'il y ait là une action spéciale.

Nos contradicteurs ne dissimulent pas qu'ils ont eux-mêmes formé l'expression de demande de chose emblée et qu'elle ne se trouve pas dans les textes. Ils ne peuvent que pro-

---

1. Miroir de Souabe, l. 1, fol. 41, § 6. « *Sire, je ne l'omblay mie,* etc. » Livre de jostice et de plet, l. XIXX. XIV, § 4 et t. XXXV, § 2. Charte communale d'Amiens, art. 31.

2. Ch. XIV, p. 16.

3. L. I, ch.XXI.

4. § 18, p. 22 « Et io no dic per cuy. »

duire un certain nombre de passages où les prétentions du demandeur sont formulées en ces termes : « Je jure sur saints que telle chose m'a été emblée » (Très ancienne coutume de Bourges, art. 53. — Coustume d'Angou et dou Maigne, n° 100.) « Je la requiers comme emblée ». (Établissements de saint Louis, livre II, ch. 17.)

Mais ils ne peuvent nier que la même expression de *chose emblée* se retrouve dans les passages qui ont trait, suivant eux, à l'action de vol proprement dite.

Le mot *emblé* signifie, en effet, ravi, volé ; il n'est autre que le mot actuel *enlevé*. Il a persisté dans notre vieille langue assez longtemps pour que Saint-Simon l'employât encore au siècle dernier. « M. le Prince, dit-il, embla à mon ordre la capitainerie des classes de Senlis et d'Hallustre en vrai Scapin [1]. »

Et là même où le défendeur est pris directement à partie dans la formule, nous voyons encore ce mot *embler*. « Sire, je me clains à vous de sire Robert qui menbla se cheval qui mien fu... » [2]. « Je me plains de tel homme... il m'a emblié telle chose [3] ».

La distinction est donc beaucoup moins réelle qu'on pourrait le croire à première vue. Ce qu'il y a d'indiscutable dans la théorie que nous combattons, c'est que tantôt le poursuivant dit expressément : mon adversaire m'a volé, tantôt il ne semble pas élever cette prétention en termes formels. Mais y a-t-il là des formules solennelles ? En définitive, rien ne le démontre. Et comme dans les cas mêmes où le demandeur n'aura pas attaqué personnellement, — n'aura pas, dis-je, semblé attaquer personnellement, — le défendeur, celui-ci pourra cependant avoir à se disculper ; comme il y

---

1. T. I, ch. VI.
2. Assises de la Cour des bourgeois, CCXLVI
3. Établissements de saint Louis, l. II, ch. XIX.

aura des hypothèses où la prétendue action de vol n'aboutira
qu'à des condamnations pécuniaires, où la prétendue demande de chose emblée entraînera, au contraire, même
pour le demandeur débouté, des châtiments corporels ;
comme, en résumé, les exceptions qu'on est forcé d'apporter
à chacune des règles que l'on pose empiètent assez sur ces
règles pour les étouffer et pour effacer la distinction même ;
nous croyons, quant à nous, que l'action de vol et l'action
de chose emblée ne constituaient pas deux procédures différentes, strictement applicables, comme on le voudrait, à des
espèces déterminées ; qu'en réalité, il y avait seulement une
même action, l'action de vol ou de chose emblée, qui se
pliait, avec quelques variations, aux exigences multiples des
époques, des coutumes et des causes [1].

— Quels en étaient maintenant les principaux caractères ?
Comment les débats s'engageaient-ils ? Quels incidents pouvaient se produire ? Quels jugements intervenir ?

A) XIe et XIIe siècles.

Il est assez probable qu'au début de la période que nous
étudions, l'instance se liait encore en dehors du tribunal.

Au commencement de la procédure se plaçait, en effet,
une curieuse cérémonie qu'expose en ces termes le cartulaire
de la Roë [2] : « Nam quidam rusticus noster jumentum illud

---

1. Dans son très savant ouvrage sur *l'Histoire du droit et des institutions de
l'Angleterre*, M. Glasson admet l'existence d'une action de chose emblée. Il
estime que cette action est réelle. M. Jobbé Duval la qualifie, au contraire, de
criminelle et personnelle ; elle est personnelle, dit-il, puisqu'elle est accordée
au créancier gagiste et à l'emprunteur. M. Glasson pense que le gagiste et
l'emprunteur se trouvent subrogés à la place du propriétaire (T. III, p. 460).
— Nous avons dit qu'il nous paraissait difficile de faire rentrer expressément
une action du moyen âge dans une classification juridique alors inconnue ou
mal comprise ; mais nous croyons que dans l'action criminelle de vol ou de
chose emblée, — seule et même action, selon nous, — l'idée de propriété
commence à s'affirmer. (V. au texte.)

2. Pièce X, f° 29.

in feria Sivrei recognovit, ut ita dicam et super caput ipsius, ut mox istius patrie est IV nummos misit, sicque suum esse ostendit, quos Robertus villicas accepit et in marsupio posuit... » On voit, dans ce texte que le villicus Robert s'attribue les quatre deniers, — sans doute à titre d'honoraires. Il résulte de là que le dépôt des quatre deniers n'était déjà plus, même dans les premiers temps du moyen âge, considéré comme l'enjeu d'un pari. Faut-il chercher, dans la théorie du servage, l'origine et l'explication de cette pratifiue ? On sait que les serfs étaient obligés de payer une redevance annuelle de quatre deniers ; de même, l'homme libre qui abdiquait sa liberté s'agenouillait devant le maître auquel il se donnait et plaçait quatre deniers sur sa propre tête, pour bien marquer qu'il consentirait dorénavant à servir cette redevance [1]. M. Jobbé-Duval conclut très ingénieusement que les quatre deniers ont dû devenir peu à peu le signe de la propriété et que tel est, dans notre matière, le sens de cette cérémonie des quatre deniers : *sicque suum esse ostendit* [2].

S'il en est ainsi, remarquons que l'élément réel a pris, dans notre action, une place déjà importante. Elle demeure, il est vrai, criminelle et pénale ; elle entraîne toujours une condamnation ; mais l'affirmation du droit de propriété paraît en être devenue peu à peu un caractère, non pas encore indispensable, non pas essentiel, mais naturel et général [3].

Après le dépôt des quatre deniers, le poursuivant avait, dans les premiers temps, le droit d'emmener et de garder chez lui jusqu'aux débats judiciaires le meuble entiercé,

---

1. Polyptique de l'abbé Irminon, app. pièce XXXI.

2. Le dépôt des quatre deniers, avait également lieu dans les cas où nos contradicteurs voient l'action spéciale de vol. (*Établissements de saint Louis*, liv. II, ch. XII.) M. Glasson, *op. cit.* t. III, p. 450, croit aussi qu'il y a dans cette cérémonie une affirmation solennelle du droit de propriété.

3. Contra, Jobbé-Duval, *op. cit.*, p. 128, note 3.

comme nous l'avons dit plus haut. Mais insensiblement le rôle de la justice vint à s'agrandir ; la possession provisoire fut enlevée aux demandeurs et confiée au tribunal[1].

B) *XIII° siècle.*

Dans cette nouvelle période, le prévenu devra se rendre spontanément avec le demandeur devant les juges ; s'il résiste, le poursuivant « lèvera le cri » et traitera son adversaire comme s'il y avait flagrant délit.

Supposons maintenant les parties en présence devant le tribunal. De deux choses l'une, ou l'objet a été retrouvé, — ou il ne l'a pas été et le demandeur accuse de vol un particulier chez lequel on n'a pas saisi le meuble.

Si la chose n'est pas là, le plaignant doit commencer par offrir de prouver ses prétentions. A défaut de cette offre, il perd son procès[2].

Si, au contraire, la chose est présente, si elle a été placée dans l'enceinte même du tribunal, après que le prévenu en avait été trouvé détenteur, les rôles sont renversés. C'est au défendeur de faire la preuve, de se disculper[3]. Notons, au passage, que c'est ici la vieille doctrine germanique, la véritable tradition. Or la prétendue demande de chose emblée serait précisément dirigée, au dire des auteurs, contre les tiers qui posséderaient le meuble ; ce serait donc dans l'action de chose emblée que se seraient conservés les souvenirs du passé. Comment dès lors peut-on soutenir que cette action soit plus récente que l'action de vol, qu'elle ait, en quelque sorte, réalisé un progrès, et ne voit-on pas qu'il serait singulier de retrouver les règles les plus anciennes dans la procédure la plus moderne ?

1. Beaumanoir, XXXIV, 44, Miroir de Souabe, fol. 55, règle 93.

2. Jean d'Iblin, LXIII, Beaumanoir LXI, 4. Établissements de saint Louis, l. II, ch. XII. Livre de jostice et de plet, liv. XIX, t. I, § 2.

3. Las costumas de la villa de Bordeu, § 18, p. 22. — Coutumier de Bourgogne, ch. XIV, p. 16.

Dans tous les cas, le demandeur sera tenu de rendre sa plainte vraisemblable, soit en jurant qu'il est de bonne foi [1], soit en jurant que le meuble lui a été volé [2].

C'est à ce moment que se place, au XIII⁰ siècle, la cérémonie des quatre deniers. La seule coutume d'Amiens, rapportée, par Augustin Thierry, parle de treize deniers : « Chi parole de chose entierchie por emblée et cil qui la chose claime paie treize deniers de l'arester [3]. » Quelle qu'elle fût, du reste, cette petite somme, aussitôt déposée, appartenait au seigneur [4].

La pratique dont je parle avait-elle conservé, à la fin du moyen âge, la signification qu'elle paraît avoir eue dans la procédure extrajudiciaire? N'avait-elle pas maintenant une portée un peu différente, une utilité plus positive ? Comme, en fait, cette coutume n'a point pénétré dans les pays où le plaignant était obligé de fournir caution, il ne serait pas invraisemblable qu'elle eût constaté, au XIII⁰ siècle, une obligation du demandeur vis-à-vis de la justice. Le dépôt des quatre deniers aurait tenu lieu de cautionnement et consacré d'une manière précise et solennelle l'engagement que prenait le demandeur d'être et de fournir à droit [5].

Aux prétentions du demandeur, le prévenu va pouvoir opposer des dénégations absolues, en prétendant garder le meuble ; ou bien, il cherchera seulement à justifier de son innocence.

α).—S'il entend conserver la chose, le défendeur répondra, par exemple, qu'elle a été fabriquée dans sa maison ; s'il s'agit

---

1. Très ancienne coutume de Bourges, art. 53. Cf. Assises de la Cour des bourgeois de Jérusalem, LXXXVIII.

2. Coutume d'Amiens, art. 76.

3. Art. 76, t. 1, p. 146. (Aug. Thierry. *Documents pour servir à l'histoire du tiers État*, t. 1.)

4. Établ. de saint Louis, l. II, ch. XVII (18 de l'éd. Viollet). Livre de jostice et de plet, l. XIX, t. XXXV, § 1.

5. *Sic*, M. Jobbé-Duval.

d'un animal, il dira qu'il est né chez lui. Et il fera la preuve de son dire par l'ordalie du duel [1]. J'ajoute que la tendance générale à substituer le témoignage au combat judiciaire se manifesta d'assez bonne heure dans cette hypothèse et que bientôt la déposition de deux voisins remplaça les gages de bataille [2].

Mais la tradition s'en maintint, au contraire, dans le cas où le défendeur répondait plus directement à son adversaire : « C'est vous-même qui m'avez mis en possession de l'objet. » Il y avait alors, très formellement, une accusation criminelle réciproque, et cela prouve bien encore que l'action de chose emblée n'existe pas telle qu'on a cru la voir, entièrement séparée de l'action de vol. Tout ce qu'on peut dire, c'est que les ordalies persistèrent beaucoup plus longtemps dans les cas où, par suite des conclusions prises dans l'instance, l'accusation, mutuelle ou non, prenait un caractère plus grave [3].

Enfin, dans le même ordre d'idées, c'est-à-dire quand le défendeur oppose au plaignant des dénégations sans réserve, un troisième système de défense est possible. Nous avons dit plus haut que Beaumanoir avait exposé une théorie complète de *l'excusation par garant* ; c'est le lieu d'en dire un mot [4].

L'accusé répondra au demandeur : « Ceste chose sai-je bien que je l'ai achatée et en aurai bon garant à terme nommé. » Le défendeur doit de plus « nommer le garant et le liu où li garant. »

Un délai, plus ou moins long, est alors accordé au plai-

---

1. Établissements de saint Louis, l. I, ch. XCI (95 de l'éd. Viollet).

2. Grand Coutumier de Normandie, ch. XIX. V. sur la théorie des preuves au moyen âge, Glasson, *op. cit.*, t. III, p. 447 et s.

3. *Livre de Jostice et de Plet*, l. XIX, t. XIV, § 4. Miroir de Souabe, L. 1, fol. 41, § 6.

4. Beaumanoir XXXIV, 44, 64, 65. — M. Lefebvre, à son cours.

deur : huit jours parfois, si le tribunal est permanent ; l'an et jour le plus souvent ; mais je ne sache pas qu'on aille jamais au delà.

Si le vendeur désigné voyage outre mer, le prévenu devra prêter serment.

Après que le défendeur aura ainsi formulé son système de défense, — qu'il ait adopté la première, la seconde ou cette dernière réponse, — un premier jugement va être rendu par la cour.

C'est une décision préparatoire qui fixe le mode de preuve et arrête les conditions dans lesquelles le défendeur devra se justifier.

S'il y a lieu de recourir au duel judiciaire, les deux plaideurs déposent les gages de bataille [1].

Le jugement détermine aussi le jour de la comparution définitive. A la date indiquée, les deux parties doivent se présenter à nouveau devant le tribunal, sous peine d'une condamnation immédiate pour le défaillant.

Et cette fois, tout ce que les juges vont avoir à décider, c'est la question très simple et très étroite que voici : la condition du premier jugement a-t-elle été réalisée, ou non ?

Quand la preuve aura dû être faite par l'ordalie du duel, il y aura lieu de se demander si les plaideurs avaient ou non le droit de se faire remplacer par des champions ; quand elle aura été entreprise par témoins, il faudra voir si les règles et les formalités de ce genre de preuve, très nombreuses à une époque formaliste, ont été observées.

Enfin, lorsque le défendeur aura appelé son auteur en garantie et après que ce dernier aura été, non plus comme autrefois, traîné devant le tribunal par le prévenu lui-même, mais cité par le seigneur et forcé de comparaître, que se passera-t-il ?

---

1. V. *Coutumes et instit. de l'Anjou et du Maine*, Beautemps-Beaupré.

Si l'auteur cité déclare qu' « il est garant de la bête, qu'elle fut sienne et qu'il la vendit », il va être lié à la cause ; à cette condition toutefois, dans certaines coutumes, qu'il donne « bonne seurté d'estre à droit ». La caution qu'il fournit alors s'appelle *fermansa*[1]. Immédiatement, le prévenu sera « quitis dou crime » ; le vendeur le remboursera, et restera seul au procès en face du demandeur. Les nouveaux débats seront analogues aux premiers ; le défendeur pourra encore appeler son auteur en garantie. Mais, en général, le nombre des garants sera limité à trois[2].

Si l'auteur cité se présente, mais refuse de garantir le prévenu, un débat s'engage entre eux deux. Tantôt la preuve sera le témoignage, tantôt le duel judiciaire, ce qui prouve encore que les ordalies jouent un rôle aussi important dans les cas où l'action criminelle est intentée contre le détenteur que dans ceux où elle est dirigée contre le voleur même. Si le prévenu a gain de cause, il a droit au remboursement du prix et le vendeur sera condamné comme coupable de vol[3]. Si l'auteur l'emporte sur le défendeur qui l'a fait citer, ce dernier sera, dans la rigueur des traditions, condamné sans qu'il puisse recourir à de nouvelles preuves. Mais Beaumanoir, corrigeant la coutume, autorise le prévenu à se disculper en prouvant qu'il a élevé la bête[4].

Si enfin l'auteur appelé fait défaut, les moyens de le contraindre varient suivant les endroits et les temps. Ici on applique le droit commun en matière de défaut, là on répète les citations, ailleurs on opère des saisies. Partout le prévenu finira par gagner son procès, si l'auteur ne comparaît point[5].

---

1. Coutumes d'Agen, ch. XIII, p. 266.
2. Charte communale d'Amiens, art. 32. L'Anjou et le Poitou admettaient que ce nombre fût porté jusqu'à sept.
3. Beaumanoir, XXXIV, 44 et LXIII, 8.
4. Id. XXXVII, 3.
5. Très ancien coustumier de Normandie. Coutume d'Agen, ch. XIII, p. 266.

Nous avons dit plus haut déjà, quels pouvaient être les effets du jugement définitif.

β) Supposons maintenant que l'accusé consente à restituer l'animal sans retard et offre seulement d'établir son innocence. Dans les premiers temps, il devait alors affirmer très formellement qu'il avait acheté la chose en foire, en plein marché et jurer qu'il « ne savoit de qui elle étoit[1] ». Plus tard, il lui suffit de répondre que « il l'a achetée de prudhomme et de loïal si comme il croit[2] ». Enfin, plus récemment, il n'eut qu'à justifier de sa bonne foi, — tantôt par témoins, tantôt, et le plus souvent, par serment[3].

Lorsque le prévenu aura adopté ce système de défense, il n'y aura qu'un seul et même jugement. Le tribunal acquittera le défendeur et adjugera au poursuivant le meuble litigieux.

On a vu plus haut que si le prévenu se purge de l'accusation en disant qu'il a acheté la chose en plein marché, Beaumanoir lui accorde le remboursement du prix. On a vu également que le bailli de Clermont n'avait fait ici que généraliser une disposition des établissements de Saint-Louis.

B. — L'action de chose adirée.

Dans un certain nombre de textes, et particulièrement dans les Assises de Jérusalem et d'Antioche et dans les coutumes anglo-normandes, apparaît une action qui semble bien avoir un caractère purement civil.

« *Et poterit rem suam petere civiliter ut addifratam...*[4] » C'est l'action de chose adirée.

---

1. *Histoire de Souabe,* 2ᵉ partie, règle 93.
2. Établissements de Saint-Louis, l. II, ch. XVII (XVIII, de l'éd. Viollet).
3. Assises de la Cour des bourgeois de Jérusalem. (Beugnot ch. CCLVI.)
4. La Fleta, l. I, ch. XXXVI, *De furto.* Cf. Assises de la cour des Bourgeois d'Antioche, ch. IX, p. 62. Jean d'Ibelin, ch. CXXXI, Lois de Guillaume le Conquérant, partie I, ch. III, § 6.

Adirée semble bien être synonyme de perdue : « qui se viaut clamer par l'assise de chose qui li ait esté mal atirée, ce est que il l'ait perdue...»

Mais il est certain que si d'abord elle fut exclusivement affectée au cas de perte, l'action de chose adirée ne tarda pas à pouvoir être employée alors même que l'objet avait été volé. Le demandeur ne déférait pas à la justice la question du délit ; il demandait seulement la restitution de la chose dont il avait été dépouillé. D'abondant, il appartenait alors au seigneur d'entamer d'office une instruction criminelle [1].

Malgré tout, et quoi qu'en aient dit certains auteurs [2], il n'y avait pas là une revendication proprement dite. Le demandeur ne pouvait recourir à cette action que s'il avait perdu la possession contre son gré.

L'instance débutait d'ordinaire par une saisie [3]. Si le demandeur, convaincu que le meuble se trouvait chez son adversaire, ne l'avait cependant pas découvert, il le sommait de le lui rendre, et, en cas de refus, lui faisait, devant témoins, défense de s'en dessaisir pendant les débats. Le seigneur citait ensuite le prétendu détenteur devant son tribunal [4]. Les assises d'Antioche voulaient que le demandeur entraînât le recéleur devant la justice [5].

En ce qui concerne la preuve, un progrès important s'était accompli. C'était le demandeur qui devait démontrer la vérité de ses allégations. Mais en revanche le défendeur n'avait pas le droit de combattre la demande par la preuve contraire.

---

1. Assises de la cour des bourgeois d'Antioche, p. 62, ch. IX, Registre criminel de la justice de Saint-Martin-des-Champs, p. II. — M. Lefebvre, à son *Cours de droit coutumier*.

2. MM. Thevenin, et Franken ouvrages cités.

3. Jean d'Ibelin, ch. CXXXI.

4. Jean d'Ibelin, *ibid*.

5. Cour des Bourgeois, ch. IX.

Le poursuivant établissait, en premier lieu, qu'il avait été vu « de celle chose qu'il requiert saisi et tenant comme dou sien ». Les témoins, qui intervenaient pour justifier de cette possession, pouvaient être « levés » selon les modes ordinaires.

En second lieu, le poursuivant prouvait, et cette fois par serment, qu'il n'avait ni vendu, ni prêté, ni engagé, ni aliéné en aucune manière la chose qu'il réclamait. S'il réussissait à faire cette double preuve, il avait gain de cause et rentrait en possession de l'objet ; sinon, il était simplement débouté, sans être, comme dans l'action criminelle, passible d'une amende.

CHAPITRE IV

XIVe ET XVe SIÈCLES. — INFLUENCE DU DROIT ROMAIN

SECTION I

Ce qu'est devenue la maxime : « Meubles n'ont pas de suite. »

Quand on lit le *Grand coutumier de France* et la *Somme rurale* de Jean Bouteiller, on n'a pas grand'peine à y distinguer l'influence déjà considérable du droit romain. L'étude des textes classiques a peu à peu entraîné la déconsidération des coutumes nationales. On en est arrivé à préférer aux habitudes indigènes les théories antiques et l'on va jusqu'à traiter de « droit haineux » la tradition coutumière, quand elle est en désaccord avec la législation romaine.

Aussi allons-nous voir qu'une revendication mobilière va peu à peu s'acclimater en France et que les vieilles doctrines germaniques vont s'effondrer pour la plupart, minées par l'infiltration progressive du droit romain.

Quelques-uns pourtant des anciens principes resteront debout.

A). — Au XIVe siècle, quand s'introduisit la revendication des meubles, on n'alla pas jusqu'à admettre le possessoire en matière mobilière. Il y avait, pour ne pas accepter en ceci la restauration romaine, de bonnes et de nombreuses raisons.

A l'origine, il ne pouvait s'agir de moyens possessoires pour les meubles, puisque le propriétaire n'avait qu'une action criminelle. Plus tard, le recours possessoire était assez inutile, puisque la justice gardait sous séquestre le meuble litigieux pendant l'instance [1]. Enfin, à l'époque où nous nous trouvons, les meubles passent pour des objets d'un prix inférieur ; car le propre de la féodalité a été l'amour, l'exaltation de la terre, —la terre, seule richesse solide, seul bien vraiment inébranlable aux heures de guerres et de rapines. On a donc estimé que les meubles ne méritaient pas l'honneur de deux débats successifs.

Et pourtant, Bouteiller écrit : « Se peut asseoir complainte de nouvelleté... sur chose *mobiliaire* [2]. » Mais dans cette imitation toute personnelle du droit romain, l'auteur de la *Somme rurale* méconnaissait trop l'esprit de la tradition pour pouvoir triompher des résistances coutumières.

La réintégrande seule trouva quelque crédit en matière mobilière ; et depuis Beaumanoir, qui déjà l'admet, jusqu'à Charondas, qui la connaît encore, elle rencontra, çà et là, des partisans ; et particulièrement fut consacrée par la coutume de Bayonne (C. g. IV, 943).

B). — Avant le XIVe siècle, l'hypothèque était inconnue en France. On ne connaissait que le gage et le *nans* pour dettes. On emprunta l'hypothèque au droit romain, mais elle se transforma chez nous, en s'y implantant. Tandis que, pour la créer, un simple pacte suffisait à Rome, il faut, au XIVe siècle, un acte authentique ; et en revanche, l'acte authentique même, en l'absence de toute convention, entraînera l'hypothèque. Elle portera, d'ailleurs, d'une manière générale, sur tous les biens du débiteur [3].

---

1. Nous avons vu cependant que Beaumanoir admettait une sorte de réintégrande.

2. L. I, t. XXXI, p. 189.

3. Claude Liger, n° 1097, p. 414. Bouteiller, l. IX, XXV, p. 137.

Les immeubles, ainsi chargés de l'hypothèque, pouvaient être saisis même quand ils étaient possédés par des tiers acquéreurs ; mais Bouteiller nous dit clairement qu'il n'en était pas ainsi pour les meubles : « Si sçachez que obligation sur biens meubles ne contrainct et ne lie l'obligé que s'il demeure en la possession de ses biens, sans que ce soit par l'autorité de loy et par inventaire sur ce fait [1]. »

Pourquoi, tout en naturalisant l'hypothèque, supprimait-on le droit de suite hypothécaire mobilier? Pourquoi surtout faisait-on cette suppression au moment même où l'on commençait, d'autre part, à admettre la revendication des meubles?

Cette apparente anomalie s'explique évidemment par des raisons d'intérêt public. On avait craint de rendre indisponibles entre les mains du propriétaire les objets mobiliers ; cet inconvénient se serait, en effet, présenté très souvent, s'il avait été permis au créancier de poursuivre les tiers acquéreurs. D'où, de très sérieuses entraves pour le commerce. On limita donc au droit de préférence la portée de l'hypothèque [2].

Telle fut la règle primitive, mais on verra que, dans la période suivante, on restreignit encore, pour la supprimer finalement, l'hypothèque mobilière.

SECTION II

Les actions mobilières.

A). — *Actions criminelles.*

En même temps que le droit romain prenait une influence croissante, une autre cause était venue faciliter l'établisse-

---

1. L. I, X, XXV, p. 136.

2. Jean Desmares (*Décisions,* 165) et les *Coutumes notoires* semblent permettre le droit de suite à l'encontre du détenteur de mauvaise foi. Mais il n'y a là qu'une application de l'action Paulienne.

ment d'une revendication mobilière ; c'était la séparation progressive, dans la procédure, de l'élément civil et de l'élément criminel ; c'était l'institution, auprès des cours de justice, d'un procureur du roi ; c'était le droit, enfin, qu'avait dorénavant le seigneur, de poursuivre d'office la répression d'un délit.

Bien plus, la victime du vol pouvait désormais recourir elle-même à une voie criminelle qui ne l'exposait plus à subir, en cas d'échec, la peine du talion. Au lieu de se porter directement accusatrice, comme elle en conservait, du reste, la faculté, il lui était loisible de se borner à une simple dénonciation. Et alors, quand elle ne prouvait pas la vérité de son dire, elle était condamnée seulement à une amende. Même elle évitait cette conséquence en se désistant, pourvu qu'elle consentît à affirmer sa bonne foi par serment[1].

J'ajoute que la notion de vol avait pris, au XIVᵉ siècle, sous l'influence encore du droit romain, une très large et très importante extension. La victime de l'abus de confiance pouvait déjà se servir de l'action de vol. Le temps va venir où Claude Liger reproduira presque littéralement la théorie romaine ; mais dès maintenant l'abus de confiance est puni comme délit : un arrêt de 1319 le déclare expressément[2].

Aussi bien Jean Bouteiller emprunte-t-il au latin le nom qu'il donne à l'action criminelle mobilière, « *action de furtive* ». La procédure ancienne a été modifiée sur plusieurs points. Dans quelques coutumes, on a déjà senti les inconvénients de la perquisition domiciliaire et la victime du vol en est réduite à une *actio ad exhibendum*[3]. Dans d'autres, un sergent devra accompagner le poursuivant[4].

L'enquête a définitivement remplacé, dans l'action de

1. Jean Bouteiller, tit. XXXIV, p. 221. — Coutume d'Anjou de 1411, nᵒ 106.

2. Boutaric, Actes du parlement de Paris, nᵒ 5799.

3. Jacob. *Aurea practica libellorum*. Rub. 93.

4. Coutume de la Rochelle.

furtive, le duel judiciaire qui subsiste encore dans d'autres
procédures du XIV° siècle.

Ces changements ont été le contre-coup de la création de
l'instance civile et l'on peut dire que si la revendication
mobilière, au XIV° siècle, porte encore l'empreinte du caractère criminel de la procédure d'antan, les actions criminelles, en retour, commencent à refléter le caractère civil de la
nouvelle demande. Les textes nous montrent ainsi une influence mutuelle des actions les unes sur les autres ; de telle
sorte qu'il n'y a pas de transition brusque, de séparation
marquée entre les deux genres de procédure[1].

B). — *Actions civiles.*

α). *Revendication.* — Je dis que la revendication mobilière n'est pas encore pure de tout alliage criminel. Ainsi le
possesseur actuel, est, dans une certaine mesure, regardé
comme suspect ; ainsi le tribunal compétent sera le tribunal
du lieu de la découverte[2].

Mais il n'importe : c'est bien une action civile, c'est bien
une revendication mobilière que nous montrent le Grand
Coutumier et la Somme rurale, dans deux passages qu'il est
intéressant de résumer[3].

Un bourgeois de Paris a donné un sac de toile à blanchir.
Le blanchisseur le remet en gage à un de ses créanciers, un
juif, lequel est de bonne foi et croit que le sac appartient à
son débiteur. Le bourgeois revendique le meuble contre le
juif. A la requête du demandeur, un sergent du roi saisit le
sac entre les mains du gagiste et le met immédiatement sous
la garde de la justice ; en même temps le propriétaire donne
assignation au juif d'avoir à comparaître devant le tribunal

---

1. Coutume d'Anjou de 1461, n° 79 ; de 1463, § 98. Claude Liger, n° 804,
p. 289. Somme rurale, 1. I, t. XXXV, p. 224 et surtout XXVII, p. 154.
2. Gérard de Montfaucon.
3. Gr. cout., 1. II. ch. 33. — S. rur. 1. I, t. 43.

compétent. Là, le demandeur expose ses titres de propriété « et primo que en tel temps il acheta de tel ledit sac et depuis en a jouy et usé et possessé paisiblement et publiquement sans contredit.... et sans ce que depuis icellui temps il feist ou ait faict chose quelconque par quoy il en deust perdre la possession et saisine. »

Le défendeur répond que le bourgeois, n'ayant pas eu recours à la voie criminelle, doit être débouté ; subsidiairement, il conclut à ce que le demandeur soit du moins condamné à l'indemniser. Mais le bourgeois réplique qu'il revendique la chose comme sienne, qu'il ne doit rien à personne, et il gagne son procès.

Autre exemple. Un bourgeois de Tournai a perdu sa cotte de maille. Il la trouve chez un fripier ; il intente contre ce dernier une action en revendication : non pas, remarquez-le, l'action de chose adirée : « Le bourgeois disait du contraire et que par le droit de revendication, puis que sa chose trouvait, ravoir la devoit franchement. » Il ajoutait que « oncques n'avoit fait chose pourquoy sienne ne fust, dont par droit de revendication ravoir la devoit.... Il offroit à mestre en en voir qu'elle estoit sienne. » Et cette fois encore, le demandeur eut gain de cause. « Tout veu il fut dit que le droit de revendication sortiroit et tiendroit lieu, nonobstant coustume du contraire, laquelle en cette partie n'étoit pas tolérable contre le droit écrit. »

— Bouteiller conserve d'ailleurs la tradition qui limite à trois le nombre des garants. Mais peu à peu on laissa à la cour une grande latitude d'appréciation, et au XVe siècle la coutume d'Amiens semble exclure toute limitation [1]. D'autre part, certains textes permettent au défendeur principal de demeurer dans l'instance, pour sauvegarder son droit sur le

---

1. Gérard de Montfaucon, 2º partie, ch. VII, n. 14.

meuble. Mais cette innovation reste locale et exceptionnelle [1].

— Le correctif naturel de la revendication, de la rentrerie,
était non pas seulement la prescription exstinctive du droit
de suite mobilier, mais l'usucapion acquisitive. Les jurisconsultes la transportèrent du droit romain dans le nôtre,
mais avec une singulière altération. Ils admirent que la prescription ne s'appliquait qu'aux immeubles et que l'usucapion
était réservée aux meubles. Charondas, commentant un passage de Bouteiller [2], remarque avec justesse que cette doctrine repose sur une erreur ; elle n'en est pas moins celle
du Grand Coutumier. « Est assavoir que l'en dit prescription
ès choses immeubles ce que l'en dit en meubles usucapion...
Usucapion qui, a juste tiltre si acquiert à trois ans. »

On pousse si loin le respect de la théorie romaine que
dans le cas de vol, c'est-à-dire, dans le seul où jusqu'alors
la prescription des meubles eût pu avoir quelque utilité, on
déclare qu'elle n'aura jamais lieu. « Et si tolue avoit été à
foire, ne ne devroit tenir ne ne vaudroit tenure de usucapion [3]. » Tant fut, au XIVe siècle, puissante et générale, la
renaissance du droit romain.

B). *Aveu et contre-aveu.* — A la même époque, les coutumes de l'ouest organisaient une procédure civile quelque
peu différente de celle qui précède. Elles modelaient l'aveu
et le contre-aveu des meubles sur l'applégement et le
contre-applégement des immeubles. Mais, dans cette dernière instance, les débats ne portaient que sur la possession
de l'immeuble ; tandis qu'à l'origine au moins, l'aveu et
contre-aveu constituent véritablement un moyen pétitoire [4].

---

1. *Stylus curiæ parlamenti,* p. I, ch. XII.

2. L. I. t. 20, p. 87.

3. Bouteiller, 1. I, t. 48.

4. Ce n'est pas que nous voyions dans *advocare* l'étymologie d'avouer.
La série des sens nous paraît très claire ; les mots aveu, avoué, sont empruntés

Après que le sergent a saisi le meuble et assigné le détenteur à comparaître dans le délai de huitaine, ce dernier doit *contre-avouer*, c'est-à-dire opposer à la réclamation du demandeur une même prétention.

Dans le droit angevin, cette procédure ne s'appliquera qu'aux meubles volés ; en tout autre cas, le demandeur se servira d'une action simple. S'il recourt à l'aveu, il devra donner caution d'être et fournir à droit. S'il intente la demande simple, il n'a pas de caution à donner ; mais le meuble reste alors entre les mains du défendeur, au lieu d'être séquestré par justice [1].

Cette procédure d'aveu ou de demande simple touche encore d'assez près au droit romain ; elle se rapproche de la revendication, elle est civile. Une nuance distingue l'aveu de la *rentrerie ;* c'est qu'il est en même temps une copie lointaine de l'applégement. Mais jusque dans ces actions on voit la marque profonde des doctrines romaines rajeunies ; c'est désormais un conflit, une lutte d'influence entre les vieilles coutumes et le droit écrit ; et si, dans cette rencontre, les principes latins ont commencé par l'emporter, grâce au concours quelquefois violent des jurisconsultes, nous ne tarderons pas à constater que cette victoire fut de courte durée. Après des transactions instables, après des

au service féodal. « Por seignor avoer. » *Roman de la Rose,* 7078. « A vous servir m'avo. » Berte XXXII. D'où, si c'est le seigneur qui parle, et non plus le vassal : « Je vous tiens à mon droit avoé. » Berte, XLV. Et l'on arrive au sens de reconnaître : « Le vassal est tenu avouer ou désavouer son seigneur, sinon qu'il y eût contention de tenure entre deux seigneurs. » Loysel, 645. On explique ainsi, beaucoup plus naturellement, je crois, que par l'étymologie *advocare,* les passages d'Amyot et de Corneille cités par M. Littré et reproduits par M. Jobbé-Duval (*op. cit.* p. 198, note 3). Enfin ce qui est décisif, c'est que le mot avouer est employé alors même qu'il s'agit de l'applégement (coutumes glosées d'Anjou, n. 67 s.). Or s'il est déjà difficile d'appeler à soi un meuble, à moins qu'il ne s'agisse d'un animal, il est beaucoup plus inadmissible qu'on puisse *advocare* un immeuble.

1. Coutume angevine de 1463, 98, p. 260. Claude Liger, n. 400.

tentatives plus ou moins heureuses de. conciliation passa-
gère, la force du droit national, un instant amoindrie, re-
doubla brusquement et la tradition coutumière se releva,
non pas toutefois dans son intégrité primitive. La transfor-
mation des doctrines romaines produisit une théorie nouvelle, qui prit naissance à la veille de la Révolution française
et dont il nous reste à étudier la gestation deux ou trois fois
séculaire.

CHAPITRE V

SECTION I

Les Coutumes

A) *Revendication.* — « Quand il y a tradition ès mains du
créancier du meuble baillé en gage, lors c'est vrai gage et
peut le créancier pour suivre ledit gage, s'il vient en main
tierce, *quand par quelque façon outre son gré il est sorti de
ses mains.* » De ce passage, qu'écrivait Guy-Coquille au
XVI⁰ siècle [1], faut-il induire, par analogie, que le propriétaire, lui aussi, n'avait, au XVI⁰ siècle, le droit de suite sur
un meuble, que s'il en avait été dépouillé malgré lui ? Non,
certes. La revendication mobilière était admise, à cette
époque, dans la grande majorité des coutumes et aussi par
la plupart des auteurs.

Il y avait, il est vrai, des résistances ; car, je l'ai dit, au
moment même où la théorie romaine semblait définitivement
victorieuse, une révolte avait éclaté, en quelques endroits.
Je ne parle ni de la coutume d'Orléans [2], ni de la coutume

1. Guy-Coquille. OEuvres, quest. 63.
2. III, p. 775.

d'Étampes [1], ni de la coutume d'Anjou [2], que M. Ortlieb cite comme n'ayant pas accepté la doctrine romaine.

M. Jobbé-Duval a suffisamment démontré, je crois, qu'elles connaissaient, au contraire, la revendication. Mais je ne sais trop si l'on peut dire, avec autant de vérité, qu'elle était également consacrée par la coutume de Bretagne [3], par celle de Saintonge [4] et par celle de Bouillon [5]. Et de plus, il est indiscutable que l'ancienne coutume de Normandie, énumérant limitativement les actions mobilières, ne parle point de la revendication [6]. Aussi, quand Josias Berault, commentant cette coutume au XVII° siècle, donne aux actions mobilières la portée d'un véritable droit de suite, il est obligé de constater que l'opinion nouvelle, dont il se fait le défenseur, rencontre encore des adversaires en Normandie [7].

Je n'insiste pas ; ces passages, et beaucoup d'autres, sont les témoins tenaces de la rébellion que j'ai signalée. Mais au XVI° et au XVII° siècle, ces discordances sont devenues très rares, dans le concert d'éloges que la doctrine et la pratique adressent au droit romain ravivé.

La doctrine : Charondas le Caron ne dit-il pas nettement : « Et en cette action (la revendication) est traitée la propriété de la chose soit mobiliaire soit immobiliaire et chacun la vindique et maintient luy appartenir [8]. » Et Loysel : « Pour simples meubles, on ne peut intenter complainte, *mais en iceux échet aveu et contre-aveu* [9]. »

1. 167.

2. 146, 420.

3. 274 anc., 284 nouv. ; 130, 154, 201, anc.

4. 114.

5. II, p. 843, ch. 23, art. 1 et 7.

6. Ch. 87.

7. *Commentaire sur la coutume de Normandie*, sur l'article 522. Guillaume Terrien, dans sa glose sur les coutumes du duché de Normandie, admet une action en cas de perte ou d'abus de confiance et emploie le mot « vendiquer ». Commentaire, liv. VIII, ch. I, p. 258.

8. Pandectes françaises, Paris, 1637. liv. IV.

9. L. V, t. 4, r. 15.

La pratique : la coutume du Berry (XII, 10), de Blois (269), de Sedan (324), du Poitou (404), et un grand nombre d'autres, nous pouvons dire presque toutes, admettaient une revendication mobilière proprement dite.

Et lorsque les commissaires du roi eurent achevé, sous Henri IV, la rédaction des coutumes prescrites en 1453 par l'ordonnance de Montils-les-Tours, il se trouva que presque partout avait été proclamée l'existence de l'action réelle mobilière [1].

B). *Prescription*. — Mais en même temps, la plupart des coutumes demeuraient muettes sur l'usucapion des meubles [2]. En l'absence d'une disposition écrite, quelle était la règle que l'on suivait ? Quelle prescription pouvait être invoquée par le défendeur ?

Et d'abord, quand les coutumes s'étaient prononcées, comment l'avaient-elles fait ?

Nous sommes en présence d'un incroyable désordre. C'est le chaos. Voici des coutumes qui admettent une usucapion de cinq ans [3] ; en voici d'autres qui demandent que le meuble ait été possédé pendant dix ans [4] ; ou pendant vingt ans [5] ; quelques-unes s'en réfèrent au droit romain [6], mais encore avec des variantes ; celles d'Anjou et du Maine ajoutent, en effet, aux conditions du juste titre et de la bonne foi, la nécessité de la présence du propriétaire dans la province [7].

---

1 Au XVIIe siècle, la question ne semble plus faire aucun doute, chez les meilleurs auteurs. Legrand, *Comm. sur la coutume de Noyes*, art. 72. — Domat, *Les lois civiles*, 1re part. L. 127, sect. 3. — Argou, *Inst.* L. II, ch. 10, 1.

2. Ainsi Bourgogne (II, p. 169), Paris (anc. 66, 69, nouv. 113, 128). Touraine (208), Ponthieu (115), Artois, 72, etc.

3. Valenciennes. 94.

4. Bretagne, 284 nouv.

5. Boulenois, 120.

6. Franche-Comté, 51.

7. Anjou, 419 ; Maine, 434.

Enfin d'autres coutumes ont préféré la prescription trente-naire [1].

C'est à cette dernière opinion que les auteurs et les praticiens ont paru se rallier, et l'on professe aujourd'hui qu'elle a prévalu dans les coutumes muettes. Tel est l'avis de Boyer [2], de Domat [3] et d'Imbert [4] ; mais Dunod [5], et Chassenentz [6] et Charondas [7] tenaient, à l'inverse, pour l'usucapion triennale. On voit qu'il serait imprudent de formuler, en cette matière, une règle trop absolue.

Ce qu'on peut affirmer avec moins d'imprudence, c'est que la théorie romaine: « *rei furtivæ æterna auctoritas esto* » prédominait à notre époque dans les coutumes françaises. Presque toutes déclarent imprescriptibles les meubles volés [8]. Et le vol lui-même a pris l'extension qu'il avait à Rome. Bien qu'en fait les cours fussent plus indulgentes pour l'abus de confiance que pour le vol, au sens moderne ; bien que même un arrêt du Parlement de Paris, en date du 7 février 1636, eût essayé de séparer et d'apprécier diversement les deux délits, le vol, tel qu'on l'entendait aux XVIe et XVIIe siècles, avait les caractères multiples du *furtum*.

C). — *Pas d'actions possessoires.* — Nous avons vu qu'aux XIVe et XVe siècles le droit romain n'avait pu triompher de la répugnance coutumière à engager deux débats sur les meubles. Bouteiller avait inutilement essayé d' « asseoir la complainte de nouvelleté. » Les tentatives qui suivirent ne furent

1. Berry, XII. 10. (Cf. Rageau, sur Berry.)
2. Boïerius, *In consuetudines bituricas*, R. III, 7.
3. 1re part. L. III, t. 7, sect. 4.
4. Enchiridion, vo *Usucapion. Inst. forenses* l. I, ch. XXXV, nos 7 et 8.
5. Prescriptions, 2e partie, ch. 5.
6. *Consuetudines ducatus Burgundiæ.* 1616, vol. XIII, § 8.
7. Pandectes du droit français, l. II, ch. XXII.
8. François Mingon, *Consuet. duc. andegav.*, art. 419. — Charondas, *op. cit.* 260.

pas plus heureuses. Delalande écrit sans réserves : « En
France nous n'avons pas d'action possessoire pour les choses
mobilières ; nous n'y faisons pas deux instances séparées,
l'une sur la possession et l'autre concernant la seigneurie,
mais d'abord le juge prend connaissance du droit de pleine
propriété et cette revendication de meuble est nommée
adveu[1]. » Dans le même sens, hormis la coutume de Bretagne qui fait évidemment exception[2], nous pourrions citer
toutes les coutumes de France[3], et l'ordonnance de 1667 sur
la réformation de la justice[4].

Mais on se rappelle aussi que, dès le moyen âge, la réintégrande mobilière avait eu, en revanche, un certain nombre
de partisans. Le droit romain vint-il donner à cette doctrine
plus de force et de généralité ? Si naturelle qu'eût été cette
influence sur un terrain qui semblait préparé, elle n'eut pas
plus d'effet ici que sur la complainte. Bien au contraire, on
vit peu à peu les jurisconsultes refuser l'action possessoire
pour le cas de dépossession violente[5]. C'est qu'ils en étaient
arrivés, au XVIe siècle, à ne voir dans la réintégrande qu'une
forme particulière de la complainte ; c'est aussi que l'idée *mo-
bilium vilis et abjecta est possessio* s'imposait tous les jours
davantage[6].

D). — *Meubles n'ont pas de suite par hypothèque.* — Un
second point où le droit romain s'était brisé à une opposition
invincible : l'hypothèque mobilière. Admise d'abord, comme

---

1. Sur Orléans, art. 489.

2. 103, C. g. IV, p. 360.

3. V. les textes cités par M. Ortlieb, p. 51. Nous devons dire que notre
système a été très vivement combattu autrefois. (Renaud, analysé par Chauffour. *Revue de Législation* 1845, I, p. 376, à 379.)

4. Isambert, *Rec. général des anciennes lois françaises*, t. 18, p. 103.

5. Ferrière, *Dict.*, Vis *Réintégrande* et *Spoliation.* — De Laurière, *Glossaire*,
Vo *Complainte.* — On conserva les actions possessoires pour les universä-
lités mobilières (art. 97, coutume de Paris. — Ordonnance de 1667).

6. Argou, *Inst*, l. III, ch. 23. — Loisel, L. III, t. VII, r. 5.

on s'en souvient, avec le seul droit de préférence, elle finit par disparaître complétement, dans la deuxième rédaction de la coutume de Paris. Charondas le Caron nous dit : « La vulgaire règle du droit français que meuble n'a point de suite est entendue pour le regard de l'hypothèque, à sçavoir qu'en meubles hypothèque n'a lieu. »

De l'abolition de l'hypothèque mobilière, on donna trois motifs : le défaut d'assiette des meubles, la facilité de la mise en gage, dont le créancier peut se contenter, et les inconvénients qu'avait cette hypothèque pour le commerce [1].

Mais avant d'en arriver à cette suppression, la doctrine et la jurisprudence avaient tâtonné longtemps.

Et l'on a prétendu que dans l'intervalle entre l'introduction de l'hypothèque en France et la disparition de l'hypothèque mobilière, un système curieux s'était fait jour, imaginé autrefois par Jean Desmares et développé depuis. Nous y avons fait allusion plus haut. Il aurait consisté à ne refuser le droit de suite sur les meubles aux créanciers hypothécaires qu'à l'encontre des tiers de mauvaise foi. On pourrait alors distinguer dans cette règle, protectrice des acquéreurs de bonne foi, l'origine première de la théorie moderne de la possession mobilière.

Il est vrai que les coutumes notoires et d'autres textes [2] exigent que le tiers acquéreurs du meuble frappé d'hypothèque soit de bonne foi, s'il veut être à l'abri de toute poursuite de la part du créancier. Mais il n'y a là qu'une conséquence de l'action Paulienne. Ce ne sera point une action hypothécaire que pourra intenter le créancier ; et le droit dont il jouira, il le partagera avec tous les autres créanciers, même chirographaires. Il recourra à l'action Paulienne ; c'est-à-dire,

---

1. On admettait toutefois une très curieuse exception pour les meubles saints, et notamment pour les reliques. V. Belime, *Traité de la possess.,* n° 217. Augeard, t. II. Arrêt du parlement de Paris 1708.

2. Chaumont, 65. Sedan 273, Bar. 6.

simplement, qu'il aura la faculté de faire résoudre un contrat passé par son débiteur en fraude de ses droits. Mais il l'aurait, cette faculté, quand bien même aucun acte authentique n'aurait créé une hypothèque à son profit ; il l'aurait, quand bien même ce serait un immeuble qui aurait été aliéné ; il l'aurait, enfin, dans le cas même où le tiers serait de bonne foi, si ce tiers est un acquéreur à titre gratuit. En un mot, ce sont les règles de l'action Paulienne qu'il faut observer ici. Il est donc bien difficile de voir, dans cette application logique et naturelle d'une doctrine générale, le premier éveil des idées modernes.

SECTION II

Doctrine et jurisprudence du XVIIIᵉ siècle

On a vu que la théorie mobilière romaine, entée sur les traditions du moyen âge, n'était jamais parvenue à en absorber complètement la sève et à se développer seule après avoir épuisé la doctrine coutumière.

L'hypothèque mobilière, importée d'abord avec des restrictions, les actions possessoires, vues dès le début avec défaveur, — puisque la réintégrande seule avait eu son heure de vogue, — n'avaient pas tardé à être rejetées. Quant à la revendication, très patronnée par les jurisconsultes, elle avait été mieux accueillie. Il était difficile qu'il en fût autrement. L'étude du droit romain avait, d'un coup de lumière, montré la signification exacte, la véritable portée du droit de propriété. La notion précise de l'action réelle était née. Ce que n'avaient pu faire, ni le droit des Francs, ni le moyen âge, qui avaient confondu l'élément civil et l'élément criminel, on n'hésita pas à le faire alors, par amour de la logique, par enthousiasme pour la théorie juridique retrouvée : on ressuscita, d'un commun accord, la revendication mobilière.

Mais bientôt des inconvénients très graves s'étaient fait

sentir. La sécurité des transactions mobilières était devenue un leurre ; les acquéreurs de bonne foi se trouvaient en butte à des poursuites imprévues ; la liberté du commerce était compromise. On chercha peu à peu, non pas à restreindre les droits du propriétaire, mais, — ce qui revenait indirectement au même, — à protéger davantage les tiers acquéreurs. La revendication existait, et, comme pure conception juridique, elle était inattaquable. On ne la supprima point, mais on limita son champ d'action en élevant un certain nombre de fins de non-recevoir.

Les auteurs employèrent des moyens différents pour atteindre ce même but. Les deux principaux systèmes qui se trouvent en présence sont ceux de Pothier et de Bourjon ; et c'est autour de ceux-là que nous grouperons tôutes les idées de notre matière.

A). *Système de Pothier.* — C'est le plus suivi. La revendication mobilière est admise ; tel est le principe. Mais cette revendication pourra échouer contre le droit supérieur que le défendeur tirera d'une prescription acquisitive.

Quelle sera cette prescription ? On se rappelle, à cet endroit, la variété infinie des coutumes, le vague de quelques-unes, le silence de la plupart. Il n'est pas inutile de citer ici un curieux arrêt du Parlement de Paris, en date du 11 juillet 1738. En 1718, un sieur de Montargis s'était rendu adjudicataire d'un domaine, qui avait été saisi sur un nommé du Bosc. Ce domaine était la terre du Bouchet ; il comprenait un château et ses dépendances ; dans le château, il y avait une galerie de douze bustes, représentant douze empereurs romains, et placés sur des piédestaux scellés au plancher. Or, en 1736, la veuve du Bosc, créancière de la succession de son mari, fit saisir ces bustes qui, prétendait-elle, ne faisaient pas partie du domaine du Bouchet, étant des objets mobiliers. Cette saisie fut confirmée par sentence des requêtes du Palais.

Appel de Montargis. Il niait d'abord que les statues fussent des meubles ; mais il ajoutait, et voilà ce qui nous intéresse, qu'à supposer même son premier moyen rejeté, il lui en restait un deuxième, inéluctable. « Je suis, disait-il, à l'abri de la demande de la dame Bosc, par une prescription six fois renouvelée. » Mme Bosc répondait qu'en France on n'admettait pas l'usucapion triennale, et que dans les coutumes muettes, comme celle de Paris, les meubles se prescrivaient par trente années. La sentence du Palais fut simplement confirmée[1].

Ainsi, en 1738, la controverse durait encore ; elle ne s'éteignit pas avant la Révolution.

Pothier la résout, pour sa part, de la manière que voici. A-t-il manqué au défendeur l'une ou l'autre de ces conditions : le juste titre et la bonne foi ? Il ne pourra se couvrir alors que d'une prescription trentenaire, et encore devra-t-il, pour l'invoquer, se trouver dans les conditions exigées pour la prescription des immeubles, c'est-à-dire n'avoir pas une possession entachée de précarité.

Le défendeur a-t-il, au contraire, possédé le meuble revendiqué, avec juste titre et bonne foi ? L'usucapion triennale va être admise. Elle va l'être, dit Pothier, alors même que ce meuble serait un objet volé[2].

Entendons bien ceci. Pour que le défendeur sorte vainqueur des débats, il faudra qu'il ait été établi, devant les juges, que ces deux conditions ont été remplies : bonne foi et juste titre.

Comment la preuve sera-t-elle faite? C'est là une tout autre question, que les interprètes semblent avoir trop souvent, je

---

1. Merlin, *Répert.* V° *Prescription*, 566.

2. *Traité des prescriptions*, II° partie, art. 3, n° 204 et suiv. — Cf. Denisart, *Collection de jurisprudence*, V° Vol. n° 19. Mais Pothier se contredit positivement, en ce qui concerne les objets volés, quand, dans son introduction au titre XIV de la coutume d'Orléans, il dit : « Cette prescription de trois ans qui, aux termes du droit, n'a pas lieu pour les choses furtives. »

ne sais par quelle bizarre inadvertance, confondue avec la précédente [1].

Or fixons, comme il convient, les rôles des deux adversaires.

Le revendiquant prétend qu'il est propriétaire du meuble. Il lui appartient de démontrer, — car nous n'en sommes plus à la doctrine des Germains, — qu'il a été, à un moment donné, titulaire du droit qu'il invoque. Supposons cette preuve régulièrement administrée. C'en est fait alors du défendeur, s'il ne renonce pas à la défensive et s'il ne vient à son tour attaquer le demandeur. Qu'allègue-t-il? et que doit-il prouver?

Il allègue, et il doit prouver, qu'il a possédé trois ans le meuble avec bonne foi et juste titre.

La preuve de sa possession, il la fera par les modes ordinaires. Et la loi décide que, du même coup, il se trouvera avoir fait aussi la deuxième preuve, celle de la bonne foi. Cette preuve, dit la loi, résultera de la possession même ; la possession, une fois établie, sera présumée de bonne foi.

Ce n'est pas à dire que la bonne foi n'ait pas besoin d'être prouvée. Elle sera prouvée, mais par un moyen exceptionnel, privilégié, par cette simple présomption, tirée de la possession.

Restera la preuve du juste titre. Suivra-t-on le droit commun, dont les règles sont consignées dans l'ordonnance de 1667? Ne pourra-t-on recourir à la preuve testimoniale que si la valeur du meuble litigieux ne dépasse pas 100 livres ? Le défendeur devra-t-il, dans le cas contraire apporter un écrit, qui constate le fait de l'acquisition ? Tel était, en effet, le système rigoureux qu'avaient accepté certains auteurs ; mais Pothier n'hésita pas à rompre avec les disposi

---

tions de l'ordonnance, qui mettaient les acquéreurs de bonne foi dans l'impossibilité presque absolue de prouver l'accomplissement d'une usucapion régulière. Pothier remarque qu'en général on ne passe pas d'acte écrit pour les mutations mobilières, et il se décide à n'exiger du possesseur que le témoignage de son vendeur « ou celui d'autres personnes qui aient connaissance de l'acquisition ». Il supprime conséquemment le maximum de 100 livres, posé par l'ordonnance ; quelle que soit la valeur du meuble, besoin ne sera jamais d'un acte instrumentaire, pour justifier du juste titre d'où procède la possession de la chose prescrite [1].

— Mais Pothier ne s'en tint pas à ce premier tempérament. Il comprit que les donations mobilières se faisant, en général, sans aucune publicité, le donataire se trouvait encore, avec sa théorie, soumis au bon plaisir du donateur et à chaque instant menacé de perdre le meuble. Il voulut donc faciliter davantage la preuve du juste titre, nécessaire à l'usucapion.

Il déclara que la simple affirmation du défendeur suffirait [2]: « A l'égard des meubles, comme il est d'usage que les ventes, les donations et les autres genres d'aliénations des meubles s'exécutent et se consomment par la tradition qui s'en fait de la main à la main, sans en dresser acte par écrit, le possesseur, *pour cette prescription,* doit être cru de ce qu'il alléguera du titre auquel il dit avoir la chose, pourvu que ce qu'il allègue soit vraisemblable. »

Je souligne ces mots : *pour cette prescription.* Le texte est bien clair à cet égard. Il ne s'agit ici que de prouver le juste titre, d'où dérivera la prescription triennale. Nous nous trouvons en présence d'un défendeur qui dit : « Je possède depuis trois ans ; ma possession, jusqu'à preuve contraire, témoigne

----

1. *Traité de la prescription,* 201 et 202.
2. *Traité des donations entre mari et femme* (1re partie, ch. I, art. 2, n° 67).

de ma bonne foi. D'autre part, j'affirme que cette possession est fondée sur un juste titre. J'ai gain de cause, si vous n'établissez pas : ou que je suis de mauvaise foi, ou que je n'ai pas juste titre. » Mais il est bien entendu que si nous consultons seulement les textes que nous venons de citer, le défendeur qui dira : « Je possède, et cela, je l'affirme, en vertu d'un juste titre », perdra son procès s'il ne démontre pas, d'ailleurs, que cette possession a duré trois ans.

— Eh ! bien, voici que dans un autre passage Pothier semble faire un pas de plus.

« Il est rare qu'il y ait lieu à la question (de savoir si la prescription triennale existe dans les coutumes qui ne s'en sont pas expliquées), le possesseur d'un meuble en étant présumé le propriétaire, *sans qu'il soit besoin d'avoir recours à la prescription* [1]. » Et Pothier ajoute : « A moins que celui qui le réclame et s'en prétend propriétaire ne justifie qu'il en a perdu la possession par quelque accident, comme par un vol qui lui en aurait été fait ; auquel cas il ne pourrait y avoir lieu à cette prescription de trois ans, qui, aux termes du droit, n'a pas lieu pour les choses furtives.» Nous avons vu que cette dernière assertion est contredite par d'autres passages de Pothier, mais prenons-la ici telle qu'elle est formulée, et tâchons d'éclaircir cette longue phrase enchevêtrée.

Il est certain que la proposition *à moins que,* etc., vient corriger le membre de phrase : *le possesseur d'un meuble en étant présumé le propriétaire*, et non celui-ci : *sans qu'il soit besoin d'avoir recours à la prescription;* autrement il y aurait contradiction flagrante avec les derniers mots. Le sens général est donc : « Le possesseur du meuble est présumé propriétaire, indépendamment de toute prescription ; mais cette présomption tombe, si le revendiquant prouve que le meuble lui a été volé (dans l'acception latine du mot). »

1. Coutume d'Orléans. Introd. au titre de la prescription, art. prélim. sect. II, n° 4.

Quel est le sens précis de la règle ainsi résumée? Nous ne nous dissimulons pas qu'il est difficile à dégager.

On donne parfois l'explication suivante :

D'une part, Pothier ne parle évidemment pas, dit-on, d'une présomption que le défendeur invoque au commencement des débats, de manière à rejeter sur son adversaire la charge de la première preuve. S'il en était ainsi, son opinion n'irait à rien moins qu'à ne mettre aucune différence entre les meubles et les immeubles ; car, en fait d'immeubles aussi, la possession fait présumer la propriété, en ce sens que c'est au revendiquant d'établir le bien-fondé de sa demande.

D'autre part, Pothier ne parle pas non plus d'une présomption irréfragable, qui assurerait, dans tous les cas, au possesseur un droit de propriété. L'incidente *à moins que,* etc., atteste que Pothier réserve au demandeur un moyen de victoire ; et, du reste, s'il s'était agi d'une présomption *juris et de jure,* notre auteur s'en serait plus nettement expliqué.

Entre ces deux interprétations extrêmes et erronées, il faut, continue-t-on, en placer une troisième, qui est la vraie. C'est encore de la preuve qu'il est ici question. Après que le revendiquant aura établi qu'il a été titulaire du droit de propriété sur l'objet litigieux, que va faire le défendeur? Nous supposons maintenant qu'il ne peut se retrancher derrière la prescription triennale ; le temps voulu lui fait défaut. Il va donc répliquer : « J'ai acquis l'objet dans telles conditions ; je l'ai acheté ; ou il m'a été donné. » Alors, pourvu que le titre dont il se réclame soit translatif de propriété, le défendeur n'aura pas d'autre preuve à en rapporter que son affirmation.

Mais, ajoute-t-on, le demandeur aura le droit de démontrer en retour : ou bien qu'il a directement remis la chose en location ou en dépôt au défendeur ; ou bien que le défendeur a acquis cette chose de la personne à laquelle, lui propriétaire, il l'avait louée ou confiée.

Tel est, conclut-on, le sens exact, le sens originaire de la maxime : « En fait de meubles possession vaut titre. » Le mot titre y signifie donc : la preuve du titre translatif et non pas l'acte translatif lui-même.

Cette explication est, certes, très ingénieuse, et peut-être doit-elle être acceptée pour d'autres textes de la même époque [1], mais nous craignons qu'elle ne rende pas toute la pensée de Pothier.

Notons d'abord que Pothier dit : « Le possesseur sera présumé propriétaire. » Il ne dit pas : « Il sera présumé avoir fait la preuve d'un juste titre. » Or il y là deux choses très différentes. Quand le défendeur serait présumé avoir prouvé le juste titre, il n'aurait pas justifié de son droit de propriété ; car il n'aurait pas établi que son auteur était propriétaire. Mais, objecte-t-on, celui-ci lui-même était présumé possesseur en vertu d'un juste titre. — Cela ne fait que reculer la difficulté : le précédent auteur était-il, ou non, propriétaire ? La question demeure entière dans le système que je combats.

Eh ! bien, ce que veut Pothier, c'est que le défendeur soit dispensé de cette double preuve : d'abord, de l'acte translatif, et ensuite, de la qualité même de son co-contractant. Il sera présumé avoir acquis du propriétaire en vertu d'un juste titre, et, par conséquent, sera lui-même réputé propriétaire.

Et, pour détruire cette présomption, que pourra faire le revendiquant ? Pothier dit expressément qu'il devra montrer qu'il a été victime de quelque accident, et il spécifie quand il dit : d'un de ces accidents qui empêcheraient la prescription. C'est donc au vol et à l'abus de confiance qu'il fait allusion. Car il ne les distingue point [2]. Ainsi, le revendiquant

---

1. Desessarts. *Répertoire de Guyot*, 1ʳᵉ édition, 1785, Vᵒ Meubles. Dupineau, Coutume d'Anjou, note sur l'art. 421.

2. Pothier, *Traité des cheptels*, sect. 1ʳᵉ, art. 4, § 3, t. IV, p. 355.

n'aura pas la faculté de dire : « J'avais prêté le meuble à une personne qui est morte ; son héritier, l'ayant trouvé dans la succession, l'a vendu de bonne foi au défendeur. Mais je suis demeuré propriétaire. » — Le possesseur répondrait qu'on ne se trouve pas dans un cas où la prescription serait défendue d'après le droit romain et que partant la présomption légale ne peut être anéantie.

En résumé, nous croyons, quoi qu'on en ait dit, que la doctrine formulée par Pothier dans le dernier texte cité mène droit à cette conséquence : la revendication mobilière se brisera contre une présomption inéluctable, à moins qu'il n'y ait eu vol ou abus de confiance, c'est-à-dire à moins que la chose soit furtive, dans le sens large du terme.

Sans doute, lorsque Pothier exprimait cette opinion, franchement inconciliable avec les précédentes, il subissait l'influence de Bourjon et du Châtelet de Paris ; mais ce n'était pas encore leur système qu'il adoptait, puisqu'il ne séparait pas, lui, le vol et l'abus de confiance.

J'en aurai fini avec Pothier, quand j'aurai fait deux remarques importantes.

La première, c'est que, d'après lui, la revendication mobilière échouera, même quand l'objet litigieux sera furtif, si l'action est intentée après une vente judiciaire[1].

La deuxième, c'est qu'il n'impose jamais au demandeur l'obligation de restituer le prix, alors même que le meuble volé aurait été acheté en foire[2]. En cela, il était en désaccord avec la pratique de son temps. La faveur du remboursement, imaginée, comme on se le rappelle, au moyen âge, avait à peu près disparu au XVIe siècle, sous l'influence des idées romaines ; mais à l'époque où écrivait Pothier, elle était

---

1. *Traité des cheptels,* sect. Ire, art. 4, § 3, no 49.
2. Id., no 40.

devenue très générale, et il est étrange que le grand jurisconsulte ne l'ait pas accordée à l'acheteur en foire [1].

B). *Système de Bourjon.* — C'est la Belgique et la Hollande,
pays commerçants, qui semblent avoir reconnu les premières
les dangers de la revendication des meubles.

Voët, faisant une règle, de ce qui n'était hier qu'une exception,
exige que le locateur, le prêteur, le déposant qui reven-
diquent des choses mobilières aliénées *per depositarios,
commodatarios, conductores et similes,* contre des acquéreurs
de bonne foi, remboursent le prix aux défendeurs [2]. « *Quod ita-
tum litium minuendarum gratia, tum præcipue ob commer-
ciorum usum videtur inductum, quæ turbarentur non parum,
difficulter accessuris ad emendum emptoribus, si rerum mobi-
lium evictio tam facile pristinis earum dominis permissa esset.
Neque sententia illa omni destituta est æquitatis ratione :
cum utique sit quod facilitati suæ dominus imputare debeat,
quod tam maligno, cujus fidem necdum habebat exploratam,
rerum suarum usum, curam, custodiam, aut detentionem
commiserit ; nec ignarus esse debuerit conditionis ejus quo-
cum contrahebat ; neque pro damno reputare debeat, cui
sua credulitate nimia ac temeritate primus ipse causam
dedit, si forte ab aliis, quibus rem suam mobilem commiserat,
indemnitatem consequi non possit.* »

Nous avons tenu à reproduire intégralement ce texte,
parce qu'il donne les raisons de la séparation qui va s'accuser
peu à peu entre le vol et l'abus de confiance. Voët professe
donc qu'en cas d'abus de confiance, le revendiquant ne triomphera que s'il consent à restituer le prix à l'acheteur de bonne
foi [3].

1. Denisart, *Collect. de jur.*, V° *Vol.* n° 17. Cottereau. *Le droit gén. de la
France et le droit particulier à la Lorraine et au Lodunois,* t. I, p. 252.

2. Voët, *ad Pandectas.* Tit. *De rei vindicatione,* n° 12.

3. Il y a lieu de s'étonner que, dans l'ardeur qu'il met à combattre le
système de Bourjon, M. Toullier (*Contrat de mariage,* n° 118) ait pu faire

Bourjon va plus loin. Il déclare que la revendication ne sera pas admise en cas d'abus de confiance, qu'elle le sera seulement dans l'hypothèse d'une soustraction frauduleuse. C'est, en principe, supprimer le droit de suite ; et c'est même le supprimer plus complètement que n'avait fait le moyen âge, car Bourjon n'autorise pas la revendication du meuble perdu. Mais ne nous y trompons pas. Au moyen âge, et chez les Germains, le droit de suite n'existait pas en matière mobilière : pourquoi ? Parce qu'il n'avait pas été juridiquement conçu, parce que la théorie des droits réels était encore très confuse, parce que les notions primitives de la propriété et la routine d'une procédure formaliste s'opposaient à l'établissement de cette revendication.

Aujourd'hui, c'est tout autre chose. C'est, Bourjon le dit formellement, l'intérêt du commerce qui est en jeu ; c'est l'acquéreur qu'on veut protéger. « La prescription n'est d'aucune considération, elle ne peut être d'aucun usage quant aux meubles, puisque, par rapport à ces biens, la simple possession produit tout l'effet d'un titre parfait ; principe qui aplanit toutes les difficultés que le silence que la coutume a gardé sur cette prescription faisait naître ; en effet, quelques-uns prétendaient que, pour acquérir cette prescription, il fallait une possession de trente ans ; mais cela n'était pas raisonnable, vu que pour les immeubles, lorsqu'il y a titre et bonne foi, elle ne requiert, entre présents, qu'une possession de dix ans ; — inconvénient qui avait conduit d'autres à dire que, conformément à la disposition des Instituts, il fallait, pour

dire à Voët que la doctrine rapportée au texte, étant un divorce d'avec le droit romain, *a jure romano divortium*, ne doit pas être suivie dans les lieux où elle n'a pas été formellement admise par les statuts locaux, *nominatim*. Voët n'a point émis personnellement cette opinion ; il se contente de dire qu'elle était de son temps partagée par certains auteurs, *aliis magis placuit ;* mais il suffit de lire tout le passage pour se convaincre qu'il ne s'y range nullement. — Voët déclare que la règle qu'il formule est applicable aux billets au porteur.

prescrire les meubles, une possession de trois ans. Ces contradictions cessent par le principe adopté et qu'on vient de poser. Suivant la jurisprudence du Châtelet, la possession d'un meuble, ne fût-elle que d'un jour, vaut titre de propriété, sauf l'exception ci-après. Duplessis estime qu'avec bonne foi, il faut trois ans pour prescrire la propriété d'un meuble, et trente ans, lorsqu'il n'y a pas bonne foi. Brodeau est du même sentiment. J'ai toujours vu cette opinion rejetée au Châtelet.

» Venons à l'exception qu'on a déjà annoncée. La chose furtive peut être revendiquée partout où on la trouve ; c'est la seule exception qu'on puisse apporter à la règle ci-dessus [1]. »

Quelle portée Bourjon donne-t-il à la règle qu'il pose dans le texte reproduit ? Il reconnaît lui-même qu'elle a, en général, pour effet de supprimer le droit de suite en fait de meubles.

Pourtant, à lire certains passages du même auteur, on pourrait croire que la possession, pour les meubles, remplace simplement le titre qu'on exige, au contraire, pour les immeubles. De cette manière, la possession ne serait plus qu'un mode de preuve ; elle tiendrait lieu de l'*instrumentum* [2].

Nous avons vu que telle est l'interprétation que l'on donne parfois de la doctrine soutenue par Pothier, dans son introduction au titre XLIV de la coutume d'Orléans. Et nous avons dit, à ce propos, que tel devait être le sens de la maxime « En fait de meubles, possession vaut titre » dans certains auteurs. Il est même probable que c'est là qu'il faut chercher la signification première de cet adage. La possession dispensant de rapporter l'acte écrit, la possession moyen de preuve,

---

1. Bourjon, édition de 1747, tome I, p. 911. Chap. de la Prescription relative aux meubles.

2. Bourjon, II, 1, n° 2 ; III, 2 ; n° 1 et 2 ; III, 4, 1 § 2.

présomption, mais précaution discutable, voilà, selon nous, quelle fut d'abord la portée de la maxime. Pothier, croyons-nous, l'avait déjà modifiée, dans cette introduction. Bourjon apporte un changement plus profond dans la matière.

Il déclare que sa règle a pour résultat de rendre valable la vente du meuble d'autrui. Le droit de suite [1] et la prescription disparaissent.

La possession sera, pour le défendeur, une présomption absolue de propriété.

Quelle possession? Bourjon n'exige pas explicitement la bonne foi; et nous verrons, en étudiant le droit moderne, qu'il ne paraît pas l'avoir non plus implicitement exigée.

D'autre part, Bourjon accorde-t-il, ou non, le droit d'invoquer la maxime au simple détenteur? Autre question douteuse sur laquelle notre auteur s'est insuffisamment expliqué.

On a soutenu que Bourjon avait inexactement cité la jurisprudence du Châtelet et que Denizart, procureur auprès de ce tribunal, l'avait rendue très différemment : « La coutume de Paris n'a point réglé, et je n'en connais point qui fixe le temps pendant lequel il faut posséder un meuble pour en acquérir la propriété. Nous tenons au Châtelet pour maxime certaine, que celui qui est en possession de meubles, bijoux et argent comptant en est réputé propriétaire, s'il n'y a titre au contraire [2]. »

S'il n'y a titre au contraire. Cette réserve prouve bien, dit-on, que Denizart ne donne pas à la règle la même extension que fait Bourjon.

Or, si l'on compare ce passage de Denizart avec les suivants du même auteur, on s'aperçoit qu'il faut se garder de mettre trop vite les deux jurisconsultes en contradic-

1. L. II, t. I, ch. VI, sect. 1, 2, I, p. 124.
2. V° *Prescription*, n° 40.

tion. « Lorsqu'il s'agit, dit Denizart, de la vente d'une chose mobiliaire à autrui, celui qui l'aurait achetée de bonne foi pourrait la garder, sauf le recours du propriétaire contre le vendeur, à moins qu'elle n'eût été dérobée. » Et ailleurs : « Celui qui possède des meubles en est présumé le propriétaire ; il ne faut pas d'autre titre que sa possession [1]. »

Si donc on estime que Denizart contredit Bourjon, il faut dire qu'il se contredit aussi lui-même. Mais les mots *s'il n'y a titre au contraire* renferment-ils une restriction aussi puissante qu'on affirme ? N'est-il pas très possible qu'il y ait là une allusion au cas où le possesseur se trouve soumis envers le propriétaire à une obligation personnelle ?

Mais Bourjon apporte quatre exceptions au principe : « En fait de meubles possession vaut titre » ; deux exceptions fondées en raison, deux autres imposées par le texte de la coutume.

Les premières sont : 1° celle qui est indiquée dans le passage plus haut cité : la revendication du meuble furtif ou volé est admise. Mais le mot volé est pris dans le sens étroit de soustraction frauduleuse [2]. Pour le meuble volé, Bourjon ne

---

1. Denizart, *Collect.* V° *Vente*, n° 5. V° *Meubles*, n° 32.

2. L. VI, t. 8, ch 3, sect. 4 (II, p. 695).

Sous le titre, *Des exécutions, saisies et revendications*, cet auteur écrit : « Si un meuble déposé ou mis en nantissement est saisi sur celui qui l'avait mis en dépôt ou en nantissement, le propriétaire d'icelui, le trouvant en nature, peut le revendiquer, pourvu que le dépôt ou le nantissement se trouvent juridiquement constatés ; autrement il n'y aurait point lieu à cette revendication. La possession déciderait ; elle fixerait la propriété dans la personne de la partie saisie, et par conséquent écarterait la revendication... Si le dépositaire avait vendu ce meuble, le propriétaire d'icelui ne peut le réclamer des mains de l'acheteur, parce qu'en matière de meubles la possession valant titre, la sûreté du commerce ne permet pas qu'on écoute une telle revendication ; il faut donc en ce cas la rejeter... Il en est de même, si le meuble avait été confié à un tiers pour être vendu et que ce tiers eût gardé le prix de la vente... C'est une seconde conséquence qui naît du même principe qu'on vient de poser, qu'en matière de meubles la possession vaut titre de propriété, — sauf l'exception qui suit.

reconnaît aucune prescription. Mais s'il a été acheté « dans une vente judiciaire », ou « d'un marchand qui vend des choses pareilles », voici qu'on trouve une exception à l'exception, et que par conséquent l'on rentre dans la règle. Le droit de suite est interdit. Bourjon ne l'autorise même pas contre remboursement préalable [1].

2° Tout meuble saisi qui, après la saisie, serait aliéné par le débiteur, peut être revendiqué, mais *brevi tempore*.

— Les deux dernières exceptions, consacrées par le texte de la coutume, sont :

1° Le droit du locateur, gage sur les meubles qui se trouvent dans la maison louée. Bourjon, pour expliquer cette exception, la rattache à l'idée de vol. Il voulait, d'ailleurs, que l'action du locateur fût intentée dans un délai très bref ; et là est l'origine du délai moderne de quarante jours.

2° Le vendeur de meubles peut contraindre le sous-acquéreur de bonne foi à lui rendre le meuble, si le prix de la première vente n'a pas été payé et si elle a été consentie sans terme. Cette exception se justifiait assez mal dans la doctrine de Bourjon ; elle s'expliquait chez les auteurs qui admettaient la revendication mobilière, car, d'après les principes du droit romain, il était reconnu au XVIIIe siècle que la tradition opérée en exécution d'une vente sans terme ne transférait pas la propriété avant le paiement du prix ;

» Dans le cas de vol, la chose volée peut se revendiquer, même entre les mains de celui qui l'aurait achetée de bonne foi... En effet, le vice de furte la suit partout et l'a assujettie à ce droit de suite. » Ailleurs, tome IV, titre XXII, ch. 5, Bourjon avait déjà posé la même règle. Il ajoute : « Pour donner ouverture à ce droit de suite et de revendication, il faut que le vol soit juridiquement constaté par une plainte et une information : autrement, il y aurait fin de non-recevoir dans la demande en revendication, et dans ce même cas la possession déciderait toujours, ce qui confirme ce que dessus. »

1. II, 6, 1, § 7 et VI, 8, 2, § 89 et 3, § 19, III, 2, I n° 4 à 6. VI, 8, 3, 3 § 15 et III, 2, 5 § 1 et 2. — A vrai dire, Bourjon fait quelquefois fléchir cette interdiction si la chose a été achetée en foire, et il permet alors la revendication, sous la condition du remboursement.

le vendeur demeurait donc propriétaire et conservait son action. Chez Bourjon, il est plus extraordinaire que le déposant ou le prêteur n'ayant pas le droit de suite, le vendeur
sans terme soit plus favorisé [1].

1. La doctrine de Bourjon a été acceptée par Valin, *Comm. de la cout. de
La Rochelle*, sur 60.

CHAPITRE VI

CE QU'ON ENTENDAIT PAR LE MOT « MEUBLE »
AVANT LE CODE CIVIL

Dans l'historique que nous avons fait de la revendication mobilière, nous avons dû, pour plus de clarté, supposer que le mot meuble avait gardé, aux époques successives que nous avons passées en revue, une constante et invariable signification. Il n'en est pas ainsi, et il faut montrer maintenant l'extension qu'il avait reçue de la féodalité.

Les lois germaines et franques, qui n'avaient pas scientifiquement séparé les meubles des immeubles, les distinguaient cependant en fait ; et nous en avons dit les raisons premières. Mais alors c'étaient les choses seulement, comme déjà chez les Romains, que l'on classait en mobilières ou immobilières ; c'étaient, en d'autres termes, les objets susceptibles d'appropriation, que l'on divisait : ce que les Romains appelaient, par suite d'une étrange confusion, les choses corporelles. Quant aux choses incorporelles, — droits réels autres que la propriété et droits de créance, — ils restaient en dehors de la classification.

La féodalité vint, qui fut, comme on l'a dit, la folie de la terre. Elle fit surgir une série de droits fonciers qui, bien que mélangés de personnalité, furent, grâce à leur importance, traités comme héritages. Parmi ces droits, il y en avait, dis-je, qui se rapprochaient singulièrement des créances. Telles étaient, par exemple, les corvées et banalités. Ce fut le premier pas. La distinction des meubles et des immeubles effleurait déjà les choses incorporelles. Il suffisait d'un léger effort pour qu'elle les englobât.

Une créance *tendait à un objet mobilier ;* on la déclara meuble. Une autre *tendait à un immeuble ;* on lui donna, à elle-même, le nom d'immeuble. Et du coup, la distinction des meubles et des immeubles devint aussi générale qu'artificielle [1].

Il est curieux de suivre, dans les textes, à travers les siècles, le développement de cette idée.

Les mots mêmes de meuble et d'immeuble ne datent guère que de la fin du XIIIe siècle. Le mot meuble apparaît dans Beaumanoir et dans les Établissements de saint Louis ; mais les immeubles y sont encore appelés héritages. On voit donc que la distinction, avec l'application spéciale, restreinte, qu'elle avait chez les Francs, a devancé de longtemps les termes sous lesquels on la formule aujourd'hui.

Et c'est au moment même où les mots étaient créés, que les intérêts pratiques de la distinction devenaient plus considérables. L'héritage seul pouvait être tenu en fief et en censive, et par conséquent toutes les règles de la féodalité s'appliquent aux immeubles, et non pas aux meubles. Deuxième intérêt : « meuble suit le corps, dit Loysel, immeuble suit le lieu où il est assis. » C'est là une règle très importante de compétence ; elle était doublement intéressante au moyen âge, parce qu'en passant d'une seigneurie à l'autre, ce n'était pas seulement le juge qui changeait, mais aussi la loi.

1. M. Lefebvre, à son *Cours de droit coutumier*.

Enfin, dans la coutume de Beauvoisis au moins, l'héritage seul pouvait avoir la qualité de propre[1].

Mais à cette même époque, ce n'est pas encore la classe des meubles qu'on étend ; c'est la classe des immeubles. L'esprit féodal portait bien à commencer par là. Ce sont les droits de cens, de corvée et de banalité que Beaumanoir appelle héritages ; et il se préoccupe de justifier cette appellation. Il en donne ce double motif que ces biens sont perpétuels et rapportent des revenus périodiques[2]. Et s'il ne se sert pas encore de l'expression héritage incorporel, il a déjà trouvé l'idée ; nous ne sommes guère éloignés de l'extension définitive.

Il y a plus. Sans appliquer nommément la distinction aux créances, Beaumanoir paraît, en ce qui les concerne, avoir au moins entrevu la théorie moderne. Donnant aux qualificatifs *réel* et *personnel* un sens qu'ils n'ont plus maintenant, et qu'ils n'avaient pas à Rome, il déclare que l'action réelle est celle qui tend à un immeuble ; l'action personnelle, celle qui tend à un meuble. Il ne s'inquiète pas du reste si l'action est, ou non, fondée sur une obligation. C'est donc bien là, sauf une confusion dans les termes, le principe : *Quod tendit ad mobile mobile, ad immobile immobile est.*

Après Beaumanoir, et jusqu'au XVIᵉ siècle, on continue à se préoccuper surtout des immeubles. On imagine l'expression immeuble incorporel, qu'on applique à certaines créations foncières. Ce n'est, au fond, que l'idée romaine des servitudes.

Quant aux meubles, ils ne comprennent pas encore de choses incorporelles. La règle esquissée par Beaumanoir n'a pas encore reçu sa vraie forme doctrinale.

---

1. Loysel nous dit que le retrait lignager pouvait s'appliquer à certains meubles précieux. (Retrait, règle 23.)

2. Ch. XXIII, nᵒˢ 3 et 3. On considère ces droits comme ayant un être indépendant des prestations qu'ils procurent.

Mais tout à coup, au XVI⁰ siècle, un grand mouve-
mant scientifique se produit. Des questions multiples se
posent et sont résolues. Outre la théorie des immeubles par
destination, outre certains problèmes plus spéciaux comme
ceux des blés verts et des poissons d'étang, une controverse
grave s'impose à l'attention des jurisconsultes.

Les offices vénaux, qui forment depuis François I⁰ʳ des
droits dans le patrimoine de titulaires, seront-ils meubles ou
immeubles? Les rentes constituées, qu'on dégage alors des
rentes foncières, seront-elles meubles ou immeubles? Que
faudra-t-il décider pour les rentes temporaires ?

Sur tous ces points, l'hésitation fut grande. Dumoulin venait de poser nettement le principe : *Quod tendit ad mobile*, etc. Il y avait donc, dorénavant, des meubles incorporels. Il pouvait sembler logique de déclarer meubles soit les
offices, soit surtout les rentes constituées, qui étaient, en
somme, des créances tendant à des prestations mobilières.

Pourtant, on s'y refusa, en général, sous prétexte que les
offices et les rentes étaient des entités, distinctes des revenus
qu'elle produisaient. Les rentes foncières furent unanime-
ment considérées comme immeubles ; la coutume de Paris
traita de même les rentes constituées ; on finit par ne plus
discuter que l'immobilisation des rentes viagères.

Malgré tout, il restait maintenant des meubles incorporels;
et on leur appliquait, autant que faire se pouvait, les règles
des meubles corporels ; règles de compétence, règles diverses relatives aux propres et aux acquêts.

Mais la cession de ces droits étant soumise à des conditions
particulières, il n'y avait pas lieu de se demander si les meubles incorporels étaient munis du droit de suite.

Une difficulté s'éleva, lorsqu'on imagina la lettre de change.
Avec le progrès des relations commerciales, on avait peu à
peu redouté les lenteurs et les formalités du transport-ces-
sion, accompagné de signification au débiteur. Les marchands.

forains qui ne pouvaient porter constamment sur eux des
sommes d'argent d'un poids embarrassant, ne trouvaient pas
non plus très commode de payer leurs fournisseurs à l'aide
d'une délégation civile régulière, nécessairement compli-
quée. L'habitude était venue de céder aux vendeurs des
lettres de change, affranchies de la notification ; un simple
endossement suffisait.

Bientôt même on se dispensa de l'endossement ; on créa
les *billets en blanc*. On laissait *en blanc*, jusqu'à la poursuite,
je nom du créancier ; on n'indiquait pas la cause de la dette.
Le papier pouvait passer de main en main, comme une
monnaie [1]. On comprend combien était facile, combien même
était inévitable, l'assimilation de ces meubles incorporels aux
meubles corporels.

Le titre écrit, la preuve de l'obligation, pouvant changer
de main, de la minute à la minute, et entraînant à sa suite
le transfert de la créance, il était naturel que l'on confondît
dans le langage cette créance et la preuve, et qu'on appli-
quât à l'une et à l'autre indistinctement les règles mobilières. C'est ce qui arriva. Mais les billets en blanc étant devenus
une cause d'abus et de fraudes, ayant servi à masquer une
usure effrénée, des plaintes se firent entendre, renouvelées et
pressantes. Le parlement de Paris crut devoir proscrire ces
billets, par deux arrêts de règlement en date des 7 juin 1611
et 26 mars 1624.

Vains efforts : le commerce, dont les intérêts étaient, pour
une fois, d'accord avec ceux des prêteurs d'argent, protesta
contre cette prohibition et fit si bien qu'il parvint à l'éluder.
Les billets au porteur apparurent. Ils ayaient sur les billets
en blanc cette supériorité qu'il était inutile, avant de poursuivre, d'inscrire le nom du créancier. « Il faut, dans ces
billets comme dans tous les autres, qu'il soit fait mention si

1. Savary, *Parfait négociant*, t. I, p. 199.

la valeur en a été reçue en argent ou en marchandises, et de qui [1]. » De nombreux auteurs critiquèrent vivement cette création [2] : « L'usage des billets payables au porteur est très dangereux dans le commerce, parce que quand un négociant tombe en faillite, il peut disposer de ces effets en faveur de qui il lui plaît, comme d'un argent comptant... » — « Un homme qui s'est mis en crédit aura amassé de grands biens, souvent aux dépens du roi et du public, et mourra riche de deux millions en de semblables billets. Ses héritiers, après s'en être saisis, renonceront à la succession [3]. »

Les réclamations de ce genre avaient déterminé le parlement à rendre de nouveaux arrêts de prohibition ; le 16 mai 1650 et le 7 septembre 1760, il avait formulé à nouveau l'interdiction de tous billets qui ne contenaient pas le nom du créancier et la mention de la cause. Cette fois encore, la pratique fut plus forte que les arrêts de règlement; elle enfreignit la défense, et la meilleure preuve de l'insuffisance des prescriptions parlementaires n'est-elle pas dans la quantité même, dans le renouvellement infatigable de ces prescriptions ?

Une déclaration du 9 janvier 1664 ne fut pas plus heureuse ; l'usage des billets au porteur persista, vivace et indestructible, jusqu'à ce que l'ordonnance de 1673, suivie d'une déclaration du 26 février 1692, fût venue les autoriser formellement par l'article 1er de son titre VII.

Ce n'était cependant pas encore le terme des contradictions, des tergiversations, des palinodies. L'édit du mois de mai 1716 prescrivit à nouveau les billets au porteur.

Le préambule déclare que « les billets payables au porteur sont une des principales causes des abus qui se commettent

1. *Nouveau commentaire sur l'ordonnance du commerce du mois de mars 1673,* par M. X.., conseiller au présidial d'Orléans (publié en 1755).
2. Id.
3. Vauban, *Dîme royale,* p. 88.

depuis plusieurs années dans les différents commerces de marchandises, d'argent et de papier, par des personnes de tous états et de toutes professions ». On ajoute qu'ils ne diffèrent proprement des billets en blanc que par le nom, et l'on conclut que dorénavant l'usage de tous ces billets est entièrement aboli, afin de faire cesser des fraudes « préjudiciables au bien du commerce et à l'intérêt des créancier légitimes [1] ».

En 1716, toutefois, d'autres raisons se cachaient derrière ces prétextes. Il s'agissait d'épargner à la banque de Law une concurrence dangereuse. Par lettres patentes, en date du 2 mai 1716, à Paris, le sieur Law et sa compagnie obtenaient privilège d'établir, pour leur compte particulier, une banque générale dans le royaume, et « de stipuler, tenir leurs livres et faire leurs billets en écus d'espèces, sous le nom d'écus de banque ; ce qui sera entendu des écus du poids et titre de ce jour ». Cette banque était réglementée quelques jours après, le 20 mai, par de nouvelles lettres patentes. Deux ans plus tard, une déclaration royale convertissait la banque générale en banque royale (2 décembre 1718).

On sait quel fut le sort du fameux système. Aussitôt après la chute de Law, nouvelle déclaration royale, qui rétablit l'usage des lettres ou billets payables au porteur (2 janvier 1721) [2]. Enfin la victoire était complète. Denisart, Pothier, Bourjon tous les auteurs la constatent maintenant [3].

Cet aperçu rapide suffit à montrer l'extension qu'avait prise, au XVIIIe siècle, le sens du mot « meuble » [4]. Mais il faut avouer qu'en dépit de l'usage croissant des billets au por-

---

1. Isambert, Decrusy, Taillandier, *Recueil des anciennes lois françaises,* t. XXI, p. 114, et s.

2. Id., p. 190.

3. Denizart. *Dict.,* V° *Billet,* n° 10. Pothier, *sur Orléans,* III, § 1, n° 104 ; Bourjon, VI, 8, 3 § 1 et III, 3, 1 § 3.

4. Pour plus de détails sur cette intéressante histoire, V. Buchère, *Traité des valeurs mobilières,* et de Folleville, *Poss. des meubles.*

teur, une théorie juridique complète n'en avait pas encore été développée. L'obscurité est grande, et l'on peut dire seulement que ces meubles incorporels, qui sont, en réalité, de véritables créances, sont cependant régis par la maxime : « En fait de meubles possession vaut titre. »

CHAPITRE VII

SECTION I

Du sens de la maxime « En fait de meubles possession vaut titre ».

Peu de textes ont donné lieu à des controverses aussi nombreuses que les articles 2279 et 2280 du Code civil. La doctrine s'est partagée, et la jurisprudence, après avoir imaginé mille solutions contradictoires, s'est arrêtée à un système qui s'inspire assez heureusement de l'équité, mais dans lequel l'appréciation du fait étouffe trop souvent la notion du principe légal.

La règle « En fait de meubles possession vaut titre » a été, sans aucun doute, empruntée par les législateurs de 1804 aux ouvrages de Bourjon, qu'ils avaient tous lus, et qu'à tort ou à raison ils considéraient comme l'expression sincère des doctrines moyennes.

Mais peut-être se sont-ils trop complètement reposés sur cet auteur du soin d'éclairer par ses commentaires la règle qu'ils allaient, d'après lui, insérer dans le Code civil. Cette négligence ne fut pas due, comme on le dit souvent, à la précipitation anormale, à la rapidité exceptionnelle, avec laquelle aurait été rédigé le dernier titre du Code ; car, tout dernier qu'il soit dans le classement de la codification, le titre *De la prescription* n'a été ni plus ni moins longtemps élaboré que ceux dont il est précédé, et la promulgation en a été faite le 4 germinal an XII, c'est-à-dire le 25 mars 1804, avant, par exemple, celles du titre *Des privilèges et hypothèques*, ou du titre *De l'expropriation forcée*, — qui sont du 8 germinal.

Toujours est-il que les explications fournies par M. Bigot de Préameneu, rapporteur du projet, les discussions du conseil d'État et du Tribunat, les observations présentées par les cours d'appel et par le tribunal de cassation ne nous donnent, sur la théorie actuelle de la propriété mobilière, que des renseignements très incomplets et quelquefois contradictoires. Je citerai le passage suivant de l'Exposé des motifs (séance du 17 ventôse an XII) : « Le droit romain accordait, sous le nom d'*interdictum utrubi*, une action possessoire à ceux qui étaient troublés dans la possession d'une chose mobilière. Mais dans le droit français on n'a point admis à l'égard des meubles une action possessoire distincte de celle sur la propriété. On y a même regardé le seul fait de la possession comme un titre : on n'en a pas ordinairement d'autres pour les choses mobilières. Il est d'ailleurs le plus souvent impossible d'en constater l'identité et de les suivre dans leur circulation de main en main. Il faut éviter des procédures qui seraient sans nombre, et qui, le plus souvent, excéderaient la valeur des objets de la contestation. Ces motifs ont dû faire maintenir la règle générale suivant laquelle en fait de meubles possession vaut titre. »

Huit jours après la lecture de cet exposé, M. Goupil-Prefeln, chargé de présenter au Corps législatif le vœu du Tribunat sur la loi relative à la prescription, prononça cette phrase au moins obscure : « Les meubles se transmettent par la seule tradition. »

Tels sont, ou à peu près, les seuls documents que nous fournissent les Travaux préparatoires[1].

Ils nous permettent, du moins, d'affirmer que le Code ne crée pas, n'imagine pas la règle de l'article 2279 ; il maintient, dit M. Bigot de Préameneu, un principe déjà reconnu. Tout commentaire des dispositions du Code doit donc s'inspirer de l'étude historique de la propriété mobilière en France.

Mais comme nous avons constaté, dans cette étude, que la doctrine et la jurisprudence française avaient étrangement varié dans notre matière, on comprend que, même après une analyse minutieuse des précédents, les auteurs et les tribunaux aient, à leur tour, donné de l'article 2279 des interprétations diverses.

1er SYSTÈME. — *Le possesseur du meuble est dispensé de représenter un titre écrit, quand il invoque la prescription triennale.* — Telle est l'opinion de M. Toullier[2] ; et voici comment il la développe : « De quoi s'agit-il dans le chapitre où est placée cette disposition ? Des prescriptions, — dont les unes n'exigent ni titre ni bonne foi, comme les prescriptions trentenaires ; les autres exigent et titre et bonne foi, comme les prescriptions d'immeubles par dix ou vingt ans ; d'autres enfin, seulement la bonne foi de celui qui prétend prescrire. Enfin l'article 2279 vient à la prescription des meubles pour laquelle tous les auteurs tenaient, avant le Code, qu'il fallait et titre et bonne foi : quoique Pothier convînt qu'il était difficile de représenter un titre écrit, la translation de propriété des meubles se faisant verbalement dans l'usage. Le Code a donc très sagement retranché la nécessité d'un titre écrit pour la prescription des meubles, en statuant dans

1. Locré. *Leg.* XVI, p. 585, n° 45. — Fenet, t. XV, p. 600.
2. Tome XIV, tit. V, ch. 3, n°s 104-119. — C. IX, n° 94 et X, 49 et 61. M. Toullier avait commencé par professer que l'article 2279 a pour effet de supprimer la revendication mobilière.

l'article 2279 qu'*En fait de meubles possession vaut titre*. Et voilà le vrai sens de cet article. »

C'est à Pothier, — et, dans Pothier, au *Traité de la prescription*, — que M. Toullier emprunte l'explication de la maxime. Pour lui, Bourjon a commis une erreur évidente ; il s'est mis en contradiction avec Denizart, et il a reproduit inexactement la jurisprudence du Châtelet.

M. Toullier conclut que, sous le régime du Code civil comme au XVIIIe siècle, la revendication mobilière existe, pleine et entière. L'article 2279 ne la supprime pas. Pour que le défendeur soit considéré comme propriétaire, il faudra qu'il ait prescrit. Il prescrira par trois ans, selon la doctrine coutumière ; et cette prescription devra être de bonne foi et procéder d'un juste titre. Mais la seule possession qui, de l'aveu de tout le monde, fait présumer la bonne foi, fera également présumer le juste titre ; le défendeur ne sera pas tenu d'apporter aux débats un acte écrit, un *instrumentum*.

On voit que c'est là, effectivement, le premier système de Pothier. Nous ne croyons pas cependant que tel soit le sens de l'article 2279.

Mais remarquons d'abord que, pour réfuter Toullier, on s e sert très souvent d'une argumentation sans valeur. Ainsi comprise, dit-on, la règle *En fait de meubles*, etc., est insignifiante ; elle est inutile, elle est même dangereuse, à cause de son obscurité. « Car en fait d'immeubles aussi la possession vaut titre dans le sens que M. Toullier donne à cette maxime... Si je possède un immeuble, vous ne pouvez le revendiquer avec succès contre moi qu'en prouvant que vous en êtes vous-même propriétaire ; quant à moi, je n'ai rien à prouver [1]. » Et l'on invoque l'article 2230 : « On est toujours présumé posséder pour soi, et à titre de propriétaire... », ainsi que la règle de droit : « *Longe commodius est possidere,*

____

[1]. Duranton, t. XV, n° 286.

et adversarium ad onera petitoris compellere, quam alio possidente petere [1]. » Cette règle, dit-on, est aussi bien faite pour les meubles que pour les immeubles [2].

Ce raisonnement repose sur une confusion du genre de celle que nous avons signalée dans notre étude des textes du XVIII° siècle. Toullier ne parle pas d'une présomption qui, au début même du procès, aurait pour résultat de faire peser sur le demandeur la charge de la première preuve.

Il suppose que le demandeur a prouvé qu'à un moment donné il a été titulaire du droit. Alors, son adversaire réplique : « Il ne m'importe pas ; j'ai prescrit. Voilà trois ans que je possède. » Il n'aura rien à ajouter. S'il a possédé trois ans, il sera, par le fait même, présumé avoir possédé avec juste titre et bonne foi. Au contraire, le défendeur qui, ayant possédé un immeuble dix ou vingt ans, voudrait invoquer la prescription, serait tenu de prouver le juste titre. Voilà la différence qu'il y aurait, selon Toullier, entre les deux cas ; elle serait réelle, sérieuse, profonde, et ce n'est aucunement réfuter Toullier que de ne voir, dans les résultats de son système, aucune distinction entre les meubles et les immeubles.

Mais ce qu'on peut dire contre sa théorie, c'est qu'elle a pour base une appréciation très arbitraire du droit du XVIII° siècle. Nous avons montré que la doctrine émise par Pothier dans le *Traité de la prescription* n'avait pas été la seule qu'il professât ; nous avons dit aussi que Denizart n'était pas, comme on le prétend, en contradiction avec Bourjon ; et, en exposant l'opinion de ce dernier jurisconsulte, nous avons déjà remarqué, au passage, qu'elle avait influencé les rédacteurs du code civil. Il n'y a, pour s'en con-

---

1. L. 24, *Ff. De rei vindic.*

2. M. de Folleville lui-même a recours à cette argumentation douteuse. (*Traité de la possession des meubles et des titres au porteur*, p. 22 et 23, 2° éd., 1873.)

vaincre, qu'à comparer sans parti pris les expressions de Bourjon et celles de M. Bigot de Préameneu.

D'après Bourjon, le droit de suite, en matière de meubles, se heurte à un obstacle tout à fait indépendant de la prescription ; c'est bien aussi ce que paraît décider l'article 2279. Le paragraphe 2, qui apporte une dérogation, une exception, au paragraphe 1, accorde, dans deux hypothèses particulières, la revendication. N'est-ce pas dire qu'en général elle sera ou refusée ou inefficace ?

M. Toullier, pour expliquer le paragraphe 2, évidemment séparé du premier par la conjonction *néanmoins*, déclare que, dans le cas de vol ou de perte, le défendeur ne pourra se défendre de la revendication en alléguant sa bonne foi [1] ; là, dit-il, est la distinction entre les deux paragraphes.

L'explication est étrange, en vérité. Car le paragraphe 2 n'accordant la revendication au cas de vol et de perte que pendant trois années, n'ajouterait rien au premier, dans le système de Toullier, en venant dire que, pendant ce délai, la bonne foi ne serait nullement pour le défendeur un gage de victoire. N'en serait-il pas de même, selon Toullier, en tout autre cas que le vol ou la perte ?

Et si dès lors Toullier est impuissant à expliquer la différence expresse, indiscutable, évidente, qui existe entre les deux paragraphes de l'article, son système tombe, irrémédiablement. Nous verrons, du reste, en temps et lieu, qu'il est inconciliable avec l'article 1141 du Code civil.

2ᵉ SYSTÈME. — *Le possesseur du meuble peut, avant l'expiration des trois ans, invoquer l'article 2279 à l'encontre du revendiquant.*

En d'autres termes, il ne s'agit pas dans l'article 2279 d'une prescription triennale. Avant tout délai, le possesseur

---

1. Id., nº 117.

a le droit de bénéficier de la maxime : *En fait de meubles possession vaut titre.* Il y a là un obstacle qu'il peut élever contre l'action du propriétaire, dès la première minute de sa possession.

C'était bien ce que disait Bourjon : « La prescription ne peut être d'aucun usage quant aux meubles, » et aussi Pothier, dans le dernier système que nous avons reproduit : « sans qu'il soit besoin de recourir à la prescription ».

C'est bien encore ce qui résulte du texte de l'article 2279 et de l'opposition manifeste entre les deux paragraphes. La revendication dans deux cas, — s'il y a perte ou vol, — triomphera toujours pendant trois années (sauf la restriction toute spéciale de l'article 2280). S'il n'y a eu ni perte ni vol, la revendication va se heurter contre une barrière, dont nous allons avoir à apprécier tout à l'heure la force de résistance, mais qui, cela n'est pas douteux à la lecture même de l'article 2279, peut être dressée par le défendeur, en dehors de toute prescription triennale.

Et, en effet, où est le texte qui nous autoriserait à édicter cette prescription? Pourquoi la fixerions-nous à trois années plutôt qu'à dix, à vingt ou à trente? Le désordre et les contradictions de l'ancienne jurisprudence en matière d'usucapion mobilière ne sont pas faits pour nous renseigner dans le silence du Code.

Le système que propose M. Toullier n'a même pas, comme le prétend l'auteur, l'avantage d'être directement emprunté au droit romain. Car le propre de la doctrine romaine était l'imprescriptibilité perpétuelle de la chose furtive. Or le deuxième paragraphe fixe expressément à trois années le seul délai nécessaire pour l'usucapion des choses volées. Les voilà prescriptibles ; quant à ces choses, on se sépare donc, quoi qu'on fasse, du droit romain.

Il faut en revenir là : il y a, entre les deux parties de l'article, une antithèse, un contraste, une opposition qui résulte du texte même. Contre cet écueil viendra toujours se briser l'argumentation de M. Toullier.

C'est au droit de suite que s'attaque la maxime. « En fait de meubles possession vaut titre. » La règle : « Les meubles n'ont pas de suite, » qui avait eu cours au moyen âge, avait été détournée, comme on l'a vu, de son sens primitif, par l'invasion du droit romain. Puis, au XVIIIᵉ siècle, sous l'influence d'idées nouvelles, on l'avait reprise ; et nous la retrouvons à chaque instant dans les travaux préparatoires du Code civil.

C'est ainsi qu'on l'emploie, dans l'article 2119, pour supprimer l'hypothèque mobilière ; c'est ainsi que, dans la discussion de l'article 1141, le tribun Favart la formule en termes absolus. Mais écartons dès maintenant toute équivoque.

C'est l'action réelle, c'est le droit de suite qui sera, — dans une mesure que nous aurons, je le répète, à fixer, — mis en échec par l'application de l'article 2279. Il ne s'agit point ici de l'action personnelle que peut avoir le propriétaire contre le détenteur. Celle-ci demeure intacte, inébranlée. Et l'on ne peut sérieusement conte ster que le demandeur n'a pas à craindre notre article, s'il réclame l'accomplissement d'une obligation née d'un délit, d'un quasi-délit, d'un contrat ou d'un quasi-contrat.

Je ne préjuge pas maintenant la question de savoir si le défendeur *à une revendication,* obligé à restitution envers son adversaire, pourra ou non invoquer contre ce dernier l'article 2279. Tout autre est cette difficulté. Je suppose ici que le propriétaire a procédé *par voie d'action personnelle,* et non réelle. Ainsi posé, le problème n'est pas douteux. L'article 2279 n'est pas applicable ; le débat ne s'engage point sur la propriété, mais sur l'obligation. Le défendeur est juridiquement et personnellement tenu de restituer ; on ne luᵢ demande, en somme, que le paiement d'une dette, et de quel droit se refuserait-il à l'acquitter ?

On pourra donner, en plus, à ce propriétaire muni d'une

action personnelle, on pourra lui donner une véritable revendication contre son débiteur ; et nous déciderons si, en effet, il y a lieu de la lui accorder ; mais quelque opinion que l'on adopte à cet endroit, il est une vérité certaine, et qu'il était important de mettre, d'entrée de jeu, en pleine lumière, — c'est qu'au moins, c'est qu'au pis-aller, le propriétaire conservera par devers lui son action personnelle, sa créance à fin de restitution.

Et il l'exercera, bien entendu, dans les conditions du droit commun.

SECTION II

A quelles conditions est subordonnée l'application de la maxime : « En fait de meubles possession vaut titre. »

Après avoir précisé le sens de l'article 2279, après avoir établi qu'il n'exige aucun délai dans la possession du défendeur, qu'il peut, dès le premier instant, être opposé à la revendication mobilière, il nous reste à traiter trois ordres de questions différentes, qu'il est indispensable de sérier, si l'on veut mettre un peu de méthode dans la discussion.

Étant donné que l'article 2279 *élève un obstacle contre l'action réelle*, quelle est *la force* de cet obstacle, quelle est la résistance de l'arme défensive donnée au possesseur ? Telle est l'une des trois difficultés qui se présentent à notre étude.

Quelle est la *nature juridique,* quel est le fondement de la maxime : « En fait de meubles, etc. ». Deuxième question. Et troisièmement, enfin : *dans quelles conditions* s'appliquera cette règle, à quelles circonstances est-elle subordonnée ?

En général, les auteurs examinent ces trois points dans l'ordre que nous avons suivi pour les énumérer ; et ils réunissent dans leur étude les deux premières questions qui paraissent, en effet, solidaires. Ils cherchent ainsi, d'abord, le principe de la règle, et ils en déduisent, comme conséquence, les conditions diverses d'application.

Certes, ce serait là la seule voie logique, si le principe, ayant été nettement posé dans la loi, n'était pas discutable. Alors, on partirait d'une idée générale certaine, pour descendre à l'examen des points particuliers. On dirait, par exemple : « Il y a, dans la règle : *En fait de meubles,* etc., un mode direct et principal d'acquérir la propriété ; donc elle pourra être invoquée dans tels et tels cas. » Ou bien : « Il y a, dans cette maxime, l'idée d'une prescription acquisitive instantanée ; donc elle est soumise à telles et telles conditions, notamment à celles de la bonne foi et du juste titre. » Ces conclusions seraient rigoureuses, puisqu'elles dériveraient d'une vérité synthétique établie par la loi.

Mais s'il est vrai que le code ne se soit pas expliqué sur le fondement juridique de la maxime, si le doute est inévitable à ce sujet, s'il y a controverse, a-t-on le droit de poser d'abord, avant toute discussion, au seuil même de la matière, un principe général, absolu, *a priori,* et d'appuyer sur un axiome douteux une démonstration non moins hypothétique ? N'est-il pas plus sûr, plus conforme à l'esprit de la science, de procéder, avant tout, par l'analyse, et de déterminer, par la lecture des textes, par la comparaison des articles, par la recherche de l'esprit de la loi, quels sont les cas où la règle pourra être invoquée, quels sont les possesseurs qu'elle entend protéger ?

Et alors, remontant du particulier au général, nous pourrons formuler la règle, en toute liberté. Les conditions qui la régissent nous auront suffisamment révélé la nature juridique de l'obstacle qu'elle élève à l'encontre de la revendication. Et quand nous saurons quelle est, au vrai, cette nature juridique, il nous sera facile, en dernier lieu, de mesurer exactement l'étendue de la protection que notre maxime accorde au défendeur.

A).— *Il s'agit, dans l'article* 2279, *d'une possession réelle.*

—Possession *réelle,* c'est l'expression même dont se sert l'article 1141 : « Si, dit-il, la chose qu'on s'est obligé de donner ou de livrer à deux personnes successivement est purement mobilière, celle des deux qui en a été mise en possession réelle est préférée et en demeure propriétaire, encore que son titre soit postérieur en date, pourvu toutefois que la possession soit de bonne foi. »

Or le tribun Favart et M. Bigot de Préameneu ont formellement déclaré que l'article 1141 n'était autre chose que l'application de l'article 2279 à une hypothèse particulière.

C'est donc bien la même possession qui est exigée dans les deux cas et qui, dans les deux, fera obstacle au droit de suite.

Mais qu'entend-on par possession réelle ?

Dans une affaire Blanc-Praslon, très souvent rappelée, la Cour d'appel de Lyon a jugé, le 9 avril 1851, que l'article 2279 n'était applicable que si la possession était *effective* et que la possession *symbolique* ne suffisait pas[1]. Il faudrait s'entendre sur la signification de cette épithète « symbolique ». La remise des clefs de l'armoire ou du bâtiment qui contient un meuble constitue-t-elle une mise en possession symbolique? On sait que cette question se présente à propos du droit romain, mais elle n'y peut être sérieusement controversée, parce que la remise devait avoir lieu *apud horrea.*

L'article 1606 al. 2 du Code civil laisse une latitude beaucoup plus grande ; la présence de la chose n'est plus exigée. Pourtant, nous ne croyons pas qu'on puisse appeler symbolique l'appréhension qui résulte d'une remise de clefs. Le mot symbole implique l'idée d'allégorie, d'image, de fiction. La clef ne représente pas l'objet à transmettre ; elle ne figure pas la marchandise. Et, dans l'espèce où il était rendu, l'arrêt de Lyon nous paraît avoir abusé des termes[2].

1. D. P. 1855, 2°. 6.
2. Cf. D. de Folleville, *op. cit.,* n° 43 bis. — *Monographie sur la possession des meubles,* par M. Carel, p. 99. — *Contra,* Troplong, *Traité de la vente,* n°ˢ 266, 274, 280.

Dans le sens où nous l'entendons, la possession symbolique ne suffirait pas, selon nous, à l'application des articles 1141 et 2279 ; mais dans le sens où l'arrêt l'a comprise, la question est tout autre ; elle doit se poser ainsi : La remise des clefs, opérée à distance, comme le permet l'article 1606, fait-elle naître une possession qui ait le caractère d'évidence et de réalité réclamé par l'art. 1141 ?

Et, dans ces termes, la question dépend d'un problème plus large et plus général, qui est celui-ci : Les règles de l'article 1606 s'appliquent-elles aux articles 1141 et 2279 ? Doit-on commenter ceux-ci par celui-là ? l'appréhension dont parle le premier est-elle celle que sous-entendent les deux autres ?

Nous ne croyons pas qu'il en soit ainsi. De quoi traite, en somme, l'art. 1606 ? De la délivrance à laquelle le vendeur est tenu envers l'acheteur. Le texte décide que cette délivrance pourra s'opérer de plusieurs manières, c'est-à-dire qu'il détermine les conditions auxquelles le vendeur s'acquittera de son obligation, et, par voie de conséquence, la façon dont l'acheteur sera réputé possesseur à l'égard de son co-contractant. Mais rien de plus. L'article ne règle nullement les rapports des parties avec les tiers. Telle appréhension qui suffira entre elles deux ne sera peut-être pas assez *réelle* pour être opposée à toutes personnes.

En ce qui concerne la possession à l'égard des tiers, nous laisserons aux tribunaux une très large liberté d'appréciation. Il est bien difficile de formuler, par avance, une règle générale. On conçoit bien, sans doute, qu'une *tradition réelle* devra toujours constituer une possession efficace aux termes de l'art. 2279[1]. Mais il serait dangereux de risquer au sujet

---

1. Quant à la tradition manuelle *faite à titre de donation*, les auteurs, qui ne reconnaissent pas la nécessité d'un juste titre pour l'application de l'art. 2279, devront naturellement décider que cette tradition permet au possesseur d'invoquer la maxime *En fait de meubles*, etc. Ceux qui croient à la nécessité du juste titre n'auront le droit d'arriver à cette même conclusion, que

de la remise des clefs ou du consentement, c'est-à-dire des deux derniers paragraphes de l'art. 1606, une affirmation aussi catégorique et aussi absolue.

— La possession, qui résulte de *la remise des clefs*, pourra souvent n'être pas exclusive ; à l'instant même où elle naîtra, rien n'empêchera que l'objet soit effectivement livré à une seconde personne. De là des conflits possibles. Dira-t-on que l'individu, qui a reçu les clefs, devra être considéré comme possédant à l'encontre de tout le monde ? Mais alors, ne voit-on pas l'impasse où l'on s'engage ? Va-t-on faire triompher sa possession sur la possession effective de l'autre individu ? Va-t-on dire que c'est celui-là, et non celui-ci, qui peut se couvrir de l'art. 2279 ? Cette conséquence est inadmissible. D'autre part, prétendra-t-on que la personne, poursuivie par le propriétaire, après avoir reçu les clefs et avant d'avoir appréhendé l'objet lui-même, ne pourra jamais invoquer l'art. 2279 ? Cette rigueur nous semblerait excessive, et nous préférons, quant à nous, que les juges apprécient, en fait, la réalité de la possession.

— M. Troplong estime que la *remise des titres* remplacera, même à l'égard des tiers, la tradition de l'objet [1].

Il est vrai que l'article 1605 paraît admettre que la remise des titres suffit, en fait d'immeubles, pour libérer le vendeur de son obligation de délivrance.

Il y a là, sans aucun doute, une erreur matérielle. La remise des titres ne saurait dispenser le vendeur de la remise

---

s'ils admettent, par ailleurs, la validité des donations manuelles. Mais il n'y a évidemment pétition de principe à fonder cette validité des donations manuelles sur l'art. 2279, que pour ceux-là seuls qui exigent, dans notre matière, le juste titre. Les autres ne sont pas tenus de démontrer préalablement la possibilité légale du don manuel ; ils peuvent très bien la tirer comme conséquence de l'art. 2279. Et M. de Folleville se trompe manifestement quand il reproche sans distinction aux uns et aux autres de commettre un cercle vicieux (*Op. cit.*, p. 56, note 1).

1. *Vente*, t. I, n° 282. — *Prescrip.*, t. XIX, n° 1062 *in fine.*

des clefs, que le même article 1605 semble présenter comme un autre moyen, parfait en lui-même, d'acquitter cette obligation. L'une ou l'autre formalité transférait, dans l'ancien droit, la propriété entre les parties ; mais il ne s'agissait point là de la possession. Aujourd'hui que la vente opère elle-même, au regard des deux contractants, la translation de propriété des immeubles, besoin n'est plus, à cet endroit, de la remise du titre ; mais en revanche, la remise du titre ne constitue pas à elle seule la délivrance.

Et comment n'en serait-il pas de même en fait de meubles ? Comment la livraison d'un acte écrit, quand il en aura été fait un, épargnerait-elle au vendeur la charge de remettre l'objet lui-même ? A notre sens, il n'y a pas là transfert de possession entre les parties contractantes ; à plus forte raison, cette remise de titres ne sera-t-elle pas opposable aux tiers.

Il y a pourtant certains titres dont la remise équivaut, mais sous des conditions déterminées, à la délivrance des marchandises qu'ils représentent ; tels sont les connaissements, qui, d'après l'article 281 du Code de commerce, peuvent être soit à ordre ou au porteur, soit à personne dénommée ; telles aussi, les lettres de voiture, qui, en fait, passent tous les jours de la main à la main par voie d'endossement. C'est à cette hypothèse que se réfère l'article 576 du Code de commerce. Aux termes de l'article 550, le privilège et la revendication, établis par l'article 2102 al. 4 du Code civil au profit du vendeur d'objets mobiliers [1], ne peuvent être exercés contre la faillite ; l'article 576 déroge à cette règle pour un cas particulier : la revendication sera possible si les marchandises, ayant été expédiées, ne sont pas encore entrées dans les magasins du failli. Puis le même article, ap-

1. Sur la nature juridique de la revendication accordée au vendeur de meubles, en cas de vente sans terme, v. Valette, *Privil. et Hyp.* Le système le plus accrédité voit dans l'action de l'art. 2102, al. 4, § 2, une revendication de la possession. Cette doctrine a été exposée pour la première fois dans le concours de 1839 par notre éminent maître M. Vuatrin.

portant une restriction à cette exception et revenant à la règle de l'article 450, dans un troisième alinéa, déclare que cette revendication ne sera pas recevable si, avant leur arrivée, les marchandises ont été vendues sans fraude, sur factures et connaissements ou lettres de voiture, signés par l'expéditeur. — C'est-à-dire qu'il protège bien, comme un véritable possesseur, le porteur du connaissement [1], mais à la condition toutefois que ce titre soit signé par l'expéditeur et appuyé par la présentation de la facture.

— Et enfin, que dire ici de la tradition par le seul consentement des parties ?

Aux termes de l'article 1606, al. 3, elle a lieu : 1° lorsque le transfert réel de la chose vendue ne peut pas se faire au moment de la vente. A supposer qu'il n'y ait pas simplement, dans cette disposition, un ressouvenir déplacé de l'ancien droit, qui jugeait cette tradition consensuelle suffisante, mais encore nécessaire, pour transférer la propriété ; à supposer donc que le consentement puisse, dans le premier cas, décharger le vendeur de son obligation de délivrer et mettre l'acheteur en possession à l'égard de son co-contractant ; il y a tout lieu de croire, du moins, que vis-à-vis des tiers cette tradition ne constituerait pas une mise en possession efficace au point de vue de l'article 2279.

2° Lorsque la chose se trouve déjà, au moment de la vente, en la possession de l'acheteur, qui la détenait, par exemple, comme dépositaire, locataire ou emprunteur. La tradition s'opère alors *brevi manu* ; mais comme, malgré tout, la pos-

---

1. Comment peut-on prétendre que cet article ne concerne que les rapports de l'expéditeur et de son destinataire direct ? S'il n'y a pas eu revente, si le connaissement est resté entre les mains de ce destinataire, l'article déclare précisément la revendication recevable jusqu'à l'arrivée des marchandises. Et si elle n'est plus recevable en cas de revente, c'est bien parce que le tiers acquéreur peut invoquer la maxime *en fait de meubles possession vaut titre*. — *Contra*, Folleville, *op. cit.*, n° 43. — V. sur la signification de l'art. 576 et sur les rapports de ce texte avec l'art. 2279, M. Boistel, *Droit commercial*, n. 108.

session de l'acheteur est effective dans cette hypothèse, comme elle ne peut même pas l'être davantage, nous admettons sans hésiter, quoi qu'en ait dit un auteur [1], qu'elle est réelle et suffisante au regard des tiers.

3° Il y a une tradition consensuelle dont ne parle pas l'article 1606 et que les commentateurs du droit romain appelaient constitut possessoire. Elle a lieu quand les parties sont convenues que la chose restera pendant un certain temps entre les mains du vendeur ; il la conservera, par exemple, à titre de fermier ou de dépositaire. Une telle possession n'est pas assez visible, assez caractérisée, pour prévaloir contre les tiers [2] ; c'est-à-dire que l'acheteur ne pourra s'en faire arme pour repousser la revendication d'un tiers propriétaire (article 2279); c'est-à-dire aussi que le même acheteur ne sera pas considéré comme ayant la priorité à l'encontre d'un second acheteur qui serait de bonne foi.

B). — *Il n'est pas nécessaire que le possesseur soit de bonne foi*, c'est-à-dire : il peut savoir qu'il a reçu la chose d'un autre que le propriétaire. J'emploie à dessein ce terme général *reçu*, qui n'indique pas la nature du contrat intervenu. Nous aurons à voir s'il faut considérer comme indispensables le juste titre et l'*animus domini*. Pour le moment, tout ce que nous disons, c'est que le possesseur peut se réclamer de l'article 2279, alors même qu'il a su qu'on lui livrait un meuble dont on n'avait pas la propriété.

Nous ne nous dissimulons pas que cette opinion est assez généralement discréditée ; mais elle nous est commandée

---

1. M. de Folleville, *op. cit.*, n° 44.

2. V. particulièrement Troplong, XIX, 1062. Cf. Bourjon (t. 1, p. 146, n° 11): « La vente des meubles faite sans déplacement est nulle à l'égard des créanciers du vendeur; de là il suit que les créanciers de celui qui a fait une telle vente peuvent, nonobstant icelle, les faire saisir et vendre sur leur débiteur qui en est resté en possession. »

par les précédents historiques et par l'esprit autant que par
le texte de la législation actuelle [1].

Les précédents historiques. En dépit d'une affirmation
beaucoup trop formelle de Marcadé, nous croyons que Bourjon
n'a pas songé à subordonner l'application de la maxime *En
fait de meubles*, etc., à une condition de bonne foi. « Duplessis, dit-il, estime qu'avec bonne foi, il faut trois ans pour
prescrire la propriété d'un meuble et trente ans lorsqu'il n'y
a pas bonne foi. *J'ai toujours vu cette opinion rejetée* au
Châtelet, où l'on tient pour maxime certaine qu'en matière
de meubles la possession vaut titre de propriété, *à moins
que le meuble ne soit furtif*.» Qu'est-ce à dire? Que Bourjon
rejette absolument, sans réserves, l'opinion du Duplessis. Il
repousse à la fois l'usucapion triennale, et la prescription
trentenaire, car le membre de phrase qui a trait à cette dernière est strictement voisin de ces mots : *j'ai toujours vu*,
etc. Or reconnaître la nécessité de la bonne foi pour que la
maxime soit applicable, c'eût été en même temps décider que
les meubles possédés de mauvaise foi sont ou imprescriptibles ou prescriptibles dans un délai déterminé. Bourjon n'admet pas qu'il en soit ainsi, puisqu'il déclare que, sauf un cas
exceptionnel, la possession vaut titre, sans aucun délai. Et
ce cas exceptionnel n'est que celui du meuble furtif.

Si nous examinons, du reste, les articles du Code, nous
voyons que la loi prend toujours soin de spécifier expressément les cas où la bonne foi est exigée (art. 549, 1238, 1240,
1141, 2265). La plupart du temps, les effets de la possession
ne dépendent pas de la bonne ou de la mauvaise foi; c'est
par exception qu'elle est nécessaire, et dans de tels cas, un
texte est là, formel, qui la commande impérieusement. Où le
trouve-t-on dans notre matière ?

1. Aubry et Rau, § 183, note 29, t. II. — Ortlieb, *op. cit.*, n° 83. —
Contrà, MM. de Folleville, n°s 30 et s. Troplong, II, 1061. Marcadé sur 2279.
Demolombe, IX, 622. Delvincourt, I, par. II, p. 644. Colmet de Santerre
sur 1141, 57 bis, III.

On nous objecte l'article 1141, et à cette objection nous ne voulons pas répondre, comme M. Ortlieb, par une fin de non-recevoir, tirée de ce qu'il y a simplement, dans l'article 1141, une application de l'article 2279. Cet auteur croit qu'on ne peut expliquer un texte qui pose la règle, par un autre, qui contient un exemple. Ceci n'est peut-être pas très rigoureux. On a le droit de se servir de l'exemple pour expliquer la règle, mais à la condition d'élaguer dans l'exemple ce qui est particulier, spécial au cas prévu. Nous ne pouvons donc *à priori* déclarer l'objection non recevable, mais elle nous paraît mal fondée.

Il est certain qu'aux termes de l'article 1141, s'il s'élève un conflit de propriété entre deux acheteurs successifs d'un même meuble, celui-là *sera préféré*, et ne pourra être dépouillé, qui aura reçu l'objet avec bonne foi.

Il résulte donc de cet article 1141 deux choses : d'abord, c'est que, fût-il en date le second acheteur, le possesseur de bonne foi pourra repousser la revendication de l'autre acheteur, qui n'a pas été mis en possession.

Et ensuite, c'est que le possesseur de mauvaise foi ne restera pas définitivement propriétaire à l'encontre de la personne qui aurait, avant lui, acheté le même objet du même vendeur. — C'est, dis-je, *qu'il ne restera pas propriétaire.* Mais cela veut-il dire que le premier acheteur aura contre lui une revendication à laquelle ne soit pas opposable la règle *En fait de meubles*, etc. ? En aucune façon. Le deuxième acheteur, qui a su que la chose avait été vendue au premier, qui a été, par conséquent, de connivence avec le vendeur pour tromper l'acquéreur de la veille, a commis un fait qui tombe directement sous l'application de l'article 1382 du Code civil. Le principe général de la réparation du dommage causé à autrui était posé quand le législateur de 1804 a rédigé l'article 1141 et c'est à ce principe qu'il faisait allusion, lorsqu'il parle ici de la nécessité de la bonne foi. C'est donc par voie d'action personnelle que procédera le premier acquéreur contre le second, de mauvaise foi. C'est à cette action personnelle que les auteurs de l'article ont songé, en disant : « Pourvu toutefois que cette possession soit de bonne foi .» Mais ce n'est pas l'action réelle qui pourra triompher [1].

Ce n'est pas une vaine chicane de mots. Nous reconnaissons que l'action personnelle expose le propriétaire à subir, en cas de faillite ou de déconfiture du possesseur de mau-

[1]. Un dernier argument vient corroborer notre système : en général, les modes de la transmission de droits opposables aux tiers ne sont pas soumis à une condition de bonne foi. Ainsi les effets de la signification d'un transport de créance et de la transcription se produisent même au profit d'une personne de mauvaise foi. — Mais il est un raisonnement que fait M. Ortlieb et qui nous semble devoir être écarté. Si c'est, dit-il, la revendication que l'on donne contre le possesseur de mauvaise foi, on doit admettre alors l'action réelle avec tous ses caractères, c'est-à-dire *qu'étant ouverte*, existant, elle suivra la chose et sera donnée contre tout détenteur ; c'est ce qui a lieu, ajoute-t-il, dans le cas d'une chose volée ou perdue, et si l'on veut également admettre la revendication quand il y a possession de mauvaise foi, il faut appliquer les mêmes principes à deux exceptions similaires. — Tel est le résumé de cette argumentation, qui nous paraît trop spécieuse pour être concluante. L'idée que la chose volée ou perdue peut être revendiquée est dans notre législation un souvenir mélangé du droit romain et du droit du moyen âge. On considère la chose comme affectée d'un vice réel), qui la suit dans toutes les mains. Alors, les tiers détenteurs ne peuvent invoquer la maxime *En fait de meubles*, etc., parce que, par une faveur spéciale, le propriétaire du meuble volé ou perdu est autorisé à le reprendre partout où il le trouve. Mais cela n'est pas que l'action réelle une fois ouverte doive triompher contre tout détenteur. Imaginons un possesseur de mauvaise foi d'un immeuble. La revendication *est ouverte* pour le propriétaire. Si, après cinq ans de possession, je suppose, le possesseur de mauvaise foi vend cet immeuble à un tiers de bonne foi, celui-ci va pouvoir prescrire par dix ou vingt ans. Qu'arrivera-t-il ? C'est que le propriétaire, dont la revendication a été ouverte et qui triompherait encore, s'il avait le premier possesseur pour adversaire, va perdre son procès. Pourquoi ? Parce que le droit de suite se heurtera à un obstacle, — la prescription. De même, il n'y aurait rien d'impossible à ce que la revendication, ayant été ouverte contre le possesseur de mauvaise foi d'un objet mobilier, échouât pourtant contre un possesseur de bonne foi, par suite d'un obstacle particulier, la maxime : *En fait de meubles*, etc. — Cela, dis-je, ne serait pas impossible ; mais nous avons assez démontré, par ailleurs, que cela n'est pas, que la revendication n'est pas ouverte contre le possesseur de mauvaise foi.

vaise foi le concours de tous les créanciers de celui-ci (Article 565, Code de commerce). Au contraire, s'il avait l'action réelle, il pourrait la diriger contre la masse à l'effet de reprendre sa chose [1].

1. Il y a pourtant une erreur de langage très souvent commise par le législateur. Il lui arrive de confondre, dans un grand nombre de textes, les actions réelles et les actions immobilières, les actions personnelles et les actions mobilières. V. par exemple l'article 59 du Code de procédure civile, l'art. 1 de la loi du 25 mai 1838. A prendre les expressions de la loi au pied de la lettre, on devrait dire qu'il n'y a point d'actions réelles mobilières, et s'il en était ainsi la distinction que nous faisons au texte serait superflue. Mais malgré l'apparence il y a des actions réelles mobilières, de même qu'il y a aussi des actions personnelles immobilières.

Il est vrai qu'en général la convention suffisant à transférer la propriété d'un immeuble, le créancier se trouve investi d'un droit réel, en même temps qu'il devient créancier. Mais il reste des cas où la propriété n'est pas transférée par le seul consentement (obligation de faire, — obligation *in genere,* — clause spéciale remettant à une date ultérieure le transport de la propriété). Dans ces cas le créancier n'a pas l'action réelle immobilière ; il n'a qu'une action personnelle immobilière.

D'autre part, si le législateur appelle « purement personnelles » les actions mobilières personnelles, s'il paraît plusieurs fois assimiler les actions personnelles et les actions mobilières, c'est qu'il a pensé que la règle *En fait de meubles,* etc., empêcherait le propriétaire d'agir, s'il n'était en même temps créancier. Mais cette idée n'est pas tout à fait juste ; nous verrons qu'il y a des cas où la maxime n'est pas opposable aux actions réelles mobilières, sans qu'il y ait à se demander pourtant si le défendeur est, ou non, tenu d'une obligation.

Que le propriétaire du meuble, en même temps créancier, intente l'action réelle ou l'action personnelle, ce n'est donc pas tout un. Mais nous reconnaissons qu'à part les intérêts pratiques signalés au texte, la distinction ne sort guère du domaine de la théorie. Quelle autre conséquence peut-elle, en effet, produire ? Dira-t-on que l'action personnelle peut être, suivant la nature de la contestation et la quotité de la demande, portée devant le tribunal de 1re instance, le tribunal de commerce ou le juge de paix, tandis que l'action réelle n'est jamais intentée que devant le tribunal de 1re instance ? Mais cette différence n'existe que si l'action réelle est, en outre, immobilière et pétitoire. Dira-t-on que l'action personnelle peut être soumise à un tribunal de répression, — correctionnel ou criminel, — incidemment à l'action publique, tandis qu'il n'en saurait être de même de l'action réelle ? Mais cette différence n'existe non plus, que si l'action réelle est immobilière. Pas d'intérêt, au point de vue de la compétence ; pas d'intérêt, enfin, au point de vue

Il y a aussi une différence, dans la manière dont aura lieu la prescription. Si l'on admet avec nos contradicteurs que l'article 2279 ne peut être invoqué par le possesseur de mauvaise foi ; si l'on reconnaît, par suite, au propriétaire le droit de revendiquer librement contre le possesseur, il faut dire aussi que cette revendication pourra être exercée, tant que le possesseur n'aura pas prescrit la propriété du meuble ; car, malgré les termes trop généraux de l'article 2262, nous ne pensons pas que la revendication, c'est-à-dire la mise en action du droit de propriété, la manifestation militante de ce droit, puisse s'éteindre directement ; elle ne peut disparaître que par contre-coup, par le fait d'une prescription acquisitive.

Dans le système de nos adversaires, le droit du propriétaire subsistera donc tant que le possesseur n'aura pas prescrit dans les conditions voulues : possession continuée publiquement, paisiblement, d'une manière non équivoque, pendant trente années. Au contraire, selon nous, du moment que le possesseur aura eu, dans le début, une possession réelle, effective, il n'y aura plus à se préoccuper de l'avenir ; à partir de ce moment, la maxime *En fait de meubles*, etc., peut être opposée à la revendication. Si le possesseur est de mauvaise foi, il restera, sans doute, contre lui une action personnelle, dégagée de l'entrave de cette maxime ; mais cette action se prescrira par trente années, sans qu'il faille s'inquiéter de savoir s'il y a eu prescription acquisitive.

Et enfin n'est-il pas possible qu'il y ait mauvaise foi chez le possesseur sans qu'il soit tenu à restitution envers le propriétaire ? Imaginez que Paul vende successivement le même meuble à Pierre, à Jean et à Jacques. C'est l'hypothèse de l'article 1141, mais avec un acheteur en plus. Le meuble est

de l'article 64 du Code de procédure civile, lequel astreint à certaines formalités l'indication de l'objet de la demande, dans les actions réelles, mais seulement dans les actions réelles immobilières. V. M. Garsonnet, *Cours de Procédure civile* (T. I, §§ CXXIII et CXXIX).

livré à Jacques. Mais Jacques est de mauvaise foi, en ce sens qu'il sait que le meuble a été vendu à Jean. Il ignore qu'il l'ait été précédemment à Pierre. Supposons qu'il ait consenti à acheter le meuble et à le recevoir, dans l'espérance que Jean, qui est absent, mais qu'il connaît, voudra bien le lui laisser. C'est Pierre qui arrive et qui revendique. Jacques est-il tenu à restitution envers lui ? Il se pourra que non, si en fait il n'y a pas eu assez d'imprudence et de légèreté dans son acquisition pour que l'article 1382 soit applicable.

Autre exemple. Paul dépose son meuble chez Pierre. Pierre vend ce meuble à Jean et à Jacques successivement. Il le livre à Jacques qui, par hypothèse, a connu la première vente. Il savait donc, en achetant le meuble, qu'il n'appartenait pas à son vendeur, mais il ignorait qu'il ne lui avait jamais appartenu, que Pierre était le dépositaire de Paul. Que va-t-il se passer ? Paul peut-il revendiquer contre Jacques ? Oui, dans le système de nos contradicteurs ; non, dans le nôtre. Jean peut-il actionner Jacques ? Oui, certes, mais réellement disent les uns, personnellement, disons-nous avec les autres.

Sans doute, les différences qui séparent notre doctrine de celle que soutiennent la majorité des auteurs ne sont pas, en général, très favorables aux intérêts du propriétaire. Mais ce n'est pas condamner une opinion que d'en signaler des conséquences rigoureuses ; c'est le plus souvent le moyen qu'on emploie pour réfuter la nôtre ; mais on est impuissant à établir que le Code ait parlé quelque part d'une prescription trentenaire pour les meubles possédés de mauvaise foi ; on est impuissant à tirer de l'article 2279 autre chose que ce qu'il dit ; on refait la loi, on la corrige, on ne l'interprète plus[1].

____

1. La jurisprudence admet que le possesseur de mauvaise foi n'est pas protégé par l'article 2279. Jugé que des livres vendus, en l'absence du propriétaire d'une bibliothèque par une personne qui était chargée de la garder,

C). — *L'article 2279 n'exige pas le juste titre* [1]. — Le possesseur de mauvaise foi peut avoir un juste titre [2], et en démontrant que la bonne foi n'est pas réclamée par l'article 2279, nous n'avons pas prouvé que cet article dispense du juste titre.

Les auteurs mêmes qui jugent la bonne foi nécessaire à l'application de l'article 2279 auraient tort de prétendre qu'il ne leur reste pas à examiner la question du juste titre. Ils ne l'auraient pas tranchée en résolvant la première. Il est vrai que M. Bigot de Préameneu a dit : « Nul ne peut croire de bonne foi qu'il possède comme propriétaire, s'il n'a un juste titre, c'est-à-dire un titre qui soit de nature à transférer la propriété. » Il est vrai que le tribun Goupil Prefeln ajoute : « Le titre sera juste si l'acquéreur a été de bonne foi. »

Mais c'est là une erreur, et si rares qu'ils soient, il y a des cas où le possesseur est de bonne foi, sans avoir le juste titre.

Qu'est-ce, en effet, que le juste titre ? C'est une cause légale d'acquisition, c'est un fait juridique, — achat, échange, donation, legs, dation en paiement, etc., — qui, s'il émanait du vrai propriétaire, aurait pour effet de transférer sûrement la propriété. Il n'y a donc pas juste titre, quand le contrat passé n'est pas, de sa nature même, susceptible de rendre le possesseur propriétaire ; quand c'est, par exemple, un louage ou un dépôt.

Et il n'y a pas, non plus, juste titre, quand le titre étant

---

ont pu être revendiqués par ce propriétaire contre un tiers acheteur qui avait connaissance du fait; et cela, bien que ce tiers les eût possédés depuis plus de trois ans (Req. 9 janvier 1811) Dans l'espèce, nous aurions reconnu au propriétaire un action personnelle en restitution.

1. Aubry et Rau, § 183, note 3 ; de Folleville, 33 ; Ortlieb, 82. — *Contra*, Marcadé, sur 2279, II; Demolombe, IX, 622 et XXIV, 469.

2. Tel est précisément le cas de l'article 1141.

un contrat solennel, les formes n'ont pas été observées, ou quand, je suppose, le titre est prohibé par la loi : telle une substitution.

Ainsi donc le partage n'étant pas translatif, mais déclaratif, de propriété n'est point un juste titre (art. 883). De même le jugement.

Eh bien ! j'imagine que, par erreur, un objet qui n'appartenait pas au défunt ait été placé dans mon lot. Ne peut-il arriver que j'en aie, de très bonne foi, reçu la possession ?

Ou bien je donne à quelqu'un un mandat de m'acheter une chose; il vient me dire qu'il l'a achetée, m'apporte, par exemple, un acte fabriqué : il n'y a pas de juste cause en réalité, mais je crois pourtant qu'elle existe. Très généralement, les auteurs déclarent que, dans cette hypothèse, la croyance ne suffit pas pour constituer le juste titre, qu'en d'autres termes le titre putatif n'est pas admissible. Pourtant, il y a bonne foi [1].

En un mot, les deux questions ne sont pas solidaires, et voilà, par conséquent, réfuté un prétendu dilemme à l'aide duquel les partisans de la bonne foi dans l'article 2279 cherchent souvent à démontrer la nécessité du juste titre. « Ce qui la prouve, disent-ils, cette nécessité, c'est que celui qui n'a pas juste titre, ou bien ne possède pas *animo domini* (et alors il n'y a pas possession aux termes de l'article 2279), ou bien possède en se considérant comme propriétaire (et dans ce cas il est de mauvaise foi ; donc encore, il ne possède pas aux termes de l'article 2279). » Nous verrons ce qu'il faut dire de l'*animus domini ;* nous avons vu

---

1. La bonne foi n'est même pas incompatible avec l'erreur de droit. Je puis croire valable un acte nul, permis, un acte prohibé. Il n'y aura pas juste titre, à coup sûr, mais la bonne foi est chose subjective, elle ne relève que du for intérieur : on ne peut pas dire qu'elle n'existe pas : elle existe, si grossière que soit l'erreur, et alors même que la sincérité confine à la naïveté.

que la bonne foi n'était pas nécesasire ; mais je prétends que ceux-là mêmes qui exigent l'*animus domini* et la bonne foi tout ensemble ne peuvent cependant se servir de ce dilemme boiteux : car il y a des possesseurs qui n'ont pas le juste titre et qui sont de bonne foi, tout en ayant l'*animus domini.*

Mais pourquoi disons-nous que le juste titre n'est pas nécessaire à la possession de l'article 2279?

C'est que le texte de l'article est général et absolu. La possession vaut titre, est-il dit. Le texte ne distingue point.

De quel droit vient-on soutenir qu'il s'agit seulement dans l'article 2279 du titre de propriétaire, que celui-là seul est suppléé, que le juste titre, au contraire, n'est pas rendu inutile par la possession, qu'il faut le produire pour s'autoriser contre la revendication de la maxime *En fait de meubles*, etc.? Nous entrons de plain pied dans l'arbitraire. Toutes ces exigences sont en contradiction avec les précédents historiques: on sait de reste que ni Bourjon ni Pothier ne demandaient au possesseur d'aussi pénibles justifications.

Dira-t-on que, sans imposer au possesseur cette justification, la loi exige le juste titre, mais en le présumant? Dans ce système il serait loisible au revendiquant d'établir que son adversaire n'a pas juste titre, et s'il parvenait à faire cette preuve, il interdirait par là même au défendeur de s'abriter derrière l'article 2279.

On a trop souvent confondu cette question avec celle, toute différente, de la force de la maxime *En fait de meubles*, etc. Il ne s'agit pas ici de combattre cette maxime, de la tenir en échec, dans les cas où elle est applicable; il s'agit, au contraire, de voir si elle est de mise. En accordant au demandeur la faculté de démontrer qu'il n'y a pas juste titre, ce qu'on lui donne, ce n'est pas le droit d'ébranler la règle, c'est le droit de prouver qu'on n'est pas dans la règle. Cela revient donc à dire que le juste titre est nécessaire à l'application de l'article 2279 ; et l'on se retrouve en présence de cet argument décisif, que le texte est muet à cet égard.

On élève des objections. La première consiste à dire que, l'article 2279 consacrant en matière de meubles une prescription instantanée, cette prescription ne saurait être affranchie des conditions indispensables à toutes prescriptions privilégiées, — le juste titre et la bonne foi. Cette objection, nous l'avons déjà réfutée, par cela même que nous avons établi l'inutilité de la bonne foi ; mais nous pouvons ajouter qu'elle tombe d'elle-même, et qu'elle est proprement un cercle vicieux. Comment peut-on démontrer que la règle *En fait de meubles*, etc., repose sur une prescription instantanée ? Par une simple affirmation, que l'on contrôle ensuite, si l'on prouve qu'en effet le juste titre et la bonne foi sont indispensables. Mais si, pour faire cette preuve, on s'appuie sur la thèse *à priori* qu'on a soutenue d'abord, il ne reste que le néant. Voilà le danger de chercher la nature juridique de la règle : *En fait de meubles*, etc., avant d'avoir analysé les conditions qui la régissent.

On avance que notre doctrine aboutit à des résultats inconcevables ; que, selon nous, l'héritier apparent va devenir instantanément propriétaire de tous les meubles compris dans la succession. — Mais on oublie que la maxime *En fait de meubles*, etc., est étrangère, comme nous le verrons, aux universalités.

On dit : Si le juste titre n'était pas nécessaire, celui qui recevrait en paiement un objet mobilier qui ne lui serait pas dû, devrait pouvoir opposer la maxime *En fait de meubles*, etc. Or il ne le peut, aux termes de l'article 1376 ; donc, le juste titre est nécessaire dans l'art. 2279. Mais ce syllogisme est défectueux ; la restitution de l'article 1376 n'est pas fondée sur l'absence de juste titre, elle est fondée sur une obligation personnelle : c'est l'idée de la *condictio indebiti*.

aucun intérêt à garder la chose, s'il en reçoit de son débiteur

Enfin, l'on puise dans l'article 1238 du Code civil une dernière objection. L'article 1238 du Code civil est ainsi conçu : « Pour payer valablement, il faut être propriétaire de la chose donnée en paiement, et capable de l'aliéner. — Néanmoins le paiement d'une somme en argent ou autre chose qui se consomme par l'usage ne peut être répété contre le créancier qui l'a consommée de bonne foi, quoique le paiement en ait été fait par celui qui n'en était pas propriétaire ou qui n'était pas capable de l'aliéner. » Ainsi, dit-on, le créancier, *avant d'avoir consommé la chose*, ne peut pas repousser la revendication du propriétaire par la règle : *En fait de meubles*, etc. Pourquoi ne le peut-il ? C'est évidemment que le revendiquant lui répond : « Vous n'avez pas juste titre, d'après l'alinéa 1ᵉʳ de l'article 1238 ; vous ne vous trouvez pas dans l'hypothèse de l'article 2279. »

Il y a là, ce nous semble, une double inexactitude. D'abord il n'est pas vrai que le créancier manque dans l'espèce de juste titre, puisque si le débiteur avait été propriétaire, le paiement aurait été valable. Ensuite, il n'est pas vrai non plus que le créancier ne puisse pas repousser la revendication du propriétaire : telle n'est pas du tout la disposition de l'article. De quoi parle-t-il ? D'une action en répétition. Or qui peut répéter, sinon celui qui a livré ? Ce sont donc les rapports du débiteur et du créancier que règle l'article 1238.

Cela est si vrai que le texte met sur le même rang deux hypothèses : celle du paiement fait avec la chose d'autrui et celle du paiement fait par un incapable. Or, dans ce dernier cas, n'est-ce point au débiteur qu'une action va compéter ?

L'article 2279 reste donc applicable dans les rapports du créancier et du tiers revendiquant.

Mais pourquoi le débiteur a-t-il ce droit de répétition ? En le lui accordant, la loi ne lui permet-elle pas d'évincer celui qu'il devrait garantir ? Oui, peut-être ; mais le créancier n'a une autre équivalente ; et, quant à ce débiteur, le législateur a voulu le tirer de la situation très embarrassante où il est jeté, entre l'action du créancier en nullité de paiement et l'action du propriétaire en dommages et intérêts. Pour le mettre hors d'affaire, on l'autorise à répéter, tant que le créancier n'a pas consommé de bonne foi ; la consommation faite, son droit cesse, par la force même des choses : à ce moment du reste, le créancier, ne pouvant restituer l'objet, n'a plus d'action en nullité de paiement, et le débiteur n'a plus à se défendre des deux côtés[1].

1. Aubry et Rau, IV, § 346, notes 16 à 19. — Demante et Colmet de Santerre, V, 177 et 177 bis. — Folleville, n° 33. — Nous croyons devoir repousser deux explications ingénieuses fournies l'une par M. Larombière, l'autre par M. Demolombe ; M. Larombière admet qu'il y a dans l'article 1238 une exception non pas à la règle générale : *en fait de meubles*, etc., mais au § 2 de l'art. 2279. Il s'agirait ici de meubles volés ou perdus ; comme ces meubles sont, par hypothèse, des objets de consommation, la revendication, au lieu de donner trois ans, s'éteindrait au jour de la consommation. — Si tel, était le sens de l'article, il n'y aurait là qu'une superfétation ; car il est clair que la revendication ne survit pas à la destruction de bonne foi. De plus l'article 1238 ne laisse point entendre qu'il traite des choses volées ou perdues ; et l'on prête à ce texte des intentions qu'il ne paraît pas avoir (Larombiere, *Oblig. civiles*, III, 1238, n° 15 et s.). — Quant à M. Demolombe, il professe que l'article 1238 déroge à la maxime : *En fait de meubles*, etc. ; mais ce dont il serait question dans cet article 1238, ce seraient exclusivement les objets de consommation ; les corps certains n'y seraient nullement en cause. Le créancier pourrait, il est vrai, être évincé par le propriétaire, mais cette éviction ne présenterait aucun inconvénient, ne causerait au créancier aucun préjudice, puisqu'il recevrait en retour une chose de même valeur. — Cette affirmation ne saurait nous convaincre. Est-ce le propriétaire revendiquant qui sera tenu de restituer au créancier des choses de même valeur ? Non pas ; mais le débiteur ; et n'y a-t-il pas quelques chances pour que ce débiteur, qui paie avec le bien d'autrui, soit insolvable ? L'inconvénient serait donc grave et le préjudice réel. Pourtant, ce n'est pas dans cette conséquence que nous voyons la condamnation du système de M. Demolombe ; c'est dans le point de départ, c'est dans cette distinction qu'il fait arbitrairement, selon nous, et dans cette étrange diminution que va subir la règle de l'article 2279, si l'on en écarte les objets de consommation. (Demolombe, XXVIII, p. 109).

Mais il va sans dire que le débiteur, qui a payé son créancier avec la chose d'autrui, étant, de par ce fait même, tenu d'une obligation envers le propriétaire, ce dernier pourra, jusqu'à la consommation, exercer à l'encontre du créancier, et du chef du débiteur, l'action en répétition (article 1166). Il ne procédera pas alors par voie de revendication ; l'article 2279 ne sera point applicable.

D) *La précarité n'empêche pas l'application de l'article 2279.* — Cette proposition, assez généralement niée, réclame quelques développements.

α). — Tout à l'heure, après nous être attaché à démontrer que la maxime « *En fait de meubles*, etc. » ne supposait pas nécessairement, chez le possesseur, l'existence de la bonne foi, nous avons cependant réservé les cas où la mauvaise foi créerait, au profit du propriétaire, une obligation personnelle du possesseur ; et nous avons dit qu'alors le propriétaire pourrait agir en vertu de ce droit, mais non pas cependant par la revendication [1].

Quelques auteurs présentent un système différent. La maxime *En fait de meubles*, etc., ne pourra jamais, disent-ils, être invoquée par le possesseur obligé personnellement envers le propriétaire ; il n'importera point que ce dernier l'ait poursuivi par voie d'action réelle ou d'action personnelle. Il suffira que l'obligation existe, pour que l'article 2279 ne puisse jamais être d'aucune utilité au défendeur. Autrement, disent ces auteurs, on en arriverait à « des circuits d'actions frustratoires et inutiles [2] ». Le propriétaire, après avoir été débouté de son action réelle, serait forcé d'intenter une action personnelle ; il l'intenterait et triompherait. A quoi bon toutes ces subtilités ?

1. Ortlieb, *loc. cit.* ; Aubry et Rau, *loc. cit.* ; Delvincourt, p. 119, 125, 152, 161.
2. Folleville, *loc. cit.*

A y regarder de près, ce n'est pas dans notre système qu'est la subtilité. On raisonne en pure théorie : on ne réfléchit pas qu'en fait, il n'arrivera jamais que le propriétaire poursuive le possesseur en n'arguant que de son droit réel. Nous ne sachons pas que l'exemple se soit jamais présenté, et il suffit de feuilleter les collections de jurisprudence pour se convaincre que l'élément personnel sera toujours mêlé, dans l'assignation et dans les conclusions, à l'élément réel. D'autre part, le circuit d'actions ne pourra pas résulter non plus d'une différence de compétence, puisque l'on reconnaît très communément que l'action réelle mobilière est portée au tribunal du domicile (art. 59 du Code de procédure). Ainsi, dans la pratique, le tribunal sera en même temps saisi des deux questions : l'obligation, la propriété ; — et voilà pourquoi les décisions judiciaires, en autorisant la preuve de l'obligation, paraissent avoir souvent permis du même coup la preuve de la propriété. En examinant la force de notre maxime, nous jugerons si cette dernière preuve est, ou non, possible. Mais ce qui est constant, c'est qu'en réalité il n'y a point à redouter de circuits d'actions.

On insiste. Aux termes de l'article 1926, dit-on, le propriétaire a l'action en revendication contre le dépositaire. Or les meubles seuls peuvent faire l'objet d'un dépôt ; donc, voilà bien un cas où la revendication, l'action réelle est donnée au propriétaire contre le possesseur tenu d'une obligation.

Mais il faut voir quelle est l'hypothèse de l'article 1926. « Si le dépôt a été fait par une personne capable à une personne qui ne l'est pas, la personne qui a fait le dépôt n'a que l'action en revendication de la chose déposée, tant qu'elle existe dans la main du dépositaire, ou une action en restitution jusqu'à concurrence de ce qui a tourné au profit de ce dernier. » *N'a* *que* l'action en revendication. Ce *ne... que* s'explique d'abord par l'article 1925 : « Si une personne capable de contracter accepte le dépôt fait *par* une personne incapable, elle est tenue de toutes les obligations d'un véritable dépositaire. » Venant ensuite au cas où le dépôt est fait *à* une personne incapable, l'article 1926 décide que le dépositaire ne sera tenu que de restituer la chose, s'il l'a encore entre les mains, ou le profit qu'il en a tiré, s'il ne la possède plus. Est-ce à dire que le mot revendication soit employé dans le sens étroit d'action réelle ? Non, il est mis là par opposition aux mots : « toutes les obligations » du texte précédent ; il n'en reste qu'une, si le dépositaire est incapable : celle de restituer.

Nous avouons qu'on puise, dans l'article 608 du Code de procédure civile, une objection beaucoup plus grave. Cet article est ainsi conçu : « Celui qui se prétendra propriétaire des objets saisis ou de partie d'iceux, pourra s'opposer à la vente par exploit signifié au gardien, et dénoncé au saisissant et au saisi, contenant assignation libellée et l'énonciation des preuves de propriété, à peine de nullité : il y sera statué par le tribunal du lieu de la saisie comme en matière sommaire, etc. »

L'énonciation des preuves de propriété, dit-on : n'est-il pas assez évident qu'il s'agit là d'une revendication véritable, et non pas d'une action personnelle [1] ?

Remarquons d'abord que s'il est démontré, comme l'affirment nos adversaires, que l'article 608 institue, en faveur du propriétaire, une revendication de son meuble compris dans une saisie, nous avons tous, nos contradicteurs et nous, à enregistrer une exception formelle à l'article 2279. Car il n'est pas dit dans le texte que l'action soit intentée par un créancier du saisi ; on peut supposer qu'elle le soit par un tiers quelconque ; du moment où l'on croit avoir affaire à une action réelle, il devient possible d'imaginer qu'elle est exercée

_____

1. M. Garsonnet, *op. cit.*, § CXXIV *bis*, note 2, p. 507, t. I.

par un propriétaire, envers qui le saisi ne soit tenu d'aucune obligation. L'article ne distingue pas ; et l'on voit que s'il est obscur dans notre système, il ne l'est pas moins dans l'opinion contraire [1].

Mais examinons quelle est, en définitive, la nature de cette demande en distraction que le propriétaire va signifier au gardien de la saisie, en la dénonçant à la fois au saisissant et au saisi. Des circonstances diverses peuvent donner lieu à la saisie de meubles qui n'appartiennent pas au débiteur. L'huissier a, par exemple, procédé en l'absence de toute personne qui pût le renseigner ; ou bien même il a exécuté en présence du débiteur qui lui a dit : « Tels et tels meubles ne se trouvent chez moi qu'à titre de prêt, de dépôt ou de louage. » L'huissier a, pour plus de sûreté, passé outre et provisoirement compris ces objets dans la saisie, sauf au tiers qui se prétendra propriétaire à former, s'il le juge à propos, une demande en distraction.

Quelles énonciations va contenir l'exploit ? La loi, sachant combien il est facile d'abuser des demandes de ce genre, prévoyant les collusions entre le débiteur et des amis com-

---

1. M. Troplong qui s'est tout particulièrement attaché à distinguer le cas où le propriétaire agit contre un tiers possesseur du cas où il agit contre un défendeur obligé à restitution, n'a pas très clairement expliqué quelle était, d'après lui, la nature de l'action dans la seconde hypothèse. Il appelle cette action « personnelle ou mixte ». Ce n'est pas résoudre la question, car la qualité de mixte, qui ne changerait rien ici à la compétence, ne contribuerait certes pas à dissiper l'obscurité. Aussi bien, M Troplong passe-t-il, sans s'y arrêter, auprès de la difficulté soulevée par l'article 608. Et pourtant, il cite une espèce bien faite pour la mettre en relief. Fayolle avait fait opérer une saisie sur un de ses débiteurs. Un sieur Faux se présenta porteur d'un acte de vente qui faisait passer sur sa tête une partie des objets saisis. Cet acte avait date certaine antérieure à la saisie. Arrêt de la cour de Bordeaux, 3 avril 1829, ordonnant au profit de Faux distraction des meubles qu'il prouvait lui appartenir. Décision inattaquable, en réalité, mais, selon nous, mal motivée : l'arrêt dit que si, aux termes de l'article 2279, en fait de meubles, possession vaut titre, ce n'est évidemment qu'en l'absence d'un titre contraire. (D. 29. 2. 218. Troplong, l. c., n° 1047.)

plaisants, redoutant les fraudes, la complicité des hommes de paille et des prête-noms, décide que le demandeur en distraction devra exposer ses titres de propriété. Mais comment les tribunaux ont-ils interprété cette exigence? Comment étaient-ils, puis-je dire, forcés de l'interpréter?

Ils ont, dans une jurisprudence à peu près constante, réclamé du propriétaire un titre ayant date certaine antérieure à ces poursuites (art. 1328 Code civil); c'est-à-dire, en fait, la preuve d'un contrat intervenu avant cette époque entre le demandeur en distraction et le saisi : soit un dépôt, soit un prêt, soit une vente consentie par le saisi. Et en résumé, ils n'ont accordé l'action au prétendu propriétaire, que s'il la fondait sur un droit personnel qu'il avait contre le saisi. Dans tout autre cas, celui-ci aurait été protégé contre sa réclamation par l'article 2279 ; la même protection serait due à la saisie. Le propriétaire, demandeur en distraction, n'échappera donc à l'effet de la maxime que s'il invoque une obligation dont le débiteur est tenu à son égard. L'énonciation générale qu'exige le texte de l'article 608 ne sera pas suffisante : il faudra, en outre, l'énonciation du droit de créance. Et quand je dis « en outre », je me trompe : cette dernière seule, en réalité, sera nécessaire, et, lorsque le demandeur aura prouvé qu'il a prêté le meuble, on ne le contraindra pas de plus à établir qu'il en était propriétaire. Ce sera donc bien, dans la forme, une action personnelle que le propriétaire intentera.

Mais au fond, nous dit-on, il n'en sera pas ainsi. L'action du demandeur en distraction est opposable aux créanciers saisissants. C'est donc une revendication, et c'est même une revendication d'une force toute particulière. Car supposez deux acheteurs successifs d'un même meuble ; celui-là sera préféré qui le premier aura été mis de bonne foi en possession. L'action réelle de l'acheteur, premier en date, échouera donc, en ce cas, contre le deuxième. Voici, au contraire, que, sur un même meuble, deux droits successifs viennent se fixer : le premier, en vertu d'une vente, le second en vertu d'une saisie. Bien qu'alors le possesseur soit précisément le créancier saisissant, l'acheteur va triompher. La contradiction est manifeste, et l'on ne peut l'expliquer qu'en disant : Il y a, dans l'article 608 du Code de procédure, une dérogation, spéciale, mais formelle, aux règles des articles 2279 et 1141 du Code civil.

Telle n'est pas notre opinion. Le créancier n'a pas sur les objets saisis une main-mise réelle ; il n'a pu mettre sous la garde de la justice que ce qui régulièrement, logiquement, appartenait à son débiteur. Ce débiteur n'avait pas le droit de nier l'obligation dont il était tenu : les créanciers n'auront pas ce droit davantage. Ils ne sauraient être vis-à-vis des tiers dans une meilleure, ni dans une autre condition que lui-même. Aussi n'y aura-t-il point, comme dans l'article 1141, conflit entre des droits égaux, de même nature, de même force ; et nous pouvons conclure, avec MM. Aubry et Rau, que l'action de l'article 608 est simplement une action personnelle en restitution exercée à l'encontre même des créanciers du saisi [1].

Ainsi, pour que le défendeur ne lui oppose pas avec succès l'article 2279, ce sera une action personnelle que le propriétaire du meuble devra exercer.

β) — Mais il est bien entendu, malgré une assertion évidemment irréfléchie de Marcadé, qu'il n'y a point similitude entre l'obligation personnelle chez le possesseur et la précarité. Les deux situations ne se confondent pas : nous avons trouvé déjà des circonstances où le possesseur était tenu à restitution, sans être en même temps détenteur précaire. Tel, l'individu qui a acheté de mauvaise foi le meuble au dépositaire ou au locataire. Et d'une façon générale, toute personne qui

---

1. *Cours de Droit français*, II, § 183, note 32, 4ᵉ éd. Au surplus, l'article 608 suppose que la vente de l'objet n'a pas encore eu lieu. L'adjudicataire peut certainement invoquer la maxime.

sera coupable, envers le propriétaire de la chose, d'un délit ou d'un quasi-délit, sera par là même, et sans aucun doute, obligée à restitution, — qu'elle ait ou non l'*animus domini*.

A l'inverse il ne serait pas exact non plus de prétendre que tous les détenteurs précaires seront tenus à restitution. Un héritier trouve dans la succession un objet mobilier qui avait été confié, plus de trente années auparavant, à son auteur. Cet héritier n'est plus tenu à restitution ; l'action personnelle est prescrite ; mais la précarité subsiste, elle est perpétuelle, sauf intervention régulière, elle est indélébile.

L'héritier, demeuré détenteur précaire, pourra-t-il ou non opposer à l'action du propriétaire l'article 2279 ?

Comme à ce moment, l'obligation étant éteinte, cette action du propriétaire ne peut plus être que la revendication, il va de soi que si nous répondons négativement à la question posée, il sera logique d'admettre la revendication contre le détenteur précaire, dès avant l'anéantissement de l'action personnelle. Et partant, nous serons amenés à dire que si, en général, l'*action réelle* du propriétaire doit rencontrer l'obstacle de la maxime : *En fait de meubles*, etc., même de la part d'un possesseur personnellement obligé, cependant le défendeur n'aura plus aucun droit d'invoquer cette maxime, s'il est en état de précarité. On pourrait alors le poursuivre indifféremment, indistinctement, par l'action personnelle ou par la revendication.

Ce système est-il exact ? est-il juridique ? Précisons d'abord les caractères de la précarité[1].

En droit romain, le précariste était possesseur ; il avait les interdits, sinon à l'encontre du concédant, du moins à l'encontre des tiers.

Le mot précaire ne s'appliquait pas, au rebours, à ceux qui détenaient une chose au nom d'autrui. Ceux-là n'avaient

---

1. V. *Revue pratique*, année 1874, t. 38, p. 386 et s., une intéressante dissertation de M. de Folleville.

point une possession qui pût leur donner le droit aux interdits. L'*animus domini* leur faisait défaut, après même que ces détenteurs, — le dépositaire, par exemple, ou l'usufruitier, — s'étaient insurgés contre leur titre, avaient manifesté l'intention formelle, la volonté incontestable, de posséder en leur propre nom, de traiter la chose comme leur. *Nemo potest sibi ipse mutare causam possessionis.* Restés malgré eux simples détenteurs, ils n'avaient d'autre moyen d'intervertir la cause de leur possession que d'obtenir, du propriétaire ou d'un tiers, un titre quel qu'il fût, mais contenant *justa causa.*

Aujourd'hui, par une singulière altération du sens de ce mot, les possesseurs précaires sont ceux qui détiennent une chose *tanquam rem alienam :* les dépositaires et les emprunteurs à usage, les locataires, fermiers ou colons, et, quant à la nue propriété, les usufruitiers. Nous n'examinerons pas ici la question très controversée de savoir si le vendeur qui n'a point livré la chose vendue possède ou non précairement.

La précarité, aux termes de l'article 2236 du Code, fait obstacle à la prescription acquisitive de la chose possédée. Et cela, non seulement à l'égard de la personne au nom de laquelle le possesseur précaire détient la chose, mais à l'égard de tout le monde. En d'autres termes, le vice de la précarité n'est pas, comme ceux de la violence ou de la clandestinité, relatif : il est absolu. Paul, qui possédait une de mes terres, avec l'*animus domini*, vous l'a louée : trente ans s'écoulent. Je revendique mon bien contre vous. Il ne nous est pas permis de m'opposer la prescription, à moi, qui ne suis pas votre bailleur, pas plus qu'il ne vous serait possible de l'invoquer contre Paul.

En même temps qu'absolue, votre précarité est perpétuelle : c'est-à-dire que dans quarante, dans cinquante ans, je pourrai encore m'en prévaloir contre vous. Paul également. Son action personnelle sera prescrite, mais s'il intente l'action réelle, il triomphera. Votre précarité ne peut être purgée que dans les conditions expressément arrêtées par l'article 2238 : l'inter-version par une cause venant d'un tiers, — l'interversion par la contradiction que vous auriez opposée au droit du propriétaire.

- Est-ce qu'en matière de meubles la précarité aura pour effet d'empêcher l'application de l'article 2279, comme elle a, en fait d'immeubles, la propriété de rendre impossible la prescription acquisitive ? Malgré l'opinion de la grande majorité des auteurs, nous ne saurions admettre cette assimilation, qu'on a parfois présentée comme un axiome, mais qu'on a rarement justifiée.

La donner comme indiscutable [1], cela nous paraît arbitraire. Telle que nous venons de l'exposer, la théorie de là précarité, en matière immobilière, présente deux grands intérêts, relatifs, l'un à la prescription acquisitive, l'autre aux actions possessoires. L'article 23 du Code de procédure ne laisse place à aucun doute au sujet de ces actions et nous croyons même que la Cour de cassation a eu tort de distinguer, à ce propos, entre la réintégrande et la complainte [2].

Cette concession faite, nous n'hésitons pas à dire que la théorie de la précarité produit, en certains cas, les conséquences les plus bizarres. Après l'extinction même de l'obligation personnelle, l'héritier de bonne foi du détenteur pré-

1. « Si le possesseur était tenu à un titre quelconque de restituer le meuble, dit M. de Folleville, il ne serait plus qu'un détenteur précaire, et lorsqu'il voudrait invoquer l'art. 2279, on le repousserait en vertu de son obligation. » Oui, sans doute ; voilà pour les rapports du détenteur précaire et de son « maître ». Encore faut-il supposer, pour que la question puisse se trancher ainsi, que l'obligation personnelle n'est pas encore éteinte. Mais restent les rapports du possesseur précaire et des tiers. Le savant professeur qui exige, sans distinction, *l'animus domini*, paraît enseigner que la précarité sera, ici encore, un vice absolu ; mais il ne discute pas l'opinion contraire.

2. Cass. Rej. 28 déc. 1826. - 19 avril 1839. V. Dalloz, V° *Actions poss.* n°s 102, 103, 104. Cass. rej. 25 mars 1857, D. 1853. 1. 315. — Cass. 27 juillet 1862, D. 62. 1. 354.

caire est impuissant à acquérir la prescription, tandis que l'ayant cause particulier, même de mauvaise foi, ne succédant pas au vice de la possession, peut, s'il n'en est empêché d'ailleurs par la clandestinité, la violence ou d'autres motifs déterminés, opposer au propriétaire la prescription acquisitive.

Si, au contraire, le détenteur précaire a interverti sa possession en achetant le bien d'un tiers, peu importera qu'il sache ou qu'il ignore que ce tiers n'a pas vraiment la propriété. A la seule condition qu'il n'y aura point, dans cette acquisition, une fraude trop manifeste, une comédie facile jouée par le détenteur, la précarité disparaîtra. A partir de ce moment, la prescription sera possible, l'action possessoire sera ouverte. On ne s'inquiétera pas de la mauvaise foi du possesseur, hier honnête, mais précaire et incapable de prescrire, aujourd'hui complice d'une manœuvre déloyale, et par cette complicité même, mis en état d'arriver à la prescription. Il y a là, quoi qu'on fasse, une très regrettable anomalie. Et la loi, bien inconsciemment, a encouragé des fraudes qu'il ne sera pas toujours aisé de démasquer.

Par bonheur, cette théorie de la précarité n'est pas aussi générale qu'on veut bien le dire. Le texte de l'art. 2279 dit qu'en fait de meubles la possession vaut titre. Le Code emploie-t-il nécessairement le mot possession dans le sens de possession non précaire ? Il serait bien téméraire de l'affirmer, en présence des articles 2228 et 2229 : « La possession, dit le premier, est la détention ou la jouissance d'une chose ou d'un droit que nous tenons ou que nous exerçons par nous-mêmes ou par un autre qui la tient ou qui l'exerce en notre nom. » Et le second article ajoute : « Pour pouvoir prescrire, il faut une possession continue et non interrompue, paisible, publique, non équivoque, et à titre de propriétaire. » Il faut une possession qui remplisse telles et telles conditions ; c'est déterminer, sans doute, une possession d'un genre spécial, mais

ce n'est pas dire que ces conditions seront indispensables
pour constituer la possession dans le sens général du terme.
Dans les articles 2230, 2231, 2236, 2238, etc., le Code emploie
ce mot possession en lui attribuant la plus large signification.
Nous croyons qu'il en est de même dans l'article 2279 ; car
rien jusqu'ici ne nous a prouvé que cet article 2279 consacrât
une prescription.

Et aussi bien voyez à quel étrange résultat on aboutirait
dans le système contraire. Paul qui a été, à une époque quelconque, propriétaire d'un meuble, le revendique contre Pierre,
dont l'auteur l'a reçu en dépôt, en prêt ou en location, de
Jacques. Jacques a disparu ; et Pierre depuis plus de trente
ans possède le meuble avec la volonté manifeste, éclatante
d'en paraître le propriétaire. Paul, qui depuis plus de trente
ans, ne pouvait pas revendiquer contre Jacques sans se heurter à l'article 2279, aura le droit de prouver, s'il le peut encore,
que Pierre est l'héritier de l'emprunteur ou le dépositaire de
Jacques. Mais si Pierre vend le meuble à un tiers qui connaît
cette qualité de détenteur précaire, à un tiers de mauvaise
foi, Paul ne peut pas inquiéter l'acquéreur.

L'inconséquence la plus singulière de la doctrine que nous
croyons devoir repousser, consiste à permettre, après un
délai très long, des recherches et des preuves rétrospectives,
toujours difficiles et toujours douteuses en matière de meubles, — alors que la maxime de l'article 2279 a eu très certainement, — nous pouvons le dire déjà, et nous y reviendrons
— pour but principal, sinon pour but unique, de sauvegarder les intérêts du commerce et la sécurité de la possession mobilière.

Bref, la précarité, selon nous, n'altère pas la possession au
point de vue de l'article 2279[1] ; mais quand elle est connexe
à une obligation, besoin n'est pas de dire que le propriétaire

1. *Contra,* Toulouse, 10 mai 1881. D. 81, 1, 433.

14

conserve, jusqu'au terme de la prescription libératoire, son action personnelle contre le détenteur [1].

γ) — Pour qu'elle reçoive cette solution, il faut, naturellement, que la question soit posée comme nous venons de le faire, que le défendeur oppose à la revendication du propriétaire une contradiction telle qu'il prétende avoir « un titre réel » sur la chose ; sinon, l'article 2279 n'est pas applicable, il est vrai, mais pourquoi ? parce que le défendeur ne l'invoque pas, parce qu'en fait il ne cherche à arrêter la revendication par aucune prétention contraire.

Que faudra-t-il décider quand le défendeur dira simplement avoir sur le meuble un droit de gage ou d'usufruit, et non pas un droit de pleine propriété ?

L'article 2279 pourra, suivant nous, être invoqué. Premier argument : le texte général de l'article. Il est dit : la possession vaut titre ; il n'est pas ajouté : titre de propriété. — Deuxième argument : Qui peut le plus peut le moins. Le défendeur bénéficierait de l'article 2279, s'il disait avoir sur le meuble un droit de propriété ; il serait libre d'élever cette prétention ; celle qu'il formule est moindre, mais il lui appartiendrait de l'étendre. Il est logique de l'autoriser à profiter dans tous les cas d'une règle, aux avantages de laquelle il aura droit, s'il lui plaît [2].

Tout cela, sous les mêmes réserves que précédemment, à l'égard de l'action personnelle [3].

---

1. Dans son rapport présenté au Sénat en 1862, M. Bonjean donne de l'article 2279 une explication qui se rapproche très étroitement de la nôtre.

2. Nous trouvons cet argument reproduit chez des auteurs qui professent que la précarité empêche l'application de l'article 2279. Il y perd presque toute sa portée. Car, relativement à la pleine propriété, l'usufruitier est détenteur précaire. Il ne serait donc pas vrai, dans l'opinion de nos adversaires, qu'il pût, en se prétendant propriétaire, user du bénéfice de l'article 2279. V. pourtant de Folleville, *op. cit.*, n° 36.

3. Cass. 5 juin 1872 (D. P. 72, 1, 161). Delvincourt, III, p. 438. Bugnet, sur Pothier, note sur le n° 27, t. V. — *Contra*, Dalloz, v° *Presc. civ.*

D).—*Le défendeur qui possède en vertu d'un contrat à titre gratuit peut invoquer la maxime :* EN FAIT DE MEUBLES, etc.— De ce que nous venons de dire, il résulte déjà, sauf nouvelles objections, qu'il n'y aura pas, au point de vue même de l'article 2279, à distinguer le possesseur à titre gratuit du possesseur à titre onéreux.

En étudiant, à la section II⁸ de notre chap. V, la doctrine de Bourjon, nous n'avons pas cru, malgré l'opinion d'auteurs considérables, que ce jurisconsulte ait été amené à exposer le système que l'on sait, par une réminiscence obscure de la vieille règle : *Les meubles n'ont pas de suite,* mélangée de je ne sais quelles idées empruntées à la théorie de l'action paulienne [1].

Sur le point spécial que nous traitons maintenant, les précédents historiques ne nous sont donc pas, selon nous, plus défavorables qu'ils ne l'ont été sur tous les autres. L'article 2279 n'apporte, ici non plus, aucune distinction ; et nous n'en ferons aucune, si équitable que puisse être, au demeurant, cette considération si souvent reproduite que le donataire *certat pro lucro captando* et le propriétaire *pro damno vitando.* Il restera à ce dernier la ressource de l'action paulienne.

Mais il devra dès lors, agissant aux termes de l'article 1167, établir le préjudice et l'intention frauduleuse du donateur. De plus, l'action qu'il exercera n'aura point, à notre avis, le caractère réel ; elle ne fera pas rentrer la chose dans le patrimoine du demandeur ; elle sera personnelle et n'aura pour effet que de rendre le meuble saisissable au profit des créanciers lésés [2].

---

1. *Contra,* M. Jobbé-Duval, *op. cit., in fine.*

2. Folleville, *op. cit.,* nº 55 bis. — Sur la question de savoir auxquels des créanciers profitera l'action Paulienne, V. Colmet de Santerre, t. V, nº 82 bis, XIII, XIV et XV. — Duranton, t. X, nº 574. Demolombe, t. II, nᵒˢ 266 et 267. Aubry et Rau, t. IV, § 313, etc. — La jurisprudence apprécie

SECTION III

Nature juridique et force de l'obstacle qu'oppose à la revendication l'article 2279

A). — *Nature juridique.* — Après l'analyse qui précède, nous pouvons maintenant, sans crainte d'énoncer une idée synthétique arbitraire, nous demander quelle est la nature juridique de l'obstacle opposé à l'action réelle par la maxime: *En fait de meubles,* etc.

α.) — *L'article 2279 ne consacre pas une prescription acquisitive instantanée.* — Nous avons prouvé déjà que l'article 2279 pouvait être invoqué par le possesseur avant l'expiration de trois années ; ce texte n'institue donc pas une prescription *sui generis,* affranchie de la condition de durée [1].

Pour nous, qui n'avons pas admis que le titre et la bonne foi fussent nécessaires, dans l'article 2279, nous ne voyons pas que cette explication de notre maxime puisse cadrer parfaitement avec l'étude que nous avons faite. Il est assez vraisemblable, en effet, que, s'il y avait, dans l'article 2279, une prescription aussi privilégiée, elle serait assujettie aux conditions de juste titre et de bonne foi.

Néanmoins, pour improbable que ce fût, il ne serait pas impossible que cette prescription fût également dispensée de ces deux qualités : de sorte que nous ne pouvons opposer une simple fin de non-recevoir à cette interprétation de l'article 2279. Mais ce ne sera pas une vaine spéculation, que de la discuter ; car elle aurait pour résultat pratique de suspen-

avec une grande sévérité les circonstances qui ont entouré la donation et écarte assez souvent l'application de l'article 2279 ; mais en fait, cela revient simplement à chercher si le donataire n'est pas tenu, pour une cause ou pour une autre, d'une obligation de restituer (V. ainsi Cass., 24 avril 1866, D.P., 66. I, 347. Cass. 27 avril 1874. D. P. 74, I, 318).

1. Marcadé, sur 2279. — Demolombe, IX, n° 622. — Acollas, III, p. 290.

dre l'application de la règle *en fait de meubles*, etc., non pas, il est vrai, quand la chose appartiendrait à un mineur ou à un interdit, — car les courtes prescriptions courent contre eux (art. 2278), mais quand elle appartiendrait à une femme dotale (si l'on admet l'inaliénabilité de la dot mobilière).

Nous avouons, pour notre part, ne pas très bien saisir cette expression antinomique : une prescription instantanée. Sans doute, les définitions sont libres, et, sans doute aussi, le temps est divisible à l'infini. Mais les raisonnements métaphysiques n'ont rien à voir ici. Lisons seulement l'article 2219, et nous nous convaincrons sans peine que *le laps de temps* est une condition essentielle de la prescription. Laissons là le calcul infinitésimal ; un laps de temps, pour le législateur, pour le jurisconsulte, pour la jurisprudence, cela veut dire un certain nombre de jours, de mois ou d'années.

Et Bourjon, dont se sont le plus volontiers inspirés les auteurs du Code civil, n'avait-il pas écrit, comme aussi Pothier, que la prescription n'est d'aucun usage, d'aucune considération, en matière de meubles ?

Mais, objecte-t-on, l'article 2279 est placé, dans le Code, au titre de la prescription. — Il y est placé, nous n'y pouvons contredire. Mais que faut-il inférer de là ? Nos adversaires en concluent que l'article 2279 consacre une prescription ; nous serons, d'un autre côté, tout aussi logiques en concluant que l'article 2279 dispose de la prescription en fait de meubles. Bourjon lui-même exposait déjà notre règle au titre de la prescription dans un chapitre qu'il intitulait : « Il n'y a pas de prescription relativement aux meubles [1]. »

Reste une objection, tirée de l'article 2239, ainsi conçu : « Ceux à qui les fermiers, *dépositaires* et autres détenteurs précaires ont transmis la chose par un titre translatif de propriété peuvent le prescrire. » Le dépôt, dit-on, suppose la

---

1. Bourjon, *op. cit.*, III, V, 22.

remise d'un meuble (article 1918); donc l'article 2239 admet que les meubles sont susceptibles de prescription.

Nous n'aurions aucun scrupule à dire qu'entraîné par une énumération des détenteurs précaires, le législateur a pu commettre, dans ce texte, une inadvertance. Mais il nous est facile de nous passer de cet argument ; d'une part, en effet, la loi elle-même nous donne le séquestre comme une espèce de dépôt; l'article 2239 peut donc faire allusion à une prescription d'immeubles ; et d'autre part, il n'est pas impossible que le déposant, le locateur, aient remis au dépositaire ou au locataire un meuble perdu ou volé. Dans ce cas la prescription de l'objet sera ouverte, non pas à ces derniers, sans doute, qui sont détenteurs précaires, mais à leurs ayants cause, qui auront reçu la chose en vertu d'un titre translatif de propriété.

β). — *L'article* 2279 *ne consacre pas une prescription libératoire instantanée.* — On prétend quelquefois que l'aliénation de la chose d'autrui étant nulle, aux termes de l'article 1599, fait naître chez l'acquéreur l'obligation de restituer. L'article 2279 aurait alors pour effet de libérer instantanément le possesseur de cette obligation.

Cette explication a les mêmes défauts que la précédente ; elle peut se réfuter de la même manière. Elle a, de plus, l'inconvénient d'imaginer très arbitrairement une obligation que le Code ne semble pas connaître, et qui, d'ailleurs, si elle était admissible, ne saurait exister qu'à l'égard du véritable propriétaire, et l'article 2279 est opposable à toute revendication.

γ). — *L'article* 2279 *ne consacre pas un mode d'acquisition.* — Les auteurs, qui considèrent la possession des meubles comme un moyen direct d'acquérir la propriété, ne s'accordent pas sur le fondement juridique de ce prétendu mode d'acquisition [1].

1. Delvincourt, II, p. 644. Cf. Demante et Colmet de Santerre, V. 157 bis, III.

Les uns y voient un effet de l'occupation. Telle est l'opinion de Delvincourt ; mais cette théorie confond à tort les *res derelictæ* ou *nullius* avec les choses transmises *a non domino*. — Les autres pensent que l'article 2279 consacre un mode d'acquisition spécial et, en quelque sorte, innommé. Mais le silence des articles 711 et suivants interdit, selon nous, cette explication.

δ). — *L'article 2279 contient une présomption légale en vertu de laquelle le possesseur du meuble en est réputé propriétaire* [1].

Une présomption est un genre de preuve ; l'article 1349 dit, en des termes un peu trop vagues, que c'est une conséquence tirée, par le magistrat ou par la loi, d'un fait connu à un fait inconnu.

Cette définition, si elle n'était précisée, conviendrait à toute autre preuve ; ce qui distingue la présomption, c'est que le fait connu n'a pas eu pour objet direct d'établir la vérité du fait inconnu [2]. La présomption légale, ajoute l'article 1350, est celle qui est attachée par la loi à certains actes ou à certains faits. Et quels exemples cite le texte ? Il en donne plusieurs, au nombre desquels celui-ci : le cas où la loi déclare la propriété résulter de certaines circonstances déterminées. Voilà de quoi faire cesser toute hésitation.

B). — *orce de la règle: En fait de meubles*, etc. — Mais la question n'est pas encore complètement élucidée. Quelle est la force de la prescription établie par l'article 2279 ? La jurisprudence admet, en général, que la preuve contraire sera réservée au demandeur. Cette opinion n'est que le résultat

---

1. Ou bien d'après ce que nous avons dit plus haut, usufruitier ou gagiste.

2. V. Bonnier, *Traité des preuves*, t. II.

d'un confusion que j'ai signalée déjà et dont je me suis efforcé
d'indiquer les motifs [1].

Mais que dit l'article 1352 al. 2 ? Nulle preuve n'est admise
contre la présomption de la loi, quand sur le fondement de
cette présomption… elle dénie l'action en justice. Or le § 2 de
l'article 2279 commence en ces termes. « Néanmoins celui
qui a perdu ou auquel il a été volé une chose peut la revendiquer… » C'est donc que le § 1er dénie la revendication dans
les autres cas ; et la conséquence nécessaire, fatale, c'est que
la présomption de l'article 2279 est une présomption absolue
et irréfragable, ce que les commentateurs ont appelé, dans
un latin douteux, une présomption *juris et de jure*. On
produira des arguments plus ou moins sérieux, plus ou moins
habiles, mais on n'échappera pas à la rigueur de ce syllogisme [2].

L'étude que nous avons faite du système de Bourjon nous
dispense du reste d'insister davantage. Car nous avons, à
plusieurs reprises, constaté que sa doctrine avait prévalu dans
la rédaction du Code. Et l'on sait qu'il disait : Les meubles
n'ont pas de suite. Sans doute il n'est pas absolument exact
d'alléguer, comme on fait en général, que le système contraire
annihilerait la portée de l'article et mettrait simplement les
meubles de niveau avec les immeubles. Ce n'est pas, en effet,
de la présomption initiale des débats qu'il s'agirait ; il faudrait
supposer comme nous avons vu certains auteurs le faire pour
expliquer un passage de Pothier, que le demandeur a prouvé
déjà qu'il a été à un moment donné propriétaire ; le défendeur
serait ensuite présumé, sauf preuve contraire, avoir un juste
titre. Mais, outre que nous n'avons pas admis cette explica-

1. Cass. 15 avril 1863, — D. P. 63. I. 396 et 397 — Cass. civ. 24 avril 1866
Dev. 66. I. 189. *Contra*, Nancy, 20 nov. 1869 (D. P. 70. 2. 142).

2. Folleville, *op. cit.*, n° 26. Ortlieb, *l. c.* Aubry et Rau. II § 183. Duranton,
XXI, 97. Troplong, II, 1043, 1082. — *Contra*. Req. 14 février 1877. D. P.
77. 1. 320.

tion du texte de Pothier, elle ne concorde nullement avec notre analyse des conditions.

Entre le système que nous adoptons et celui qui voit dans l'article 2279 un mode d'acquisition, il existe une différence de résultat, qu'on a trop négligé de marquer. En vertu de l'article 1352, la présomption de l'article 2279 peut être annihilée par le serment ou par l'aveu ; car elle n'est pas d'ordre public. Il en serait tout autrement si la possession constituait un mode d'acquérir la propriété mobilière.

L'effet pratique de notre règle n'est donc pas, comme on le dit souvent, de supprimer d'une manière absolue, dès qu'elle est applicable, le droit de suite en matière mobilière. Le possesseur est réputé propriétaire ; en vertu de cette présomption, la revendication est refusée, mais elle n'est pas détruite ; elle sera paralysée, mais elle ne disparaîtra pas. Et s'il arrive que cette présomption, qui ne peut pas être renversée par une preuve quelconque, qui est même, en général, irréfutable, cette présomption que l'on déclare absolue, invincible, mais contre laquelle pourtant est réservé, dans des cas déterminés, une ressource suprême ; s'il arrive, dis-je, qu'elle s'écroule, qu'elle s'efface devant une force probante que, par faveur spéciale, la loi déclare supérieure, alors, mais alors seulement, la revendication, tout à l'heure comprimée, reprend sa libre et naturelle expansion ; elle était enchaînée, elle se dégage ; engourdie, elle se ranime.

C). — *Quand cette prescription légale peut-elle être invoquée par les créanciers du possesseur ?*

Nous ne pensons pas que le moyen de défense, établi par l'article 2279 au profit du possesseur du meuble, puisse être suppléé d'office par le juge. Nous tirons argument d'analogie de l'article 2223.

Mais si le possesseur *néglige* d'invoquer la maxime, ses créanciers pourront le faire de son chef et en son nom ; car il n'y a là aucune prérogative attachée à la personne (1166).

Que décider si le possesseur *renonce* à opposer l'article 2279 ? Il y aura, dans ce cas, un acte consommé de la part du débiteur ; la renonciation aura fourni au revendiquant une exception qui constituera dès ce moment un droit acquis. Ce n'est donc plus l'article 1166 qui est applicable à cette hypothèse ; c'est l'article 1167. Il s'agit d'une rescision véritable, c'est-à-dire de l'exercice même de l'action paulienne.

On connaît la très vive controverse à laquelle a donné lieu cet article 1167. Nous n'avons pas à discuter ici les différents systèmes proposés. Nous admettons, pour notre part, qu'il y a lieu de distinguer, non seulement entre les actes à titre onéreux et les actes à titre gratuit, mais encore entre ces derniers et les renonciations. Et à notre avis, les créanciers auront le droit d'invoquer la règle de l'article 2279, sous la seule condition d'un préjudice causé [1].

D). — *Fondement législatif de la maxime : En fait de meubles possession vaut titre.*

L'article 2279 n'est pas, dit-on le plus souvent, un souvenir du vieil adage : *Res mobilis, res vilis.* Il serait singulièrement ridicule et suranné, au siècle où nous vivons, de mépriser la propriété mobilière, et Treilhard avait, ajoutet-on, très bien aperçu l'importance croissante qu'elle allait prendre de nos jours : « Il fut un temps, disait-il, où les immeubles formaient la portion la plus précieuse du patrimoine des citoyens, et ce temps peut-être n'est pas celui où les mœurs ont été le moins saines. Mais depuis que les communications devenues plus actives, plus étendues, ont rapproché entre eux tous les hommes de toutes les nations ; depuis que le commerce, en rendant, pour ainsi dire, les productions

---

1. Folleville, *op. cit.*, n°s 47, 48 et 49. — Rataud, *Revue pratique*, t. I, p. 481, etc. — Aubry et Rau. t. IV, § 313, note 18.

de tous les pays communes à tous les peuples, a donné de si
puissants ressorts à l'industrie et a créé de nouvelles puis-
sances, c'est-à-dire de nouveaux besoins et peut-être des
vices nouveaux, la fortune mobilière des citoyens s'est con-
sidérablement accrue, et cette révolution n'a pu être étrangère ni aux mœurs, ni à la législation [1]. » Malgré cette clair-
voyance de Treilhard, l'un des plus grands, certes, parmi
les législateurs de 1804, nous n'oserions affirmer que les
souvenirs du passé n'aient pas hanté l'esprit de quelques auteurs du Code civil, il est même probable qu'en votant l'article 2279, un grand nombre d'entre eux ont cédé simplement à la préoccupation des anciennes idées [2]. Car, si, dans
l'origine, il s'en fallait que la propriété mobilière fût mé-
prisée, si la règle : *Les meubles n'ont pas de suite* n'a pas eu
sa source première dans une appréciation de la valeur des
meubles, il nous paraît, en revanche, indéniable que l'influence des idées féodales n'a pas été étrangère à l'insuccès
définitif des doctrines romaines et que l'instabilité commerciale des meubles n'a pas seule motivé, au XVIIIᵉ siècle, le
rejet de la revendication mobilière.

Peu à peu, toutefois, cette autre raison, l'instabilité commerciale, paraît davantage à côté de la première, elle est indiquée par Voët; elle s'affirme dans Pothier et dans Bourjon ; elle
prend tous les jours plus de force, tous les jours elle emprunte aux progrès des arts et de l'industrie une valeur et
une opportunité nouvelles. Et l'on peut dire ainsi que, par
une fortune inattendue, la règle : *En fait de meubles possession vaut titre*, victorieuse d'abord des doctrines romaines,
grâce à l'infériorité des meubles aux siècles passés, a servi
le progrès, au lieu de le combattre, assuré la liberté des

---

1. Fenet, Trav. prép. II, 1, *Dist. des biens.*

2. « Il faut éviter, dit M. Bigot de Préameneu, des procédures qui seraient sans nombre et qui le plus souvent *excéderaient la valeur des objets
de la contestation.* »

transactions commerciales, favorisé les relations économi-
ques, au lieu de les gêner et de les entraver. Il est certain
qu'en 1804 l'objet, non pas unique, je le répète, mais principal, de l'article 2279, était déjà de faciliter la transmission
des meubles, de l'affranchir des formalités et des justifications embarrassantes qui entourent l'aliénation des immeubles. Et la législation se mettait ainsi en concordance directe,
en harmonie intime avec l'esprit moderne, avec les exigences
quelque peu fiévreuses d'un commerce rapide, international,
universel, dont le développement continu souffrirait avec
peine les retards d'une inquisition judiciaire sur le droit
abstrait de propriété.

Sans doute, si l'on veut considérer l'importance croissante
des fortunes mobilières, si l'on songe à l'effacement, peut-
être regrettable, mais très réel, des biens immobiliers dans
la richesse, publique ou privée, de nos jours, on se plaindra
que dans un grand nombre de ces dispositions le Code civil
ait tenu trop peu de compte de cet élément considérable, de
cette partie désormais prépondérante du capital. Mais il n'y
aura point à regretter cependant que la loi ait, pour les
meubles, émoussé, si je puis ainsi parler, le droit de suite
dont est armé tout propriétaire, et soustrait ainsi les possesseurs à un danger perpétuel de trouble et d'éviction.

Le Code aurait peut-être pu, du reste, concilier assez heureusement l'intérêt du commerce, qu'il a su garantir, avec
la considération trop négligée de l'importance progressive
des biens appelés mobiliers, s'il n'avait pas, à l'exemple des
derniers siècles, et plus complètement encore, assimilé et
confondu, sous cette même expression, sous ce mot *meuble,*
arbitrairement généralisé, des objets et des droits, des choses
tangibles et certaines créances. Mieux aurait valu, croyons-
nous, séparer franchement des valeurs en réalité très différentes, donner aux meubles « corporels » des règles propres,
ne pas introduire dans notre langue ce barbarisme : meubles

incorporels. Il n'en a pas été ainsi : le législateur de 1804,
cédant, sur ce point, à une routine invétérée, a méconnu
dans notre matière la distinction fondamentale, scientifique,
des droits réels et personnels. De sorte que, presque toujours, les créances dites mobilières sont soumises aux mêmes
règles que les meubles proprement dits. En ce qui concerne
l'article 2279 et le droit de suite, nous allons voir que la distinction s'est imposée malgré tout, et qu'en général les
« meubles incorporels » se transmettent dans des conditions
particulières. Il n'en est pas moins vrai que l'assimilation subsiste, même ici, pour quelques-uns ; il n'en est pas moins
vrai qu'elle subsiste pour tous, à d'autres points de vue que
celui de l'article 2279 ; et c'est trop encore, à notre avis, puisqu'elle méconnaît ouvertement une classification inattaquable
des droits juridiques.

SECTION IV

**A quelles choses s'applique la maxime : « En fait de meu-
bles possession vaut titre. »**

« Le mot *meuble*, employé seul dans les dispositions de la
loi ou de l'homme, sans autre addition ni désignation, ne
comprend pas l'argent comptant, les dettes actives, les livres,
les médailles, les instruments des sciences, des arts et métiers,
le linge de corps, les chevaux, équipages, armes, grains,
vins, foins et autres denrées ; il ne comprend pas aussi ce qui
fait l'objet d'un commerce. » Ainsi s'exprime l'article 533
du Code, et si la restriction qu'il apporte au sens du mot
meuble est applicable à la maxime de l'article 2279, notre
règle va perdre une grande partie de son utilité pratique.
Mais il faut laisser de côté l'article 533 ; il a surtout été rédigé en vue de l'interprétation des testaments et des conventions ; il a eu le tort de donner une énumération négative,

qui est obscure et dangereuse, et de formuler une définition qui, en somme, ne conviendra jamais aux dispositions
légales. Pourquoi ? C'est qu'en réalité chaque fois que la loi
parle des meubles, elle en parle par opposition aux immeubles ; de sorte qu'à vrai dire elle n'emploie pas seul le mot
meuble, elle l'emploie avec le sous-entendu continuel
de cette opposition (Cf. 805 et 806, 824 et 825, 2119 et 2114,
2279 et 2265).

Les meubles corporels, envisagés individuellement, sont
donc régis par l'article 2279. A cette condition, bien entendu, qu'ils soient dans le commerce ; on ne peut présumer
propriétaire le possesseur d'un meuble qui ne serait pas
susceptible de propriété privée, qui ferait, par exemple, partie
du domaine public ; tels sont particulièrement les estampes,
imprimés, tableaux des musées. De même, sous l'Empire,
le mobilier dépendant de la couronne (Sén.-Cons. des
12-17 décembre 1852) ne tombait pas sous l'application
de la maxime ; car il était imprescriptible et inaliénable.

Au contraire, sont exclues de notre règle les universalités de meubles. C'était la doctrine du XVIII° siècle ; c'est
aussi ce que M. Bigot Préameneu a déclaré expressément dans
l'exposé des motifs [1]. Mais nous ne parlons ici que des universalités de droit, telles qu'une succession mobilière, et non
pas des universalités de fait, telles qu'une bibliothèque, un
troupeau, un haras. Celles-ci restent soumises à l'article
2279 ; elles ne sont que des collections, des réunions, des
groupements de meubles ; tandis que celles-là ont, en quelque
sorte, une existence juridique propre. Quant à ces universalités
les raisons qui justifiaient l'article 2279 ne se retrouvent plus ;

---

1. Fenet, t. XV, p. 600. Locré, XVI, p. 587, n° 15. Cassation, 10 février 1840;
Dev. 1840, 1, 572. Aubry et Rau, t. II, § 183, n° 3. La cour de Paris avait
cependant déclaré, en 1830, que la vente d'une universalité de meubles
faite par l'héritier apparent à un tiers était garantie par l'article 2279. Cet
arrêt a été cassé. (D. 30, 2, 17. — D. 33, 1, 207.)

car les contractants ne sont pas dans l'impossibilité de reproduire les titres, lorsqu'il s'agit d'universalités juridiques.

L'article 2279 n'a pas trait non plus aux objets mobiliers réclamés comme accessoires d'un immeuble revendiqué. Il en était de même dans l'ancien droit. *Accessorium sequitur principale.* Et, en effet, il n'y a ici non plus aucun motif d'appliquer la règle : *En fait de meubles*, etc. Le même titre qui prouvera, dans le débat, la propriété de l'immeuble établira en même temps celle du meuble accessoire. En vain opposerait-on l'article 549, qui décide, comme on sait, que le possesseur de bonne foi d'un fonds fera les fruits siens. Nous ne saurions voir, dans ce texte, une conséquence de l'article 2279 : la loi a pensé que probablement le possesseur aurait consommé les fruits ; elle ne veut pas l'exposer à une perte considérable, alors qu'il n'est pas fautif. Telle est l'idée de l'article 549 ; elle n'a aucun rapport avec celle de l'article 2279 [1].

Mais nous déciderions à l'inverse que notre maxime concerne les objets immobilisés par destination du propriétaire (art. 524). Au regard des tiers, ces biens conservent, en effet, leur nature de meubles [2].

Quant aux navires et autres bâtiments de mer, ils échappent à la règle de l'article 2279 [3]. Ainsi le veulent les articles 190, 195 et 196 du Code de commerce. On sait, en outre, que la loi des 10-21 décembre 1874 a rendu les navires susceptibles d'hypothèque.

Une question se pose, très intéressante, à propos des manuscrits. Sont-ils compris parmi les meubles de l'article 2279 [4]? M. Dalloz ne le pense pas, parce que, dit-il, ce

---

1. Demolombe, IX, 622. Rivière, *Revue de Législation*, 1851, III, p. 316. Ortlieb, *op. cit.*, n° 72. De Folleville, *op. cit*, n° 64.

2. De Folleville, n° 65.

3. V. Boistel, *Droit commercial*, n° 1156.

4. Un arrêt de la cour de Paris, 1er décembre 1876, admet l'affirmative (D. 78, 2, p. 73).

sont des œuvres dont l'origine apparaît à première vue, dont l'auteur, et par conséquent le véritable propriétaire, se ré vèle à la seule lecture. Mais cet argument prouverait trop. Il faudrait dire, à ce compte, que la maxime *En fait de meubles,* etc., ne s'applique ni à un tableau, dont il est le plus souvent, très facile de connaître l'auteur, ni à une statue, ni à toute autre œuvre d'art, ni même à des objets d'industrie, s'ils portaient la marque du fabricant. Cette thèse ne serait pas soutenable ; c'est pourtant à ces conséquences que mène directement l'opinion de M. Dalloz. Nous ne voyons aucun motif sérieux d'exclure les manuscrits de l'article 2279. Mais besoin n'est pas d'ajouter que nous parlons seulement ici du manuscrit, objet tangible, matériel, et non pas du droit de publication, de reproduction. Il ne s'agit nullement, dans la question actuelle, de ce qu'à tort ou à raison, l'on est convenu d'appeler la propriété littéraire. Et de même, en disant que les lettres missives doivent être rangées également au nombre des meubles de l'article 2274, nous n'aurons en aucune manière, résolu cette difficulté tout autre, très curieuse et très connue : le destinataire ou le possesseur a-t-il le droit de les publier sans l'assentiment de l'auteur ou, si l'auteur est mort, de sa famille [1] ?

Quant aux « meubles incorporels, » puisqu'il faut enfin se

1. V. art. 20 de la loi du 5 juillet 1844 sur les brevets d'invention. L. 11 juillet 1866 sur les droits d'auteur. Cf. Aubry et Rau, t. II § 83, n° 3, p. 13 et 14. Ortlieb., *op. cit.,* n° 74. Folleville, n°s 67, 68, 69, 69 *bis,* 70, 70 *bis.* Demolombe, *Donat.,* t. III, n°s 71 et 72 (*Contrà,* Dalloz, v° *Prescription civile,* n° 28). — Pour les lettres missives, v. Renouard, *Traité des droits d'auteur,* t. II, n° 169, p. 294. — Pouillet, *Prop. litt et art ,* n° 387. Cormenin, *Le Droit* du 10 février 1851. V. dans Worms, *Étude sur la prop. litt.* t. II, p. 294, le rapport de Lamartine sur la loi de 1841. V. également l'arrêt rendu le 10 décembre 1850 dans la première affaire de la correspondance de Benjamin Constant avec Mme Récamier. On sait que ces lettres viennent de donner lieu, tout récemment, à un second procès entre M. Destournelles et Mme Lenormand (mars et avril 1883).

servir de cette étrange expression, — nous avons déjà donné à entendre qu'ils ne sont pas régis par l'article 2279. C'était déjà la doctrine de Bourjon, hormis une exception que nous avons indiquée et sur laquelle nous reviendrons dans un instant[1]. Dans les articles 1690 et suivants, le Code a en effet réglé les modes de transmission des rentes et créances. Il exige un acte de cession écrit avec signification au débiteur ou acceptation authentique de sa part. Si, par conséquent, il s'élevait un conflit entre deux cessionnaires d'une même créance, celui-là serait préféré qui aurait, le premier, rempli l'une ou l'autre de ces formalités.

Mais ce qui ne fait pas doute, c'est que l'article 2279 doit être étendu aux effets ou titres au porteur, et il faut entendre par là tous les actes qui constatent au profit d'une personne quelconque, indéterminée, innommée, un droit cessible par la remise, par la simple tradition du titre, sans endossement, et, s'il s'agit d'obligations, sans notification au débiteur[2].

Plus délicate est cette autre question : que décider à l'égard d'un objet mobilier qui se trouve en France et qui appartient à un étranger ?

D'une part, à ne consulter que le vieux principe *mobilia ossibus personæ inhærent,* on devrait appliquer la loi étrangère. Mais, d'autre part, il faut bien se rappeler que l'article 2279 a été inspiré au législateur, je ne dis pas exclusivement, mais surtout par l'intérêt général du commerce. Un tel

---

1. T. I, p. 46. cf. civ. rej. 4 juillet 1876, 77, 1, 33.

2. Folleville, *loc. cit.* Aubry et Rau, *loc. cit.* Boistel, *Droit commercial,* n. 854. Cass., 15 avril 1863. Sir. 63, I, 387. D. P. 63, I, 396. Ce point est hors de conteste depuis la loi de juillet 1872 ; mais nous verrons l'atténuation très importante apportée par cette loi à l'effet de la maxime *En fait de meubles,* etc. — Cf. cass. 15 avril 1863, D. P. 63, I, 396. Paris, 19 juillet 1875. D. P. 76, 2, 128. Civ. rej. 2 déc. 1876. D. P. 77, I, 165. Req. 14 fév. 1877. D. P. 77, 320. — Req. 20 juin 1881, 81, I, III.

motif nous détermine à admettre, de préférence, la loi française et la maxime : *En fait de meubles*, etc[1].

SECTION V

Des effets de la maxime : « En fait de meubles possession vaut titre. »

A).—La présomption inéluctable de l'article 2279 dispense le possesseur du meuble d'établir sa propriété. La loi suppose que la preuve est faite, qu'elle est complète, qu'elle est définitive. Le possesseur est donc invinciblement considéré comme ayant sur la chose, sans restriction, sans réserve, le droit de propriété. C'est dire qu'il triomphera non seulement contre la revendication, mais contre toutes autres actions réelles. Ici encore il y a lieu de répéter : Qui peut le plus peut le moins.

La règle *En fait de meubles possession vaut titre* exclut :

1° La revendication ;

2° L'action confessoire d'usufruit ;

3° L'action du créancier gagiste, hormis le cas de perte ou de vol, et sauf l'application de l'article 2102, n° 1.

4° L'action hypothécaire qu'un créancier voudrait exercer, après leur séparation d'avec le fonds, sur des meubles compris dans la saisie de ce fonds comme immeubles par destination[2]. (Cf. article 2119.)

5° Le privilège du vendeur, lorsque le meuble n'est plus dans la possession de l'acheteur. Mais il ne suffira point,

---

1. V. de Folleville, *op. cit.*, n° 72. Laurent, *Principes de droit civil français*, t. I, n° 121, p. 190. Sur les conséquences qui résultent du principe *mobilia ossibus* au point de vue du statut personnel et du statut réel, V. Demolombe, p. 1, n° 94. Valette, *Sur Proudhon ; De l'état des personnes*, t. I, p. 99. Demangeat, *Hist. de la cond. civile des étrangers en France*, n° 83. Aubry et Rau, t. I, p. 112. M. Renault à son *Cours de droit international*.

2. Aubry et Rau, t. II, § 183, n° 5. —Garsonnet, *op. cit.*, § CXXIX, note 4. p. 533, t. I. — Folleville, *op. cit.*, n° 76.

pour que le privilège soit éteint, que l'acheteur ait à son tour vendu la chose ; il faudra qu'il l'ait livrée [1].

Ici nous rencontrons une question très controversée. Supposons que le meuble ait été vendu par l'acheteur, que la tradition ait été faite, mais que le prix n'ait pas encore été payé par le non-acquéreur. En même temps que le droit de suite, le droit de préférence du vendeur originaire se trouve-t-il éteint?

En d'autres termes, ce vendeur ne pourra-t-il reporter son privilège de la chose sur le prix?

Non, disent quelques auteurs [2]. Ce privilège est donné sur l'objet même et non sur sa valeur vénale ; il frappe la chose et non le prix. Tels sont les termes de l'art. 2102, n° 4.

On répond que le privilège s'exerce toujours, en définitive, sur un prix de revente ; que le créancier n'a pas le droit de se mettre directement et personnellement en possession ; qu'une aliénation de la chose est nécessaire et que c'est, en somme, sur le prix résultant de cette aliénation que le créancier privilégié, dans l'espèce le vendeur, obtiendra d'être dédommagé [3].

Les partisans du premier système répliquent : la vente sur le prix de laquelle sera remboursé le créancier doit être faite du moins aux enchères publiques. « La revente faite arbitrairement par l'acheteur n'offre à ses créanciers aucune garantie ; il serait, en effet, à craindre qu'il ne se contentât d'un prix modique et qu'ainsi, il ne compromît, par son indifférence ou son incapacité, le droit de ses créanciers non privilégiés [4]. »

1. *Contra*, MM. Aubry et Rau, t. III, § 261, p. 153, note 62.

2. Valette, *Traité des priv. et hyp.*, p. 107. — Persil, sur l'art. 2102, § 4, n° 1.

3. Mourlon, *Examen critique du comm. de M. Troplong sur les privilèges*, n° 119. Aubry et Rau, t. III, § 261, p. 157, note 69. Folleville, *op. cit.*, n° 78.

4. Valette, *loc. cit.*

Nous croyons, quant à nous, que rien, dans la loi, ne justifie cette opposition faite par quelques auteurs, entre la vente à l'amiable et la vente aux enchères. Les art. 95 et 486 du Code de commerce autorisent, l'un implicitement, l'autre expressément, la vente à l'amiable. Et de même en matière d'hypothèques et de privilèges immobiliers, il est universellement admis que le créancier peut être colloqué par préférence sur le prix d'une vente qui n'est point faite aux enchères.

Nous pensons donc que le premier vendeur pourra frapper de saisie-arrêt le prix de la revente et se faire payer sur ce prix d'après le rang que lui assignera son privilège [1].

6° Le privilège de celui qui a fait des frais pour la conservation de la chose, avec la même observation que précédemment, en ce qui concernera le droit de préférence.

7° Le privilège de l'aubergiste ;

8° Le privilège du voiturier ; — quand le créancier voudra les exercer, les uns ou les autres, contre le tiers possesseur.

B). — La maxime *En fait de meubles*, etc., confondant, en matière mobilière, le pétitoire et le possessoire, a pour effet, aujourd'hui comme autrefois, d'exclure les actions possessoires mobilières. Cela résulte implicitement de l'article 3 du Code de procédure qui veut que l'action possessoire soit portée devant le juge de la situation de l'objet litigieux ; or les meubles n'ont pas de situation fixe. Cela résulte encore, et cette fois très formellement, de l'exposé des motifs lu par M. Bigot Préamenu. Nous l'avons cité plus haut.

M. Dalloz ne pense pas que ce principe doive être étendu aux meubles immobilisés par destination, quand le défendeur

____

1. C'est le système de la jurisprudence. Cass., 1er mars 1859. Dev. 59. 1. 402. — Caen, 8 août 1865. Dev. 66, 2, 224.

déclare ne pas prétendre à la possession même du fonds. Cette opinion n'est pas partagée par la majorité des auteurs ; elle nous paraît juste, cependant : car alors les objets qu'a détachés le défendeur ne peuvent plus être considérés comme l'accessoire du fonds.

Dans le cas contraire, le doute cesse ; l'action possessoire est admise : *accessorium sequitur vicem rei principalis.*

Mais conformément à ce que nous avons décidé pour l'action réelle, cette action possessoire échouera contre les tiers, — au regard desquels le meuble n'est pas immobilisé [1].

Les actions possessoires sont-elles également inadmissibles lorsqu'il s'agit, non plus de meubles isolés, mais d'une universalité ?

Cette question est très controversée. Les uns professent qu'on doit suivre les anciennes traditions de la jurisprudence coutumière et reconnaître, pour les universalités de meubles, la possibilité d'un débat au possessoire [2].

Les autres, se fondant sur ce que Pothier et Bourjon, par haine de l'action possessoire mobilière, en avaient déjà restreint l'application aux universalités provenant d'une succession, tirant de plus argument de l'article 3 du Code de procédure et de l'esprit général du Code, estiment que, même pour les universalités de meubles, il ne saurait y avoir deux débats consécutifs [3]. C'est à ce système que nous nous rangeons de préférence.

C). — L'article 2279 a-t-il pour effet de déroger à la règle de l'article 1138 ? Modifie-t-il les conditions modernes de la transmission de la propriété ?

Chacun sait qu'en droit romain les faits auxquels la loi at-

1. Cf. Belime, *Traité du droit de possession*, n° 274. Cassation, 8 mai 1827.

2. Merlin, *Rep.* v° *Compl.* Henrion, ch. 45. Guichard, *Quest. poss.* Vazeille, *Prescrip.*

3. Dalloz, v° *Poss.* Favard, v° *Complainte.* Carré, *Justice de paix.* Chauveau, *Journal des Av.,* t. 43, p. 443.

tachait la puissance de faire naître des obligations n'étaient
pas susceptibles de déterminer la mutation de la propriété.

Entre deux acquéreurs successifs d'une même chose, celui-là donc était préféré, à qui elle avait été régulièrement
aliénée, — par la tradition, la mancipation ou la *cessio in jure*.

Dans l'ancien droit, le consentement des parties ne pro-
duisait pas non plus le transport de la propriété. C'était la
tradition qui l'opérait *ex post facto*.

Le Code pose un principe tout différent. Il n'a plus cette
idée formaliste, qu'un contrat, passé entre deux personnes,
en dehors de la présence de la chose, doit être impuissant à
modifier les relations de ces personnes et de cette chose ;
il admet que tout en créant des rapports déterminés entre
les contractants, leur volonté peut aussi transporter de l'un à
l'autre le droit qui frappe l'objet [1]. De là, l'article 1138 :
« L'obligation de livrer la chose est parfaite par le seul consentement des parties contractantes ; elle rend le créancier
propriétaire, et met la chose à ses risques, dès l'instant où
elle a dû être livrée, encore que la tradition n'en ait point
été faite. » (Cf. art. 711.)

Et l'article 1583 ajoute : « La vente est parfaite entre les
parties, et la propriété est acquise de droit à l'acheteur à l'é-
gard du vendeur, dès qu'on est convenu de la chose et du prix,
quoique la chose n'ait pas encore été livrée, ni le prix payé. »

Mais faut-il dire que ce transport de la propriété n'est
effectué qu'entre les parties, et qu'à l'égard des tiers il dépend de quelque circonstance ultérieure ? On a prétendu
qu'en fait de meubles, la translation de propriété est subordonnée, au regard des tiers, à la tradition de la chose. Cette
doctrine compte aujourd'hui peu de partisans ; nous ne la

---

1. V. Sur la transmission des droits et sur la théorie des contrats trans-
latifs de propriété ou productifs d'obligations, *Cours de droit naturel ou de
Philosophie du droit*, suivant les principes de Rosmini, par M. Alphonse
Boistel.

croyons pas destinée à plus de succès dans l'avenir. Voici comment elle raisonne [1].

L'article 1583 déclare l'acheteur propriétaire *à l'égard du vendeur ;* il porte que la propriété sera, par le seul consentement, transférée *entre les parties.* — A l'égard du vendeur, entre les parties, cela veut bien dire que vis-à-vis des tiers une formalité quelconque sera nécessaire, en sus du contrat. Pour les immeubles, ce sera la transcription ; pour les meubles, la tradition.

Cet argument n'a pas grande valeur. On sait, en effet, que le code ne connaissait pas la transcription, pour la vente des immeubles. Et personne n'ignore que si l'art. 1583 s'exprime avec cette réserve apparente, je puis dire avec cette indécision, c'est qu'au moment où ce texte vint en discussion, le législateur de 1804 était lui-même indécis au sujet de la transcription des ventes immobilières. Il se demandait s'il y avait lieu, ou non, de reproduire la disposition de la loi du 11 brumaire an VII ; il ajourna sa résolution et quand il arriva au titre des hypothèques, il n'y inséra aucun article qui donnât la transcription comme un moyen de transférer la propriété à l'égard des tiers. C'était implicitement abroger la loi de Brumaire, et une jurisprudence constante, invariable, considéra la vente comme opérant, à l'égard de tous, la mutation de la propriété immobilière. La loi du 23 mars 1855 vint décider que le vendeur demeurerait propriétaire dans ses rapports avec les tiers jusqu'à la transcription de la vente ; mais il n'en est pas moins vrai qu'avant le 1er janvier 1856, l'article 1583 n'avait pas, en fait d'immeubles, la signification qu'on voudrait lui donner. Or il est général dans ses termes et si l'on ne pouvait en induire, avant cette époque, la nécessité, pour les immeubles, soit d'une transcription, soit d'une tradition, il est également impos-

1. Troplong, *Vente,* I, 42. Renaud, *Revue de Législation,* 1845, II, p. 81. Jourdan, *Thémis,* t. V, p. 487. Toullier, VII, 35.

sible d'y voir, pour les meubles, une exigence de même
nature.

Aussi nos adversaires renoncent-ils assez volontiers à cet
argument, pour nous opposer de préférence l'article 1141. Ils
affirment qu'il déroge à l'article 1138 et que si, dans l'hypothèse prévue, le deuxième acheteur l'emporte sur le premier,
c'est en vertu de la tradition qui lui a été faite par le vendeur.
Ils concluent qu'avant cette tradition le premier acheteur
n'est pas propriétaire à l'égard des tiers.

Pour nous, qui n'avons vu dans l'article 2279 qu'une présomption légale, il nous est difficile, avant même tout examen,
d'admettre cette théorie. La présomption est invoquée par le
possesseur, dès qu'il se trouve dans les conditions nécessaires
pour y recourir ; mais si ces conditions ne sont pas réunies,
la maxime n'est plus de mise. Rien n'est changé aux règles
générales de la transmission de la propriété ; l'article 1138
conserve son empire. Nous sommes ici dans un tout autre
ordre d'idées. Il s'agit d'un défendeur qui, pour tels et tels
motifs, que nous avons indiqués, est réputé, irréfragablement
réputé propriétaire. Cela ne signifie point que le premier
acheteur ne soit pas devenu d'abord propriétaire au regard
de tous ; mais simplement que son action en revendication
est, comme nous l'avons dit, paralysée par la règle : *En fait
de meubles,* etc.

S'il en était autrement, le second acquéreur demeurerait
propriétaire en vertu de la tradition, alors même qu'il serait
de mauvaise foi. Or nous avons vu qu'il doit succomber dans
ce cas contre l'action personnelle du premier acheteur ; que
sa mauvaise foi le constitue débiteur du meuble. Il n'en saurait être ainsi, n'est-il pas vrai ? si le premier acquéreur n'é-
tait pas propriétaire à l'égard du second. Vainement soutien-
drait-on que l'action dont celui-là sera muni, n'est autre chose
que l'action du contrat, ouverte à son profit contre le vendeur,
et dirigée contre le second acquéreur, en raison de sa mau-

vaise foi. M. Ortlieb répond très justement qu'une telle évolution d'actions ne se comprendrait pas en droit moderne. Aussi vainement chercherait-on à expliquer par l'article 1167, par l'action paulienne, la disposition finale de l'article 1141. Car le second acheteur de mauvaise foi est tenu de restituer, quand bien même le débiteur, c'est-à-dire, dans l'espèce, le vendeur, ne se serait pas rendu sciemment insolvable, et quand bien même encore la seconde vente aurait été passée de bonne foi par les héritiers de ce débiteur. L'article 1141 ne fait aucune distinction[1].

Mais, à part cet avantage d'expliquer les derniers mots de l'article 1141, notre système n'a pas, que nous sachions, de grands intérêts pratiques; et la discussion que nous venons de résumer ne sort guère du domaine spéculatif. M. de Folleville tire de notre doctrine cette conséquence, que la revendication du premier acheteur triomphera même contre un possesseur de bonne foi, du moins pendant trois ans, si le meuble est sorti des mains du vendeur par suite d'une perte ou d'un vol. Mais cette conséquence appartient également au système contraire. Dans l'opinion de nos adversaires, l'acheteur qui n'a pas encore reçu la tradition du meuble (de même que l'acquéreur d'un immeuble avant la transcription) est d'ores et déjà propriétaire à l'égard des tiers qui, sans avoir traité avec le vendeur, s'empareraient de la chose. La formalité qu'exigent nos contradicteurs n'est, suivant eux, nécessaire que dans les rapports des ayants cause successifs. Et les deux systèmes aboutissent ainsi au même résultat.

<hr>

1. Ortlieb, *op. cit.*, no 89. Rivière, *Revue de lég.*, 1851, III, p. 311 s. Aubry et Rau, § 174, note 7. Folleville, *op. cit.*, no 81, *quater*. Larombière, *Oblig.*, art. 1141, no 8. Colmet de Santerre, V, 57 *bis*, III. Demolombe, XXIV, 467.

CHAPITRE VIII

SECTION I

Exception relative à l'action réelle du bailleur

L'article 2102, n° 1, *in fine* est ainsi conçu : « Le propriétaire peut saisir les meubles qui garnissent sa maison ou sa ferme, lorsqu'ils ont été déplacés sans son consentement, et il conserve sur eux son privilège, pourvu qu'il ait fait la revendication ; savoir, lorsqu'il s'agit du mobilier qui garnissait une ferme, dans le délai de quarante jours ; et dans celui de quinzaine, s'il s'agit des meubles garnissant une maison. »

Le privilège du bailleur se trouve donc, aux termes de cet article, garanti par une action réelle, que le texte appelle même, improprement d'ailleurs, une revendication. Dans toutes les législations, les droits du bailleur ont été protégés d'une façon toute particulière. Aujourd'hui le privilège dont il est armé porte sur les fruits de la récolte de l'année et sur les *meubles garnissants* [1]. Il frappe même les objets mobiliers

---

1. On ne s'accorde pas sur ce qu'il faut entendre par là. V. M. Valette, *Traité des priv.*, p. 60. Aubry et Rau, t. III, § 261, p. 138. Mourlon, *Priv. et hyp.*, n° 83. Folleville, *op. cit.*, n° 86.

qui appartiennent à des tiers et qu'il a cru appartenir au locataire : à la condition, toutefois, que ces objets ne soient pas des meubles perdus ou volés (art. 2279, al. 2).

Nous avons dit déjà que la maxime *En fait de meubles,* etc., peut, en effet, être opposée à la revendication, par des possesseurs qui prétendent avoir sur la chose, non pas le droit entier de propriété, mais un droit réel quelconque. Or le privilège du bailleur repose, selon nous, sur une convention tacite de gage.

Nous n'avons pas à rechercher ici quelle est l'étendue de la créance privilégiée du locateur, c'est-à-dire quelle durée de bail est garantie par ce privilège [1]. Mais il faut insister un peu sur cette action réelle dont le bailleur est investi et à laquelle, dans les conditions fixées par la loi, n'est pas opposable la maxime : *En fait de meubles,* etc.

Elle était reconnue par Pothier : «Le locateur peut, dans le temps prescrit, suivre par la voie de la saisie ou par la voie d'action, les meubles enlevés de son hôtel ou de sa métairie, même contre un acheteur de bonne foi, soit en paiement, soit en nantissement ; car ces meubles ayant contracté une espèce d'hypothèque en entrant dans la maison ou métairie, le locataire, ne les possédant qu'à la charge de cette hypothèque, n'a pu les transporter à un autre qu'à cette charge, personne ne pouvant transférer à un autre plus de droits sur une chose qu'il n'en a lui-même. Tel est l'avis de Dumoulin en sa note sur l'article 125 du Bourbonnais. *Etiam emptoribus bonæ fidei, modo intra breve tempus.* Tel est l'usage, contre l'avis de Lalande [2]. »

1. Valette, *op. cit.*, p. 70, 78. Loi du 23 août 1871, *sur l'enregistrement des baux* (Sirey et Devilleneuve, 71, p. 122, et s.). — Loi des 12-20 fév. 1872, *sur les effets du privilège du bailleur en matière de faillite* (Sirey et Dev. 72, p. 175). Loi des 28-29 fév. 72, *sur les droits d'enreg.* (Sir. 72, p. 177). — V. M. Gabriel Demante, *Expl. de la loi du 28 fév.* 1872, p. 60. — *Expl. de la loi du 23 août 1871, passim.*

2. *Contrat de louage,* nº 261.

Nous avons vu que Bourjon admettait la même exception à la règle : *En fait de meubles,* etc. Mais il ne pouvait, quant à lui, l'expliquer comme faisait Pothier ; car le propriétaire d'un meuble remis en dépôt, et vendu par le dépositaire, pouvait tout aussi bien dire au possesseur ce que, dans Pothier, dit le bailleur : « Votre vendeur n'a pu vous donner plus de droit qu'il n'en avait ; donc ma revendication doit triompher contre vous.» Ce raisonnement, juste dans la théorie de Pothier, je veux dire dans celle qu'il semble avoir, en somme, préférée, prouverait trop dans la doctrine de Bourjon, comme aussi dans celle du Code ; il irait à l'encontre de la règle générale de l'article 2279.

En réalité, l'article 2102, al. 1, consacre simplement les dispositions de la coutume de Paris. Le législateur ne s'est peut-être pas aperçu qu'il était assez bizarre d'accorder au bailleur, qui n'est pas propriétaire des meubles, un droit plus puissant qu'au propriétaire lui-même. Bourjon, qui était bien contraint d'admettre cette dérogation à la maxime, puisqu'elle était inscrite dans la coutume, cherchait à la justifier avec l'idée romaine du vol de la possession. Je ne sais trop si le législateur de l'an XII a songé à cette explication. Il est plus probable, je le répète, que cette légère contradiction lui a échappé. Mais il appartient à l'interprète d'en atténuer les effets. Nous pensons donc que la revendication ne sera point accordée au bailleur si les meubles restants suffisent à garantir sa créance (Cf. art. 1752) : autrement, la disposition de l'article 2102 serait une source inépuisable de chicanes et de procès [1].

SECTION II

Exception relative aux meubles perdus ou volés.

A). — Aux termes de l'article 2279 al. 2, la revendication du

1. Folleville, *op. cit.,* n° 96 et 96 *bis. Contra* Mourlon, *op. cit.,* n⁰ˢ 104 et 105.

meuble est admise dans deux cas : 1° s'il a été perdu par le propriétaire ; 2° s'il lui a été volé. Et quand la loi dit qu'elle est admise, elle entend que le propriétaire triomphera contre le tiers possesseur, de bonne ou de mauvaise foi, pendant le délai fixé, c'est-à-dire pendant trois années. Contre le voleur, contre l'inventeur, le propriétaire aura, nous le verrons et il est facile de le pressentir, d'autres moyens de recours.

Que signifie cette expression : « choses perdues » ? Elle comprend, selon nous, toutes choses dont le possesseur a été dessaisi à son insu autrement que par vol. Elle correspond au mot épave, qui, dans l'origine, s'appliquait seulement aux animaux égarés, mais qui, dans son sens définitif, exprime tous les objets sortis de la possession de quelqu'un par suite soit d'une négligence, soit d'un événement de force majeure [1].

Bourjon n'avait point admis le droit de suite pour les meubles perdus ; il le réservait aux seules choses volées. De même en droit romain, l'objet n'était affecté du vice réel que si l'invention constituait, en fait, le *furtum*.

Il est bien difficile de justifier l'innovation du Code ; car l'acquéreur de bonne foi d'une chose perdue est, certes, tout aussi digne d'intérêt que le propriétaire, en général coupable d'imprudence.

α). — Je dis que le § 2 de l'article 2279 suppose la revendication intentée contre un tiers ayant cause de l'inventeur. Mais à qui appartient l'épave, quand elle n'est pas entre les mains de ce tiers ? L'article 717 nous dit que « les droits sur les effets jetés à la mer, sur les objets que la mer rejette, de quelque nature qu'ils puissent être, sur les plantes et herbages qui croissent sur les rivages de la mer, sont réglés par des lois particulières. Il en est de même des choses perdues dont le maître ne se retrouve pas. »

---

1. Épave, de *expavidus* (non pas, comme on le dit trop souvent, *expavefactus*), ce que l'accentuation ne permettrait point.

Ces lois particulières sont rares. Pour les épaves maritimes, il ne saurait cependant y avoir aucun doute. L'ordonnance sur la marine de 1681, modifiée par l'arrêté du 18 thermidor an X, et par le décret du 12 décembre 1806, décide que l'inventeur doit déposer ces épaves en lieu sûr et avertir l'autorité compétente. Après les publications d'usage, et le délai d'an et jour, la propriété de ces meubles est acquise à l'État [1].

En ce qui concerne les épaves trouvées dans les fleuves ou dans les rivières navigables ou flottables, l'ordonnance des eaux et forêts du mois d'août 1669, dans l'article 16 de son titre XXXI, et la loi du 15 avril 1829, déclarent qu'après un mois écoulé sans revendication, ces objets peuvent être vendus par le domaine. Un nouveau délai d'un mois est ouvert, pendant lequel le propriétaire a le droit de réclamer le prix. Ce temps expiré, aucune revendication n'est plus admise.

On assimile les épaves des petites rivières aux épaves terrestres ; mais quelle règle suivre, à l'égard de ces dernières? Le droit seigneurial attaché à la haute justice a été aboli par l'article 7 du tit. Ier de la loi des 13 et 20 avril 1791. Mais cette loi ne nous donne qu'un renseignement négatif. Les choses perdues ne peuvent être assimilées au trésor, elles ne sont ni cachées ni enfouies, elles ne sont pas, non plus, une dépendance du fonds sur lequel on les trouve. D'autre part, n'ayant point été délaissées sans esprit de retour, elles ne sont pas *res nullius*. Mais ce ne sont encore ici que des négations. Nous éliminons, l'une après l'autre, les solutions ; il s'agit d'en admettre une.

Quelques auteurs pensent que l'objet trouvé doit appartenir à l'État. L'État aurait été substitué par le Code aux an-

---

1. Ortlieb, *op. cit.*, n° 56. Folleville, *op. cit.* n° 106. V. aussi ord. du 10 juin 1770. Loi des 9 et 13 août 1791. Décret du 17 floréal an XI. Décret du 25 mars 1811.

ciens seigneurs justiciers. Par ces mots : « les lois particulières, » l'article viserait les anciennes coutumes. Enfin l'article 713 viendrait corroborer ce système en déclarant que
les biens qui n'ont pas de maître appartiennent à l'État [1].

Écartons d'abord ce dernier argument. Les choses perdues
ne sont pas des biens sans maître, nous l'avons dit, il y a
un instant. Il faut singulièrement détourner les mots de leur
sens naturel pour faire dire à ceux-ci : « lois particulières »,
ce qu'on prétend y découvrir. Enfin cette subrogation de
l'État dans les droits des seigneurs, outre qu'elle n'est consacrée par aucune disposition légale, outre qu'elle est très
discutable au triple point de vue constitutionnel, politique
et juridique, aurait l'immense inconvénient de perpétuer
dans notre droit actuel une diversité de règles qu'a voulu
éviter le législateur de l'an XII.

Pour les mêmes motifs, nous rejetons la doctrine qui partage la propriété de l'objet trouvé entre l'État et l'inventeur.
Nous croyons avec la majorité des auteurs [2] que l'inventeur
seul deviendra propriétaire.

β). — Mais au bout de combien de temps ? Faut-il appliquer le délai de l'article 2279 ? On l'a souvent admis ; attendu, dit-on, que cet article ne distingue nullement entre
le tiers détenteur et l'inventeur. Nous avons dit que telle
n'est pas notre opinion.

L'alinéa 2 de l'article 2279 est éclairé par le premier ; et
aussi par ces mots : contre celui dans les mains duquel il la
trouve. Il donne suffisamment à entendre qu'il régit les rapports du propriétaire et du tiers acquéreur ; mais il laisse de
côté l'action personnelle que celui-là peut avoir contre l'inventeur. Il est vrai que le texte a été différemment interprété par une décision bien connue du ministre des finances,

1. Proudhon, *Du dom. privé*, I, 417. Merlin, *Rép.* v° *Épaves*.
2. Aubry et Rau, § 201, note 46. Demolombe, XIII, 71. Folleville, 110 quater. Delvincourt, II, part. II, p. 6.

en date du 3 août 1825. Mais cette décision, selon nous illégale, ne s'est appuyée que sur des considérations morales,
excellentes peut-être en législation, mais ici très insuffi-
santes.

Il est, du reste, bien évident que l'inventeur doit se con-
former aux règlements de police pour avertir, si possible,
le propriétaire, de sa trouvaille. S'il a négligé les formalités
prescrites, — déclaration au greffe ou au commissariat, — s'il
a manifesté l'intention de s'approprier la chose immédiatement, devra-t-il être tenu pour voleur ?

Non, disent quelques-uns ; il ne commet pas une soustraction frauduleuse, aux termes de l'article 379 du Code pénal;
il n'y a pas non plus véritablement l'intention criminelle ;
le vrai coupable, c'est le hasard, c'est l'occasion [1]. Cette doctrine trop indulgente, qui semblait encourager la tendance
très marquée, je puis dire proverbiale, du public à ne pas
voir un vol dans le fait de s'approprier les objets perdus,
cette doctrine a été repoussée par la plupart des auteurs et
par la cour de cassation [2]. On admet que les tribunaux doivent, en pareille matière, avoir une très large liberté d'appréciation. Outre l'amende qui pourra leur être infligée aux
termes de l'article 471 n° 15 du Code pénal, s'ils contrevien-
nent aux règlements, les inventeurs pourront subir les peines
du vol, dans les cas où les circonstances de la découverte,
le soin qu'ils auront pu prendre de la dissimuler, l'appréhension matérielle et l'intention constitueront un délit suffisamment caractérisé.

Nous en aurons fini avec les choses perdues, quand nous
aurons indiqué la loi du 6 août 1791, t. IX, art. 5, relative
aux balles et aux marchandises abandonnées dans les bureaux

1. Bourguignon, *Jurisp. des Codes crim.* T. III, p. 361. Rauter, *Traité de
droit criminel*, n° 507. Carnot, *Comm. du Code pénal*, art. 379.

2. Faustin Hélie et Chauveau. *Th. du Code pénal*, VI, p. 219. Folleville,
123. Ortlieb, 79. Demolombe, XIII, 74. Cf. cass. 27 fév. 71. Dev. 74,
I, 499.

de douane (elles sont mises en vente au bout d'un an, le prix est attribué à l'État au bout de deux ans) ; le décret du 13 août 1810, sur les objets égarés dans les bureaux de voitures publiques (même règle, mais le délai avant la vente n'est que de six mois) ; la loi du 31 janvier 1833, sur les sommes confiées à la poste (si au bout de 8 ans elles n'ont pas été réclamées, elles appartiennent à l'État)[1].

B). — Qu'entend-on par choses volées ? On sait quelle était, à Rome, l'étendue du mot *furtum*, et comment il comprenait, outre notre vol moderne, l'abus de confiance, et le *furtum usus* et le *furtum possessionis*. Notre droit pénal actuel distingue, au contraire, le vol, l'escroquerie, l'abus de confiance.

L'article 379 du Code pénal s'exprime ainsi : « Quiconque a soustrait frauduleusement une chose qui ne lui appartient pas est coupable de vol. » Chaque mot porte dans cet article. Soustraction, fraude, objet appartenant à autrui, tels sont les trois éléments essentiels du vol.

En présence du délit, le législateur fait disparaître la présomption invincible de l'article 2279. La dépossession a résulté d'un acte grave, dont il n'importe pas seulement de châtier l'auteur, mais dont il faut, autant que possible, détruire toutes les conséquences. La revendication reprendra donc toute sa force pendant trois années à l'égard des tiers acquéreurs même de bonne foi.

Il faut aller plus loin. Alors même que la loi ne punirait pas le vol, dans un cas particulier, pour des raisons personnelles à l'auteur du délit, à cause de son âge, par exemple, ou de certaines relations de parenté (art. 66 et 380 Code pénal), le droit de suite sera réservé au propriétaire. Car le fait n'en demeure pas moins un vol, puisque les complices ou receleurs peuvent, jusque dans cette hypothèse, être punis des peines ordinaires.

1. V. Vuatrin et Batbie, *Lois administratives françaises*, p. 844.

α) — Faut-il étendre *à l'abus de confiance* la disposition de l'article 2279 alinéa 2 ? Et dans cette expression générique, abus de confiance, je fais rentrer la violation du dépôt, qui n'est qu'une espèce du même délit (art. 406, 407, 409 Code pénal. — Art. 408, modifié par la loi du 13 mai 1863).

De rares auteurs tiennent l'affirmative. Le Code, disent-ils, est revenu, dans l'article 2279, à la pureté des principes du droit ancien ; pour mieux dire, il a conservé ces principes, qui n'avaient jamais été abandonnés. C'est en 1810, lors de la rédaction du Code pénal, qu'on a, pour la première fois, séparé le vol de l'abus de confiance. Le législateur de l'an XII ne soupçonnait donc pas cette distinction.

Distinction très arbitraire, si l'on veut bien l'examiner de près. Le nom ne fait rien à l'affaire. Dans l'un et l'autre cas, le délit est le même, en réalité. Dans l'un et l'autre cas, le propriétaire est dépossédé par une véritable spoliation, par violence ou par habileté ; il y a toujours fraude, intention mauvaise. Dans l'un et l'autre cas, enfin, l'intérêt social est en jeu[1].

A ces deux arguments la réponse est facile. Ce qui prouve bien que les auteurs du Code civil connaissaient la distinction, c'est d'abord que Bourjon l'avait admise et commentée. Nous avons cité, à cette occasion, plusieurs passages de ce jurisconsulte. Ce qui témoigne encore de cette connaissance, c'est l'article 1141. Dans l'hypothèse qu'il prévoit, le vendeur commet un véritable abus de confiance, un vol dans le sens ancien du mot, et cependant la revendication n'est point accordée. Enfin, il y a une preuve décisive et que, je ne sais pourquoi, les auteurs négligent de donner.

L'article 29, titre II, du Code de 1791, séparait du vol la violation du contrat de dépôt. Il punissait cette violation, mais il ne s'était pas hasardé à chercher un délit dans d'autres faits

1. Toullier, XIV, 118 et 119. Lyon, 15 décembre 1830. Sic. 1832, 2, 348.

de même nature, par exemple dans le détournement d'objets remis pour un travail salarié à la charge d'en faire un emploi ou usage déterminé. C'est l'article 408 qui fit ce pas en plus. Vint ensuite la loi du 28 avril 1832 qui ajouta le détournement d'effets remis à titre de louage, de mandat ou pour un travail non salarié ; la loi du 13 mai 1863 y joignit enfin l'abus du nantissement et du prêt à usage. On voit avec quelle hésitation le législateur a cru pouvoir fonder sur la violation de certains contrats une poursuite correctionnelle.

Rien de plus naturel que ses scrupules. Si banale que soit devenue cette vérité, que dans le cas d'abus de confiance le propriétaire est coupable d'une certaine négligence, qu'il a suivi la foi de la personne avec laquelle il a contracté, elle n'a pas cessé d'être une vérité. Ainsi, d'une part, l'abus de confiance suppose, chez l'auteur du délit, une culpabilité moindre que le vol ; d'autre part, le propriétaire n'est pas également digne d'intérêt dans les deux cas. Et enfin, les tiers acquéreurs eux-mêmes ne laissent pas que d'agir avec une légèreté reprochable, quand ils traitent avec un voleur, sans chercher à s'enquérir de sa moralité. Puisque de toutes manières, il faut sacrifier quelqu'un, il est juste que s'il y a eu vol, on sacrifie le possesseur, et s'il y a eu seulement abus de confiance, le propriétaire. C'est la balance nécessaire des responsabilités [1].

β) — Nous écarterons de même l'*escroquerie*. On connaît la définition de l'article 405 du Code pénal : « Quiconque soit en faisant usage de faux noms ou de fausses qualités, soit en employant des manœuvres frauduleuses pour persuader l'existence de fausses entreprises, d'un pouvoir ou d'un crédit imaginaire, ou pour faire naître l'espérance ou la crainte

---

1. Troplong, II, 1070. Aubry et Rau, II, § 183 note 2, p. 98. Folleville, *op. cit.* 116 *ter*. Cass. 23 déc. 1863. (Dev. 65, I, 187). Rouen, 12 mars 1873 (Dev. 73, 2, 80). Bordeaux, 26 mai 1873 (Dev. 74, 2, 5).

d'un succès, d'un accident ou de tout autre événement chi-
mérique, se sera fait remettre ou délivrer, etc...»

L'assimilation de l'escroquerie au vol, au point de vue de
l'article 2279, al. 2, rencontre plus de partisans que celle de
l'abus de confiance [1]. Il est vrai, dit-on, que le propriétaire,
victime de l'escroquerie, n'est pas dépouillé à son insu, mais
son consentement est surpris ; il a été trompé ; c'est par
suite encore d'une soustraction frauduleuse qu'il perd la possession. De plus les rédacteurs du Code civil ne connaissaient
pas la distinction entre le vol et l'escroquerie ; elle ne date
que de 1810.

Ces deux arguments, qui correspondent, on le voit, aux
objections déjà réfutées tout à l'heure, peuvent être combattus
de la même manière. Il y a lieu de s'étonner que les auteurs
se contentent de repousser le second en citant Bourjon.
Bourjon n'est peut-être pas très clair sur ce point (t.2, p.566).
Mais ce qu'on ne dit pas, c'est qu'il est absolument inexact
qu'avant 1810 l'escroquerie ne fût pas séparée du vol. L'article du titre II de la loi du 16-22 juillet 1791 est ainsi conçu :
« Ceux qui, par dol ou à l'aide de faux noms ou de fausses
entreprises, ou d'un crédit imaginaire, ou d'espérances et de
craintes chimériques, auraient abusé de la crédulité de quelques personnes, et escroqué la totalité ou partie de leur fortune, seront poursuivis devant les tribunaux de district ; et si
l'escroquerie est prouvée, le tribunal de district, après avoir
prononcé les restitutions et les dommages-intérêts, est autorisé à condamner, par voie de police correctionnelle, à une
amende qui ne pourra excéder 5,000 livres et à un emprison_
nement qui ne pourra excéder deux ans. » Et quelle est la
seule modification apportée par le Code pénal? L'Exposé des
motifs nous le dit : « On a tâché, dans la nouvelle définition
de ce qui constitue le délit d'escroquerie, d'éviter les incon-

1. V. Troplong, *Prescription*, t. II, n° 1069. Bordeaux, 3 janvier 1859,
Sir. 59, 2, 152.

vénients qui étaient résultés des définitions précédentes. Celle de la loi du 16-22 juillet 1791 était conçue de manière qu'on en a souvent abusé, tantôt pour convertir les procès civils en correctionnels, et par là procurer à la partie poursuivante la preuve testimoniale et la contrainte par corps, au mépris de la loi générale, tantôt pour éluder la poursuite de faux en présentant l'affaire comme une simple escroquerie, et par là procurer au coupable une espèce d'impunité, au grand préjudice de l'ordre public. Cet abus cessera sans doute d'après la rédaction du nouveau Code. La suppression du mot dol, qui se trouvait dans la première rédaction, ôtera tout prétexte de supposer qu'un délit d'escroquerie existe par la seule intention de tromper. En approfondissant les sources de la définition, on verra que la loi ne veut pas que la poursuite en escroquerie puisse avoir lieu sans un concours de circonstances et d'actes antécédents qui excluent toute idée d'une affaire purement civile. » Voilà toute l'innovation de 1810 ; elle consisterait plutôt à rapprocher l'escroquerie du vol qu'à l'en éloigner. Au vrai, elle l'en laisse encore parfaitement distincte, et rien n'est, d'ailleurs, plus aisé que de justifier cette distinction. Il se peut qu'il n'existe aucun rapport entre le propriétaire volé et l'auteur de la soustraction. Le moyen dès lors, pour ce propriétaire, de suivre l'objet dont il est dépouillé ? Il ne sait d'abord où le chercher ; il lui est impossible de surveiller quelqu'un qu'il ne connaît pas, d'empêcher par conséquent la vente et la livraison de l'objet à d'autres personnes. Au contraire, la victime de l'escroquerie peut, en général, savoir ce que devient le meuble dont elle s'est dessaisie [1].

---

1. Aubry et Rau, § 183, note 9. Folleville, *op. cit.*, 117. Ortlieb, 59. — Le 13 janvier 1834, la Cour de Paris avait rendu un arrêt en sens contraire avec ce considérant : « Considérant que le mot vol, énoncé en l'article 2279, a été employé par le législateur dans un sens générique ; que les espèces entièrement analogues y sont dès lors nécessairement comprises ; que d'après

γ) — Nous restreignons donc au seul cas de vol proprement dit l'exception de l'article 2279, al. 2. Mais il faut faire ici la même remarque que pour les choses perdues. La revendication donnée par le texte contre le possesseur de bonne foi, pendant un délai de trois années, n'exclut pas l'action personnelle que le propriétaire aura contre le possesseur de mauvaise foi. De même, le voleur peut être, selon nous, poursuivi pendant trente ans. Mais l'action dont il est tenu, après les trois années écoulées, n'est qu'une action personnelle en restitution. Que décide, en effet, notre article ? Après avoir interdit, d'une manière générale, l'exercice de la revendication mobilière, il l'autorise, dans un temps déterminé et dans des circonstances limitativement définies. En dehors de ce temps, en dehors de ces circontances, le droit de suite est refusé ; la maxime reprend son empire ; mais ici comme toujours elle laisse subsister, intacte, l'action personnelle.

On oppose que l'action publique et l'action civile se prescrivent par le même délai, c'est-à-dire par dix ans, s'il s'agit d'un crime ; trois ans, s'il s'agit d'un délit ; et l'on prétend que le voleur ne pourra être poursuivi que pendant dix ou trois années, suivant que les circonstances auront fait du vol un crime ou un délit.

la généralité du sens de cet article, il y a lieu d'en faire l'application aux actes à l'aide desquels on pourrait être dépouillé furtivement d'un objet mobilier ; qu'il est de principe qu'il doit y avoir homogénéité dans les droits quand il y a évidente homogénéité dans les raisons de décider ; que les résultats de l'escroquerie sont les mêmes que ceux du vol. » Pourvoi. Cassation. « Attendu que les exceptions sont de droit étroit et que leur application doit être renfermée dans le sens rigoureux des termes employés par le législateur ; attendu que le vol ne peut être confondu avec l'escroquerie, vu qu'en fait d'escroquerie l'individu escroqué a suivi la foi de celui qui l'a trompé. » Sur renvoi, la Cour de Rouen statue : « Attendu que le vol et l'escroquerie sont deux délits distincts ; qu'ils diffèrent en ce que le vol se commet à l'insu du propriétaire de la chose volée ; tandis que l'escroquerie se fait avec son concours ou sa participation quelconque ; que celui-ci connaît ou a pu se procurer les moyens de connaître l'individu des manœuvres duquel il s'est rendu victime, etc. » (Dev. 35, 1, 321. — 36, 2, 193).

MM. de Folleville et Ortlieb ont trop complètement réfuté cette opinion, pour qu'il soit besoin d'insister encore[1]. L'action en restitution est distincte de l'action civile ; elle ne prend pas sa source dans l'infraction. Le demandeur ne parlera point du vol, mais de la mauvaise foi du possesseur. Il n'y aura là, comme dit le premier de ces auteurs, qu'un artifice de procédure, ou, selon le mot de Marcadé, qu'une précaution oratoire. Mais on comprend qu'il est impossible de traiter le voleur plus favorablement que tout autre possesseur de mauvaise foi.

δ). — Quelle est la nature de ce délai de trois années ? Il est certain que l'article 2279, al. 2, ne consacre pas, d'abord, au profit des tiers acquéreurs, une prescription acquisitive.

Il déclare, en effet, que le point de départ du délai est le jour de la perte ou du vol ; il n'exige aucune des conditions nécessaires à l'accomplissement d'une prescription acquisitive (articles 2228 et s.).

Mais s'agit-il du moins, dans notre texte, d'une prescription extinctive ou libératoire? Avec la plupart des auteurs, nous repoussons cette explication [2]. Quand le titulaire d'un droit reste plusieurs années sans le faire valoir, quand la personne à qui appartient une action néglige, pendant un certain temps, de l'exercer, la loi peut dire qu'il y aura prescription, c'est-à-dire qu'elle présumera la renonciation au droit, l'extinction normale ou l'inexistence de l'action. Telle n'est pas l'idée de l'article 2279 al. 2. Il ne s'inquiète pas de savoir si le propriétaire a fait, ou non, des recherches, s'il s'est, ou non, montré diligent. Après avoir refusé la revendication dans la première partie de l'article, le législateur l'accorde

---

1. Folleville, *op. cit.*, 120. — Ortlieb, 78. — Marcadé, art. 2279. — Faustin Hélie, *Instr. crim.*, t. III, p. 792.

2. Folleville, *op. cit.*, n° 124. Ortlieb, *op. cit.*, n° 61. Comp. Aubry et Rau, § 183, note 2 et note 17, t. II — *Contra*, Mourlon. *Rép. de Code civil*, III, n° 1, 999.

dans la seconde par faveur, par exception. Mais il met lui-même une limite à ce bénéfice extraordinaire; le proprié-taire, dit-il, n'aura ce droit de suite que durant trois années. C'est là un délai préfix, immuable. Les trois ans expirés, on rentre dans la règle de l'alinéa 1er.

De ce que l'article 2279 ne consacre point une prescrip-tion acquisitive, il résulte que la déchéance qu'il établit peut être invoquée par le possesseur, trois ans après le vol ou la perte, si courte qu'ait été la durée de sa possession

De ce que l'article 2279 institue une simple déchéance, on peut conclure que le délai court indistinctement contre toutes personnes, contre les mineurs, les interdits, la femme mariée sous le régime dotal. Mais il faut bien remarquer que la règle serait la même en ce qui concerne les mineurs et les interdits, si nous admettions qu'il s'agit, dans l'article, d'une prescription libératoire (art. 2278).

ε.) — Le vice de vol pourra être purgé, et alors on rentrera dans les termes de l'alinéa 1er. Mais à quelles conditions? A Rome, le retour de la chose entre les mains du propriétaire purgeait le vice de vol, quand le propriétaire avait eu connais-sance d'abord du vol, et ensuite du retour. *Si ignorans rem mihi subreptam emam, non videri in potestatem meam re-versam*[1]. Nous ne pensons pas qu'en droit français il soit également indispensable que le propriétaire ait connu le délit et la restitution. Il *suffira* qu'ils aient eu lieu; mais il *faudra* qu'ils aient eu lieu. Ainsi le retour de la chose dans le patrimoine du propriétaire, par voie de contrat onéreux, ne constituant pas, à proprement parler, une restitution, le vice de vol ne sera pas purgé. Supposons un meuble sous-trait vendu par le voleur à l'héritier de la victime du vol. Le meuble est ensuite remis par cet héritier à un dépositaire qui

---

1. L. 14, § 12. ff. *De usurp. et usuc.* Cf. lois 4, 32, et 41 *ibid.* — L. 86 ff. *De furtis* (XLVII, tit. II). *Institut.* 1. II, t. VI.

l'aliène. Nous estimons que l'objet pourra être revendiqué contre le tiers acquéreur.

SECTION III

Exception consacrée par la loi des 12-19 mai 1871.

L'article 1ᵉʳ de cette loi est ainsi conçu : « Sont déclarés inaliénables jusqu'à leur retour aux mains du propriétaire, tous biens meubles et immeubles de l'État, du département de la Seine, de la ville de Paris et des communes suburbaines, des établissements publics, des églises, des fabriques, des sociétés civiles, commerciales ou savantes, des corporations, des communautés, des particuliers, qui auraient été saisis, mis sous séquestre ou détenus d'une manière quelconque, depuis le 18 mars 1871, au nom et par les ordres d'un prétendu comité central, comité de salut public, d'une soi-disant commune de Paris, ou de tout autre pouvoir insurrectionnel, par leurs agents, par toute personne s'autorisant de ces ordres, ou par tout individu ayant agi, même sans ordres, à la faveur de la sédition. »

Et l'article 2 ajoute :

« Les aliénations frappées de nullité par l'article 1ᵉʳ ne pourront pas, pour les immeubles, servir de base à la prescription de dix à vingt ans, et, pour les meubles donner lieu à l'application des articles 2279 et 2280 du Code civil. Les biens aliénés en violation de la présente loi pourront être revendiqués, sans aucune condition d'indemnité et contre tous les détenteurs, *pendant trente ans*, à partir de la cessation officiellement constatée de l'insurrection de Paris. La date de la cessation est fixée au 7 juin 1871. »

M. Bertauld, député du Calvados, précisait dans son rapport le sens et la portée de la loi. « Les aliénations mobilières ne seront pas, disait-il, protégées par les articles 2279 et 2280 du même Code. Le donataire et l'acheteur ne pourront pas se prévaloir de ce qu'il ne serait pas juridiquement démontré qu'ils ont connu la provenance de l'objet donné ou acheté pour repousser d'une manière absolue, par une prescription absolue de trois ans, la revendication du propriétaire.... L'action en revendication menacera les spoliateurs et leurs représentants *pendant une période de trente ans,* que les causes d'interruption et de suspension de droit commun pourront prolonger encore. Pourquoi, en effet, garantir des négociations si peu dignes de faveur et, à vrai dire, si suspectes, contre les raisons d'alarme qui doivent les décourager? Vainement objecterait-on que le commerce et spécialement le commerce des objets d'art, souffrira de ces suspicions et des précautions.qu'elles entraîneront. L'objection s'adresserait au principe même de la loi, et non pas seulement à l'une de ses dispositions. L'acheteur honnête, qui voudra traiter en sécurité, ne traitera qu'avec des vendeurs dont la moralité ou la solvabilité le rassurera [1]. »

SECTION IV

Exception résultant de la loi du 15 juin 1872

Nous avons dit que l'article 2279, al. 1, ne s'applique pas seulement aux meubles corporels et que la maxime *En fait de meubles,* etc., régit les titres au porteur. Ce qui est vrai de la première partie du texte l'est également de la seconde. Sous le régime même du Code civil, le propriétaire d'un de ces titres, dépossédé par vol ou par perte, pourrait revendiquer pendant trois années contre les porteurs de bonne foi.

Nous croyons aussi, avec MM. Ortlieb et de Folleville, et malgré un assez grand nombre de jugements contraires, que

---

1. *Droit* du 16 juin 1871. *Journal officiel,* du 16 mai. — D. P. 1871, 4. 52 et 53. — Folleville, *op. cit.,* nᵒ 82 *bis.*

les coupons d'actions ou d'obligations, détachés de leurs
titres, et volés ou perdus, doivent être assimilés aux titres
au porteur.

Les tribunaux qui ont décidé le contraire et refusé la revendication se sont fondés sur ce que ces coupons deviennent, en fait, une monnaie courante [1].

Mais cette assimilation est très critiquable : la monnaie
a cours forcé ; il n'en est pas de même des coupons. Les
pièces d'argent ont par elles-mêmes une valeur propre,
réelle [2] ; les coupons ne constituent qu'une valeur repré-
sentative.

On ne peut davantage confondre ces coupons avec les billets de banque ; car le billet de banque est payable dès l'instant même de l'émission ; le coupon n'est, au contraire,
payable qu'à une certaine échéance.

Il n'y a pas à revenir sur cette démonstration qui a été
faite avec beaucoup de talent. Notons seulement que le système opposé présenterait d'assez graves inconvénients. Celui
qui aurait trouvé ou volé des actions ou obligations aurait,
à chaque échéance, la liberté d'en détacher les coupons et
d'en toucher la valeur. Les acquéreurs n'auraient aucune
précaution à prendre ; aucune crainte pour eux d'être in-
quiétés.

Mais nous n'admettons pas, en revanche, que la revendication soit possible pour les espèces monnayées ou les billets

1. Jugement du trib. de commerce de la Seine, 30 octobre 1862. D. P.
1863, 329.

2. Qui peut, il est vrai, différer plus ou moins de leur valeur convention-
nelle ; mais nous ne traitons pas ici la question économique. Il est certain
qu'en fait un paiement effectué avec des coupons d'obligations ne donnera
pas, en général, la même sécurité qu'un paiement en espèces. V. Folleville,
op. cit., n° 104 *bis.* Ortlieb, *op. cit.*, p. 97, note 2. Cf. Ameline, *Revue critique*, 1865, XXVII, p. 215. — *Sic,* Jugement du trib. civil de la Seine,
21 janvier 69 (*Droit* du 4 février 1869). Jugement du même trib. en date du
28 juin 1871 (*Journal offic.* du 29 juin 1871).

de banque. Il n'y a pas là, à proprement parler, des objets susceptibles d'être considérés comme ayant une individualité. Ce ne sont que des valeurs d'échange et, comme on l'a dit, une sorte de wagons pour transporter les marchandises [1].

Jusqu'ici, les meubles « incorporels » que nous sommes forcés de faire rentrer dans l'application de l'article 2279 se trouvent, au double point de vue de l'alinéa 1er et de l'alinéa 2, traités identiquement comme les meubles corporels. La loi connue du 15 juin 1872 est venue apporter à notre article une importante dérogation. Elle a, sous certaines conditions, étendu, pour les titres au porteur, l'exception de l'alinéa 2. Dans des cas déterminés, le propriétaire du titre, — j'emploie cette expression commode et consacrée par l'usage, quoique inexacte, — pourra revendiquer, alors même qu'il aura été dépossédé autrement que par perte ou par vol. Et d'autre part, en cas de vol ou de perte, il pourra dans certains cas encore et à la charge de remplir les formalités prescrites, revendiquer après l'expiration de trois ans.

Il ne rentre pas dans notre sujet d'examiner longuement les dispositions de cette loi. Nous nous sommes surtout attaché à étudier la revendication des meubles « corporels », c'est-à-dire des seuls meubles qui, selon nous, devraient logiquement porter ce nom, des seuls auxquels peut-être le législateur de l'an XII aurait dû appliquer la maxime de l'article 2279.

Mais précisément la thèse que nous avons soutenue se trouve renforcée par les considérations mêmes qui ont motivé la loi de 1872. On a senti la nécessité, on a cherché le moyen, de restituer contre la perte, quelle qu'elle fût, des titres au porteur, le propriétaire dépossédé. C'est bien la preuve qu'à l'endroit de ces titres l'article 2279 contenait une disposition

---

1. Cf. Godart, *De la revend. des billets de banque. Rev. crit.* 1870, XXXVI, p. 193.

trop rigoureuse. Il est donc utile de résumer brièvement l'esprit de cette loi.

Après quelques hésitations, la jurisprudence a reconnu et consacré ce principe, selon nous très juridique et nous serions tenté de dire incontestable, que la perte d'un titre au porteur n'entraîne pas par elle-même la perte du droit qui y est attaché[1]. On n'admet plus cet adage, évidemment injustifiable, que les compagnies doivent au titre, et non à la personne. Mais il est du moins nécessaire que le propriétaire dépossédé démontre victorieusement son droit ; sinon il ne peut toucher les intérêts et arrérages des dividendes ; il ne peut même toucher le capital, au cas où ce capital devient exigible. Et d'autre part ce propriétaire dépossédé va parfois se trouver en conflit avec un possesseur du titre.

Ainsi deux ordres d'idées : le droit du propriétaire du titre considéré dans les rapports de ce propriétaire avec l'établissement débiteur ; le même droit considéré dans les rapports de la même personne avec les tiers détenteurs.

La première question, très intéressante, et très discutée avant 1872, ne rentre nullement dans notre matière[2]. Quant à la seconde, nous avons dit qu'avant la même date, elle était traitée et résolue comme celle des meubles corporels. L'article 1er de la loi du 15 juin, 5 juillet 1872 est ainsi conçu : « Le propriétaire des titres au porteur qui en est dépossédé *par quelque événement que ce soit* peut se faire restituer contre cette perte *sous les conditions déterminées dans la présente loi.* »

L'article 2 de la même loi explique la voie que devra suivre le propriétaire du titre pour empêcher l'établissement débi-

---

1. Folleville, *op. cit.*, nᵒˢ 471 et s. Cass. 15 novembre 1841 (Dev. 1841, 1, 830-832.)

2. V. arrêt de la cour de Paris 13 mai 1865 (Dev. 1865, 2, 153, D. P. 1866, 2, 145). V. la savante note de M. Labbé. — Bogelot, *Deux mots sur la question des titres au porteur volés ou perdus,* 1861. Buchère *Traité théorique et pratique des valeurs mobilières et effets publics,* nᵒˢ 873-885.

teur de payer entre les mains du détenteur. Cette opposition à payement concerne les rapports de ce propriétaire et de cet établissement; nous ne nous y arrêtons pas. Mais en même temps va être faite, par exploit d'huissier, une opposition à la négociation des titres détournés. Cette notification, qui aura pour but d'empêcher l'auteur direct ou indirect de la dépossession de céder librement les titres, devra être adressée au syndicat des agents de change de Paris. Ceux-ci doivent faire publier les numéros des titres détournés ou égarés dans le *Bulletin officiel des oppositions sur les titres au porteur.* (V. Règlement d'administration publique des 10, 11 avril 1873.)

Ce bulletin spécial a pour objet, on le comprend, d'organiser une publicité telle que tout le monde désormais sera présumé connaître l'opposition formée. De cette façon, les acquéreurs pourront être sans invraisemblance réputés de mauvaise foi et tenus à restitution [1].

Mais faisons ici une remarque importante. Si le tiers a acquis les titres avant la publication, nous nous retrouvons placés dans les termes du Code civil, ce sont les dispositions des articles 2279 et 2280 qui reprennent leur empire. L'article 14 de la nouvelle loi le déclare : « A l'égard des négociations ou transmissions de titres *antérieures à la publication* de l'opposition, il n'est pas dérogé aux dispositions des articles 2279 et 2280 du Code civil. »

C'est donc seulement après la publication que le propriétaire puisera dans la loi de 1872 un droit qu'il n'avait pas sous le Code civil. Article 12 : « Toute négociation ou transmission *postérieure au jour où le bulletin est parvenu ou aurait pu parvenir, par la voie de la poste, dans le lieu où elle a été faite,* sera sans effet vis-à-vis de l'opposant, sauf le recours du tiers porteur contre son vendeur et contre l'agent de change, par l'intermédiaire duquel la négociation aura eu lieu. Le tiers porteur pourra également, au cas prévu par le

---

1. V. Boistel, *Dr. Comm.*, p. 616 et s.

présent article, contester l'opposition faite irrégulièrement ou sans droit. »

Une troisième hypothèse peut se concevoir : l'acquisition personnelle du possesseur est *postérieure* à la publication ; mais ce tiers a reçu le titre d'un premier auteur qui avait, de son côté, personnellement acquis *avant* la publication. La loi de 1872 ne tranche pas la difficulté ; mais nous lisons dans le rapport de M. Grivart : Le tiers acquéreur « sera, bien entendu, fondé à exercer tous les droits de son cédant, et si ce dernier tiers acquéreur lui-même avait acheté les titres avant la publication de l'opposition, son cessionnaire, bien que n'ayant traité qu'à une époque où l'opposition pouvait être connue, n'en sera pas moins recevable à combattre l'action des revendiquants au même titre que son vendeur l'aurait été lui-même ». Or c'est encore le droit commun du Code civil qui régira les rapports de ce premier acquéreur et du propriétaire.

CHAPITRE IX

En principe, le Code refuse la revendication mobilière ; exceptionnellement, il l'accorde dans deux cas par le deuxième alinéa de l'article 2279. Mais aussitôt, dans l'article 2280, il apporte à cette double exception un tempérament ; elle en admet deux autres, que nous indiquerons d'abord.

A). — L'ancien droit autorisait déjà certains prêteurs sur gages à repousser la revendication du meuble qu'ils détenaient, jusqu'à ce que le propriétaire eût consenti à leur rembourser la somme prêtée [1].

Aujourd'hui, l'article 1084 du Code civil porte que les monts-de-piété [2], maisons de prêt sur gages autorisées, sont régis par des lois et règlements particuliers [3].

---

1. V. ord. du roi Jean, de mars 1360, art. 12. Ord. de Charles VI, 3 septembre 1406, art. 10. Lettres pat. de Charles VII du 13 septembre 1429, art. 10. Lettres pat. du 9 décembre 1777, art. 9.

2. Étymologiquement banques charitables (de l'italien *monte*).

3. Règlement du Mont-de-Piété de Paris, art. 70, sanctionné par décret du 8 thermidor an XIII. V. Roche et Durieu, *Rép. des Établissements de bienfaisance,* t. II, p. 466.

Conformément à ces dispositions expresses de la plupart des textes qui s'occupent de ces établissements, la jurisprudence décide que le revendiquant, pour recouvrer la chose, devra rembourser, intérêts et capital, la somme pour laquelle ce meuble a été remis en nantissement. Mais les tribunaux admettent la revendication sans remboursement préalable dans deux cas : si les règlements n'ont pas été observés ; — si l'administration paraît avoir imprudemment accepté des dépôts suspects [1].

B). — Si nous supposons que le propriétaire de la chose volée commence par intenter contre le voleur une action civile en indemnité, nous ne croyons pas qu'on puisse, pour ce fait, lui enlever la faculté de revendiquer. L'action réelle, persécutoire, n'a pas, en effet, le même droit que l'action civile, personnelle, dont l'objectif est variable. Mais nous déciderons, dans ce cas, que le possesseur pourra exiger le remboursement préalable du prix et des frais. Quels seront ces frais ? C'est ce que nous ne tarderons pas à examiner.

C). — Quant au deuxième tempérament qu'apporte l'article 2280 à l'exception de l'article 2279 alinéa 2, nous avons vu, dans notre étude historique, qu'il avait été imaginé déjà par de très anciens auteurs ; Beaumanoir, généralisant une règle posée dans les *Établissements de saint Louis*, accorde le remboursement du prix au tiers acquéreur si la vente a eu lieu en foire ou marché [2]. Nous avons dit ce que devint ce principe aux différentes époques. Nous le retrouvons encore exprimé dans la loi des 28 septembre-6 octobre 1791 · « Celui qui achètera des bestiaux *hors des foires et marchés* sera tenu de les restituer *gratuitement* au pro-

---

1. Douai, 7 avril 1856. D. P. 57, t. 203. Req. rej. 21 juillet 1857. D. P. 57, t. 394. — Ortlieb., *op. cit.*, n° 62. Aubry et Rau, t. II, § 183, note 16.

2. V. ce que nous avons dit des lois de Manou.

priétaire dans l'état où ils se trouveront, dans le cas où ils auraient été volés. » Et l'article 2280 du C. civil porte : « Si le possesseur actuel de la chose volée ou perdue l'a achetée dans une foire ou dans un marché, ou dans une vente publique, ou d'un marchand vendant des choses pareilles, le propriétaire originaire ne peut se la faire rendre qu'en remboursant au possesseur le prix qu'elle lui a coûté. » On voit que la disposition s'est élargie : à la foire, au marché le code ajoute la vente publique et le magasin où l'on vend des choses pareilles.

Cette solution, aussi juste qu'ancienne, a l'avantage de concilier l'intérêt du propriétaire et celui de l'acheteur. Celui-ci n'a commis aucune faute ; les circonstances de son acquisition expliquent et excusent l'erreur dans laquelle il est tombé. D'autre part, le propriétaire tient peut-être à son meuble plus qu'au prix même de ce meuble. Il est naturel qu'on laisse subsister à son profit la revendication de l'art. 2279 al. 2, tout en exigeant de lui le remboursement préalable. Bien entendu, le propriétaire aura son recours contre le voleur, contre l'inventeur ou contre les acquéreurs intermédiaires de mauvaise foi.

α). — Ce n'est pas seulement le prix d'achat que doit restituer le propriétaire ; ce sont aussi les frais et loyaux coûts : ainsi, à n'en pas douter, les dépenses nécessaires.

A l'inverse, il n'y a point à hésiter non plus à l'égard des dépenses voluptuaires ; elles ne sont pas dues. Quant aux dépenses utiles, Pothier pensait que le possesseur en devait être indemnisé, quand le propriétaire était un homme qui faisait commerce de choses semblables [1]. Aujourd'hui, nous croyons que le remboursement des dépenses utiles sera dû par le propriétaire, quel qu'il soit, jusqu'à concurrence de la plus-value réelle. (Arg. de l'art. 1634 C. civ.) [2]

---

1. Pothier, *Traité du droit de domaine de propriété*, n° 348.
2. Ortlieb, *op. cit.*, n° 63. Folleville, *op. cit.*, 127. Cf. Paris, 10 mai 1858, D. P. 58. 2. 217.

Le revendiquant doit-il les intérêts de toutes ces sommes ? Les intérêts du prix, d'abord, il ne les doit pas ; car le possesseur a joui de la chose entre temps, et il ne saurait s'enrichir aux dépens du propriétaire. De même, pour les intérêts des dépenses utiles. Un doute s'élève au sujet des intérêts des dépenses nécessaires. Pothier admettait que le remboursement en était dû : car le possesseur n'a retiré aucuns revenus nouveaux de l'avance qu'il a faite pour la conservation de la chose. Mais nous ne connaissons pas de texte qui nous autorise à reproduire cette règle ; elle nous paraît, du reste, très contestable en pure équité ; car le possesseur a, malgré tout, profité des dépenses qu'il a faites. Sans ce déboursé, la jouissance de la chose lui eût échappé, en tout ou en partie. Ce n'est pas une plus-value qu'il a donnée à l'objet ; c'est une moins-value qu'il l'a empêché d'avoir. Au point de vue du profit, le résultat n'est pas le même ; mais c'est bien à la même personne que ce profit commence par s'adresser ; cette personne, c'est le possesseur [1].

6). — Le possesseur n'est tenu de restituer la chose qu'après avoir obtenu le remboursement. Il a sur le meuble un droit de rétention. Mais peut-il l'invoquer, alors que personnellement, il n'a pas acheté la chose dans l'une des circonstances prévues par l'article 2280, mais que son vendeur se trouvait, lui, dans l'une des conditions exigées ?

Si le propriétaire a, dans ce cas, la prétention de revendiquer sans bourse délier, le possesseur aura un moyen très simple de lui forcer la main. Il appellera son auteur en garantie. Mais le propriétaire ne devra jamais que le plus faible des deux prix de vente. Si le garant a acheté mille et vend cinq cents, le propriétaire ne devra que cinq cents au possesseur, que cette somme indemnisera de ses déboursés (sauf les frais, dont je ne parle plus ici). Si, au contraire, le garant

1. V. Folleville et Ortlieb, *op. cit.*

a acheté cinq cents et revendu mille, le propriétaire ne sera obligé de rembourser que cinq cents au possesseur ; car celui-ci, agissant du chef de son auteur, ne peut avoir plus de droits que lui [1].

γ). — Bien que l'article 2280 ne parle que de la vente, nous croyons que si la chose a été acquise dans les circonstances particulières du texte, non par achat, mais par échange, le demandeur devra indemniser le possesseur ; car, excepté les règles spéciales des art. 1704, 1705 et 1706, l'échange est régi, dit l'article 1707, par les mêmes dispositions que la vente elle-même. Il est inutile d'ajouter qu'en raison la vente est simplement un échange dédoublé, ou, si l'on préfère, un troc avec une « marchandise banale », la monnaie [2].

Si nous supposons, au contraire, une transmission à titre gratuit, le défendeur ne pourrait évidemment user du droit de rétention que pour les impenses, dans les limites fixées plus haut, et non pour la valeur de l'objet.

δ. — Si nous imaginons que l'acheteur ait cru, par erreur, acheter le meuble chez un marchand de choses pareilles, appliquerons-nous l'article 2280 ? Non ; car alors il y a faute, si légère soit-elle [3].

D. — De même que l'article 2279 régit les titres au porteur, sous la réserve des dispositions nouvelles de la loi de 1872, de même l'article 2280 est applicable à ces « meubles incorporels », sauf à se combiner avec cette loi, dans certaines hypothèses.

Nous regarderons comme marchés publics les bour-

----

1. Folleville et Ortlieb, *op. cit.*

2. V. monographies de St.-Jevons et de M. Michel Chevalier. Cf. Cauvès, *Précis du cours d'économ. pol.*, t. I, p. 445 et s. *Théorie de la monnaie*.

3. *Contra*, Troplong, *De la vente*, I, 242. Mais M. Ortlieb admet, comme nous, la négative.

ses de commerce[1]; et nous dirons que le propriétaire
d'un titre au porteur ne peut revendiquer contre le tiers
acquéreur qui a acheté en bourse, par le ministère d'un
agent de change, qu'à la charge de rembourser le prix
payé par le défendeur.

Mais en fait il arrive souvent que des transactions mobilières s'opèrent hors de la Bourse, directement, par l'entre-
mise d'un agent de change ou d'un changeur. L'article 2280
continuera-t-il alors d'être applicable? Cette question revient à celle-ci : le comptoir d'un changeur doit-il être considéré comme un marché public? Subsidiairement, le changeur est-il un marchand de choses pareilles au titre que nous
supposons revendiqué?

Que le comptoir du changeur soit assimilable à un marché
public, on ne le soutient guère.

Pourtant, le tribunal de la Seine avait cru devoir adopter
cette opinion, pour deux motifs : c'est d'abord que la boutique du changeur est un endroit public où le premier venu
peut entrer ; c'est ensuite qu'au milieu de ses occupa-
tions le changeur n'a pas matériellement la possibilité d'examiner la qualité des personnes qui se présentent chez lui et que
partant sa responsabilité doit être mise à couvert[2].

Mais si l'on veut considérer le comptoir d'un changeur
comme un marché, il n'y a pas de raison pour ne pas également
ment appeler marché une boutique quelconque. C'est altérer
la signification naturelle des mots. Qui dit foire, qui dit marché, dit, par là même, réunion de plusieurs vendeurs et de
plusieurs acheteurs dans un endroit libre, où chacun peut

---

1. Cauvès, t. I, p. 495, *op. cit.* — Bravard et Demangeat, *Traité de droit
commercial*, t. II, p. 24. — V. Aubry et Rau, § 183, note 14. Boistel, *Droit
comm.*, n. 580 et s. Trib. civ. Seine, 18 avril 1863, *Mon. des Trib.* 63, p. 796.
Paris, 9 avril 1864. D. P. 65, 255.

2. Trib. civ., Seine, 11 janvier 1856. — 2 juin, 6 août 1863. — 30 juin,
1864.

venir, le curieux comme le spéculateur. Dans le comptoir du changeur, les négociateurs seuls sont admis, et encore à la condition d'être agréés par lui, car il est maître de sa boutique. Enfin nous avons assez dit déjà combien arbitraire et combien regrettable est, à notre avis, l'assimilation faite par le Code des valeurs dites mobilières et des meubles corporels. Il nous paraît donc inutile et dangereux de forcer le sens des termes pour augmenter encore la confusion. Le propriétaire des titres est exposé à bien des chances de perte; ne lui limitons son droit de revendication que dans les cas où la loi nous y contraint. Quant au tiers acquéreur, qu'il négocie en Bourse, s'il cherche une sécurité parfaite [1].

La difficulté devient plus grande, si le tiers qui a acheté le titre dans la boutique du changeur prétend se couvrir des derniers mots de l'article 2280 et dit avoir acquis d'un marchand vendant des choses pareilles.

Cette question a été très savamment étudiée, et chacun des systèmes a été longuement développé : M. de Folleville donne raison au défendeur, M. Ortlieb lui donne tort. Nous nous contenterons de résumer brièvement une discussion pour ainsi dire épuisée.

Pour appliquer, dans ce cas, l'article 2280, on dit qu'il faut considérer comme marchands tous ceux qui font un commerce patent et public. Or tel est bien l'agent de change; tel est même le changeur. Il est vrai que pour ces derniers un doute peut naître, car leur fonction directe, normale n'est pas de vendre ou d'acheter des titres. Ils ont pour mission principale de faire des opérations de change sur les valeurs. Mais dans la pratique, les agents de change ont renoncé presque entièrement à la négociation des effets privés;

<hr>

1. *Sic*, MM. Ortlieb et Folleville. Aubry et Rau, § 183. Vincent, *Etudes sur les titres au porteur, Revue pratique*, 1865, XIX, p. 475 s. Ameline, *De la revend. des titres au porteur perdus ou volés. Revue critique*, 1865, XXVII, p. 224.

ils consacrent tous leur temps à celle des effets publics et c'est à peine s'ils y suffisent.

D'ailleurs, continue-t-on, les motifs qui ont dicté au législateur l'article 2280 se retrouvent ici : la bonne foi du tiers, la légitimité de l'erreur. Peut-il concevoir le moindre soupçon ? Peut-il, d'un autre côté, s'enquérir des transmissions successives ? Le lieu même où il achète n'est-il pas à ses yeux une garantie ?

Or il s'agit ici d'un conflit d'intérêts. Il faut sacrifier ou le propriétaire qui revendique ou le tiers acquéreur. Le premier a commis une négligence ou un excès de confiance; le second n'est pas en faute, puisqu'il s'est adressé à l'intermédiaire ordinaire, habituel de ces négociations. Nous lui donnerons le droit d'exiger le remboursement, et le propriétaire aura son recours contre le changeur, ou contre l'agent de change, qui n'a pas acquis en Bourse.

Ainsi raisonne-t-on dans l'affirmative [1], mais nous préférons, avec M. Ortlieb, la doctrine contraire.

D'abord, il ne faut pas s'y tromper. C'est quatre-vingt-dix-neuf fois sur cent lorsque la vente aura été faite dans le comptoir d'un changeur, que la question pourra se poser en fait. Les effets détournés seront bien rarement négociés chez un agent de change. En effet, s'il est excessif de prétendre que les agents de change aient le devoir professionnel de vérifier l'individualité et la capacité de tous ceux qui réclament leurs services [2], du moins ils sont, en leur qualité d'officiers publics, obligés de tenir une comptabilité minutieuse de leurs opérations (carnet et livre journal) [3]. Celui qui se sera frauduleusement approprié des titres recourra donc la plupart du

---

1. Folleville, *op. cit.*, jugement du trib. civ. de Paris, 24 juin 1874. *Droit*, 11 juillet 74.

2. Paris 29 juin 1857, Dec. 1857. 2,633.

3. Arrêté du 27 prairial an X, art. 11 et 12. — Art. 84 C. comm. Cf. art. 13 de la loi de 1872.

temps au changeur. Or, comme l'affirmative est forcée de le reconnaître, la véritable fonction des changeurs n'est pas de vendre ou d'acheter des titres [1]. On ne peut donc les considérer comme marchands de choses pareilles. Les expressions de l'article 2280 ne peuvent être étendues « à une tolérance extralégale ».

On parle de négligence chez le propriétaire, de bonne foi chez l'acquéreur. Mais le propriétaire a été dépouillé par un événement fortuit ; il n'est point coupable. L'acquéreur, au contraire, devait savoir que le lieu normal des achats et ventes de titres, c'est la bourse ; il devait se servir de l'intermédiaire officiel des négociations et s'il a cherché un mode de transmission plus rapide, il doit subir les effets de son imprudence.

Puis, maintenant comme tout à l'heure, on torture les expressions de l'article. M. Vincent l'indique avec raison. L'article 2280 a été écrit pour des marchandises et objets mobiliers corporels se trouvant dans le commerce et par conséquent se vendant chez des marchands qui en font leur spécialité [2]. Si nous déclarons que l'achat en bourse sera traité comme l'achat dans un marché public, c'est que, de l'aveu de tout le monde, la bourse est un marché public ; nous sommes bien forcés d'admettre l'identité de nature juridique entre les titres et les meubles corporels. Mais il ne nous appartient pas, encore une fois, d'augmenter une confusion déjà singulière par d'injustifiables abus de langage.

Et à ce propos faisons remarquer que la plupart des arguments donnés par M. de Folleville pour réfuter l'opinion qui voit dans la boutique du changeur un marché public viennent combattre la thèse dont il se fait ensuite le très habile défen-

---

1. Décret des 21-27 mai 1791. Ch. 9, art. 1, 2, 5, 6. Loi du 19 brumaire an VI, t. VI, art. 74, 75, 76, 79. Boistel, *Droit comm.* n. 662 et 663.

2. *Revue pratique*, t. XXIX, p. 478, ann. 1865.

seur[1]. L'introduction dans la matière des titres au porteur de la règle posée par l'article 2280 est, dit-il, de nature à causer un préjudice grave au propriétaire dépossédé et il ajoute : qu' « il ne convient pas de l'étendre aux négociations passées dans le comptoir des changeurs, négociations qui, n'étant pas autorisées d'une notoriété et d'une publicité complète, laissent encore une certaine place à la fraude et une facilité incontestable à la dissimulation comme à la transmission rapide des effets détournés ». Comment ces raisons, qui déterminent M. de Folleville à ne pas regarder la boutique du changeur comme un marché ne l'amènent-elles pas à ne pas traiter le changeur comme « un marchand de choses pareilles ? » On change les mots, mais on ne change pas les résultats. Qu'on déclare l'article 2280 applicable sous prétexte que le comptoir est un marché ou sous prétexte que le changeur est un marchand, les conséquences sont les mêmes ; on court au-devant des mêmes dangers.

E). — L'article 2280 contient deux exceptions. Elles forment pendant à deux de celles que souffre l'alinéa 1er de l'article 2279. Aussi n'avons-nous pas à nous y arrêter longuement.

α). — L'article 2 de la loi des 12-19 mai 1871 porte que les aliénations frappées de nullité par cette loi ne pourront, pour les meubles, donner lieu à l'application de l'art. 2280 du Code civil. « Ces meubles pourront être revendiqués *sans aucune condition d'indemnité* et contre tous détenteurs pendant trente ans à partir de la cessation officiellement constatée de l'insurrection de Paris. » Et M. Bertauld, rapporteur, disait : « Le donataire et l'acheteur ne pourront pas se prévaloir de ce qu'il ne serait pas juridiquement démontré qu'ils ont connu la provenance de l'objet donné ou acheté...

---

1. V. 104 *bis* 3°.

pour soumettre cette revendication, quand elle serait faite avant le laps de trois ans, à la condition qu'ils recevraient le prix par eux payé. »

β). — Nous avons dit qu'à l'égard des négociations ou transmissions de titres antérieures à l'accomplissement des formalités prescrites par la loi de 1872, cette loi ne déroge pas plus aux dispositions de l'article 2280 qu'elle ne déroge, pour ces mêmes dispositions, à la règle de l'article 2279. Mais après la publication de l'opposition, la loi de 1872 devient seule applicable dans l'un et l'autre cas ; sauf ce que nous avons dit de l'hypothèse où le tiers qui a acheté depuis la publication appelle en garantie un vendeur qui lui-même aurait acquis auparavant. Et lorsque c'est la loi de 1872 qui règle les rapports de l'opposant et du tiers acquéreur, le remboursement préalable n'est plus exigé ; le revendiquant triomphe sans indemniser le porteur. (Art. 12 et 14 comparés.)

Nous ne développons pas une théorie dont nous avons indiqué déjà l'esprit général et qu'une conception arbitraire et artificielle des meubles a seule contribué à faire entrer dans notre matière. Nous avons étudié et critiqué l'extension progressive de ce mot meuble et de l'idée qu'il exprime. C'était de la revendication des meubles que nous avions à nous occuper ; nous avons traité avec détails des seuls meubles qui, rationnellement, devraient porter ce nom. La généralisation factice du terme, l'étendue qu'elle a nécessairement donnée aux règles des articles 2279 et 2280 nous ont forcé à parler de ces valeurs que, par une singulière antilogie, l'on appelle des meubles incorporels. L'esquisse que nous avons tentée, au passage, ne pouvait être que rapide. Elle était accessoire dans notre sujet ; et d'ailleurs, l'étude des valeurs dites mobilières au point de vue de la revendication a été faite tant de fois et si complètement qu'il n'y reste pas grand'-chose à glaner, à moins de payer l'originalité au prix de quelque inexactitude. Quant aux meubles corporels, puisqu'enfin nous avons dû, comme tous les auteurs, nous servir de ce pléonasme, nous avons cherché à montrer qu'il serait logique et qu'il serait utile de leur réserver des règles propres, particulières, de ne pas confondre enfin, sous une même expression, des choses très distinctes, en raison comme en fait.

TABLE DES MATIÈRES

POSITIONS

DROIT ROMAIN

Les interdits originaires n'avaient pas pour objet de protéger le possesseur.

—

Le superficiaire n'a qu'une *quasi possessio*.

—

La loi *Julia* ne contenait aucune disposition qui défendît à la femme d'hypothéquer le fonds dotal même avec le consentement du mari.

La loi *Cincia* n'est pas une *loi imperfecta*.

Les vices de la possession *vi, clam* ou *precario* sont relatifs même dans l'interdit *utrubi*.

L'usufruit, sous Justinien, s'éteint encore par le non usage.

C'est avec raison que Justinien rattache à la tradition l'acquisition des choses abandonnées.

La doctrine émise par Ulpien dans la loi 18 pr. *De rebus creditis* n'est pas conforme aux vrais principes de la tradition.

HISTOIRE DU DROIT ET DROIT COUTUMIER

Les Wisigoths et les Ripuaires assimilaient le vol et l'abus de confiance ; mais chez les Francs saliens l'action de vol n'était pas dans ce dernier cas donnée au propriétaire.

L'action de vol et là demande de chose emblée ne sont pas deux procédures entièrement distinctes.

Le système exposé par Pothier dans son *Commentaire de la Coutume d'Orléans* diffère à la fois de celui qu'il a soutenu dans le *Traité de la prescription* et de celui qu'il défend dans le *Traité des donations entre mari et femme.*

DROIT CIVIL

Les donations manuelles sont valables.

Le demandeur en répétition de l'indu n'a, aux termes de l'article 1376, qu'une action personnelle.

L'article 608 du Code de procédure n'est plus applicable après la vente des objets saisis.

Le vendeur qui n'a pas encore livré la chose vendue n'est pas détenteur précaire.

Le propriétaire d'un meuble vendu à son insu n'a pas d'action contre tous les créanciers de bonne foi.

L'action Paulienne est personnelle.

L'aliénation d'un meuble déterminé, consentie par l'héritier apparent, est valable, qu'elle ait été faite par contrat à titre onéreux ou par contrat à titre gratuit.

L'article 2279 alinéa 2 ne s'applique ni en cas d'abus de confiance ni en cas d'escroquerie.

DROIT PÉNAL

Le fait de s'approprier un objet perdu peut constituer un vol.

L'article 638 du Code d'Instruction criminelle ne s'applique pas à l'action en restitution du propriétaire contre le voleur.

DROIT COMMERCIAL

L'article 576 du Code de commerce ne concerne pas seulement les rapports de l'expéditeur et de son destinataire direct.

La perte d'un titre au porteur n'entraîne pas la perte du droit qu'il représente.

Il y a certains titres au porteur qui constatent, non pas un droit de créance, mais un droit de propriété mobilière.

La destruction d'un billet de banque n'entraîne pas la perte du droit du propriétaire.

DROIT DES GENS ET DROIT CONSTITUTIONNEL

Un État abolitionniste a le droit de refuser à un État esclavagiste l'extradition d'un esclave, même coupable de crimes de droit commun.

Les crimes ou délits commis à bord d'un navire de guerre dans un port étranger échappent à la répression de la justice locale, si l'ordre public n'a pas été troublé.

Les traités d'extradition ne doivent pas, sous l'empire de la constitution de 1875, être soumis à la sanction législative.

Vu par le Président,
E. Garsonnet.

Vu par le Doyen,
Ch. Beudant

Vu et permis d'imprimer :
Le Vice-Recteur de l'Académie de Paris,
Gréard.

———

Châteauroux. — Imprimerie et Stéréotypie A. MAJESTÉ.

Châteauroux. — Imp. A. MAJESTÉ.